U0165687

清代臺灣方志
的知識學

洪健榮—著

五南圖書出版公司 印行

推薦序　地方志的傳承與創新
洪健榮的修志實務與方志學研究

一、地方志是中國獨特的著作體裁

　　《臺灣文獻叢刊》的主編周憲文，1954年初次接觸地方志，非常驚訝地方志中，竟然從歷史、地理、政治、經濟、社會、宗教、禮俗、藝文到天文、動物、植物、地形、地質、疆域沿革等，無所不包，認為地方志是：「一定地方的百科全書」。

　　周憲文意識到地方志內容的龐雜猶如百科全書。

　　其實，各種百科全書都是收錄散漫的詞條，而地方志則是仿效《史記》的體例：「關於某地方的百科全書式知識系統」。簡單來說，地方志是「特定地方的知識系統」。

二、中華帝國的中央與地方

　　西元前221年，秦始皇統一中國。

　　西元前104年，董仲舒（西元前179～前104年）上《天人三策》，主張罷黜百家、獨尊儒術，闡明歷史演進的規律云：「春秋大一統者，天地之常經，古今之通誼也。」

　　董仲舒扭轉了漢初無為而治的黃老政治學，奠定了以儒學教條、謀略統治中國兩千多年的局面。

　　董仲舒把秦始皇滅六國之後的「泰平世界」，提升到「常經」的道德高度；把秦統一之後的歷史，提升到歷史發展規則的哲學高度。

　　自秦統一迄今（西元前221～2019），統一的時間超過十分之七，分裂的時間約十分之三。帝國的疆域也日漸拓展，秦朝約莫有460萬平方公里，漢朝600萬，隋朝840萬，唐朝1,200萬，宋朝雖小，也有460萬，元朝不計，明朝有710萬，清朝有1,400萬平方公里。

　　現在的歐洲約莫10,018,000平方公里，有48個國家，各自獨立治

理；廣袤萬里的帝國勢必分區治理，就出現了與帝國「中央」對應的「地方」。秦朝將帝國劃分為三十六郡，一千多個縣，唐設三百多州，一千四百多個縣，元、明、清三朝設行中書省（簡稱省），下轄府、州、縣，清代大約也有一千五百多個縣（日本人習稱中國四百州，日本五十州）層層管轄。

三、帝國的正史與地方志傳統

廣袤萬里的帝國，中央又如何管治地方呢？

除了設官分職和複雜的典章制度之外，地方志成為中央政府的重要訊息來源。

《漢書‧東平王劉宇傳》，劉宇上疏求諸子及太史公書。上以問大將軍王鳳，對曰：「太史公書有戰國縱橫權譎之謀，漢興之初謀臣奇策，天官災異，地形阨塞，皆不宜在諸侯王，不可予。」

西漢的首都長安，在今陝西省西安市；東平王的封地在今山東省東平市。王鳳拒絕下賜《太史公書》的理由很直白，《太史公書》「不宜在諸侯王」，因為書中所蘊含的知識，是中央政府掌握地方政府的寶典、祕笈。

因此，每個朝代都要求地方修志，匯集到中央，雖然經歷幾次毀滅性的「書厄」，至今仍存有地方志萬種以上。

中國的正史傳統，奠基於司馬遷的《太史公書》（史官的紀錄）。受到大一統思想的影響，司馬遷統合先秦的著作題材，寫成前所未有的皇皇巨著，內容包含了十二本紀、十表、八書、三十世家、七十列傳。其中八書則有禮、樂、律、曆、天官、封禪、河渠、平準，為全書綱領，社會百態的專題史。

《漢書》則立十志：律曆、禮樂、天文、郊祀、溝洫、食貨、刑法、五行、地理、藝文，反映了西漢到東漢的歷史文化發展，尤其是天文、食貨、五行、藝文等志，系統性地論述了在此之前的著作和研究成果（含古今人表……等篇章，《漢書》其實是續、補《史記》的通史體裁）。

此後歷朝、歷代官方修史，形成世界上獨一無二的國史大傳統。

和國史相對應的則是地方志。

地方志也仿效《史記》、《漢書》的體例，寫成以「資治」為前題的「某一地方的百科全書式的知識系統」。成為地方官治理地方的寶典；中央政府則視地方志之如《史記》，成為遙控地方的祕笈。

相應於層層管轄的地方制度，也出現縣志、府志、省志等，層層上轉的地方志。底層的地方志提供上層修志資訊，上層地方志則統攝轄區各地方志彙成一書。最上層的是國史，至於最接地氣的鄉鎮志則相當罕見。

為了方便查閱，各朝又將蒐集的地方志，彙整成為《區域圖志》（隋）、《元和郡縣圖志》（唐）、《太平寰宇記》、《元豐九域志》（宋）、《大元一統志》、《大明一統志》和《大清一統志》。

顧炎武的《天下郡國利病書》一書，則將地方志的功能發明到極致。

地方志的內容也充分反映政治、經濟、社會、文化的發展而日益豐富，宋代已經出現分志多達二十六七而子目數以百計的地方志，突顯出地方志百科全書式知識系統的特徵。

四、地方志東來

康熙二十四年（1683），施琅率大軍攻臺，兩月平臺。次年（1684），設分巡臺灣廈門兵備道（周昌），下設臺灣府（蔣毓英）轄臺灣、諸羅、鳳山三縣。

周昌蒞任，請設府儒學、三縣儒學和社學（教原住民）、義學（教漢移民），1686年定案。

蔣毓英的任期自康熙二十三至二十八年（1684～1689）。二十四年底，清廷下令纂修一統志，命各省將各府、縣志送京，以備採擷。蔣遂與諸羅知縣季麒光、鳳山知縣楊芳聲共同撰述《臺灣府志》。

周昌認為設置儒學是「海天第一要務」。

蔣毓英在府志中說，修志是「彰一統之盛」。

在帝國擴張領土的過程中，如何掌握新收疆域的狀況，並將新收土地

儒漢化，是非常重要的事。因此，先設一府三縣的儒學；接著，因為平定鄭氏延平王國以及在此前平定三藩之亂而大修一統志以資慶祝，同時彙集各地的地方志至中央，增益管治地方的知識。

康熙末期，為了慶祝臺灣收歸版圖三十年（一紀），諸羅、鳳山、臺灣三縣陸續完成了縣志（三志序言都闡明此意）。最先完成的是《諸羅縣志》，凡十二志四十七目，卷首有山川圖十一幅，縣治、學宮圖各一幅，番俗圖十一幅。筆者曾經論述其書云：

> 諸羅縣志於臺郡舊志多有訂正補充，卷一封域志山川目後附記云：「右山川所紀，較郡志加詳，亦多與郡志異……茲卷或躬親遊歷，或遣使繪圖，三復考訂，乃登記載。假而千秋百世陵谷依然，雖未敢謂毫髮無爽，亦庶幾得其大概云。」其踏實、自信者如此。
>
> 諸羅縣志勤於採訪，徵文考獻、取精用宏，每有引述或折衷辨析處，必定註明資料來源，絕無苟且，是以無一語無來歷。每篇「撮其要於篇首」，文中有按語，每篇「前後以己意著論」、「編末輒附管窺」，周鍾瑄認為其書如醫者用藥，「紀事者其品味也，建議者其方也」。「皆確然可自信於心而共信於人」。而全志之中「論曰」、「附記」、「按語」、「撮要」與正文皆犖然明晰，敘述與議論並陳，卻絕無混淆。至於「別見」、「附見」、「詳見」、「互見」分合之法，綱舉目張、有條不紊，體例之謹嚴，不讓朱彝尊之《日下舊聞》。[1]

1 尹章義，〈清修臺灣方志與近卅年所修臺灣方志之比較研究〉，《漢學研究》，3卷2期，1985年12月，頁233-265。收入《臺灣開發史研究》（臺北：聯經出版公司，1989年12月），頁477-561。本節摘自頁491。

　　《諸羅縣志》為東來的地方志立下典範，終清一世陸陸續續修了近五十種府、縣志。

　　光緒十三年（1888）臺灣設省；十八年，有纂修臺灣省通志之議；十九年，通知各轄區修志，今存新竹、澎湖等縣志稿本，各縣採訪冊十餘種，以及鄉鎮志數種。

　　中華帝國的修志傳統，也傳播到儒家文化圈的朝鮮、日本、越南等國。日本於明治維新之後，廢藩設縣，各藩原居地紛紛修志（或名之曰鄉土志）。光緒二十年（1894）中、日甲午戰爭，次年割臺。進占臺灣之前，日軍參謀本部即出版《臺灣誌》（明治二十八年，1894），作為用兵占地的嚮導。此後修志十餘種，鄉土誌、形勢一覽等百餘種，半為極其簡陋虛應故事之單薄小冊甚或單張。惟伊能嘉矩（1867～1925）身後弟子為渠編輯之《臺灣文化誌》（1928，刀江書院），皇皇三鉅冊，堪稱傑作。

　　連橫（1878～1936）著《臺灣通史》（1920，雅堂書局）三冊，體大思精。

五、臺灣光復後之修志事業

　　光復之初，臺北縣長陸桂祥首先發起修纂臺北縣志，並建議纂修省志，陸縣長說：

> 修志一事，原為艱鉅之工作，不僅關係地方文獻，且為民族精神所寄託，尤以本省中經日本統治時代，我先民拓殖開刊之豐功偉烈，及五十年來在異族暴政下之含辛茹苦，悉被御用史家曲筆抹殺。茲幸故土光復，則文獻之重光與先民事蹟之闡揚，實刻不容緩。……近年以來……體例內容多所革新……際此時代新生之會，本省光復之始，以臺灣民族精神之昌皇，史實之光燦，暨晚近科學之發展，建設之進步，倘能於執筆之初，對史實

　　之理董、文字之纂修，運以近代科學之方法及前志之良
　　規，吾人幸生此時，幸有此土，實不難在志學上放一異
　　彩。（1946.11.08）[2]

陸縣長突顯了地方志和方志學的新面向：

1. 張揚民族精神。
2. 導正日治時代被扭曲之歷史。
3. 順應社會繁複化與學術分殊化，革新地方志體例。
4. 運用近代科學方法，繼承中國地方志之優良傳統。

　　1952年臺北縣文獻委員會成立，副主委林興仁聘請盛清沂為總編
纂，於1960年印行二十八卷本（線裝二十四冊）之《臺北縣志》，蜚聲
學界，為是後方志之楷模；尤其是古文化遺址之發掘與墾殖史之研究，
為地方志之撰寫開拓新局。又修《中和鄉志》（1960）、《樹林鎮志》
（1976），也是筆者修志時請益的學者。[3]

　　1948年臺灣省通志館成立，次年改稱臺灣省文獻委員會，1952年內
政部通令各縣市成立文獻委員會，至今共纂修省、縣市、鄉鎮志四百餘
種，猗歟盛哉。[4]

六、學院師生團隊修志之嚆矢

　　1979年初，內政部核定臺北縣新莊鎮於1980年7月1日升格為新莊
市。鎮方希望仿《臺北縣志》或《樹林鎮志》出版志書，在升格大典上分

2　《臺灣開發史研究》，頁503。

3　尹章義，〈從古契、老字據、古文書到古契文物——運用古契文物研究臺灣史卅五年的回
　　顧〉，逢甲大學「第八屆臺灣古文書與歷史研究學術研討會」（2016年5月23日）開幕典禮
　　上的《專題演講》稿。收於《尹章義——臺灣史名家研究論集》（臺北：蘭臺出版社，2018
　　年6月），頁449-482。本節摘自頁452-453。

4　尹章義，〈臺灣地方志的數量、品質與方志學的發展——《臺灣地方志總目錄》試析〉，收
　　入《方志學理論與戰後方志纂修實務國際學術研討會論文集》（南投：國史館臺灣文獻館，
　　2008年6月1日），頁25-115。

贈作為獻禮。

　　鎮方就近找上輔仁大學，七轉八轉無人應承，因為學院中人沒有撰修志書的前例。

　　秋季開學，鄭余鎮鎮長與承辦人顏伯川到系裡拜訪我。詢得原委，我也婉拒。他們留下二書，請我考慮。校長羅光總主教和前系主任王任光神父相繼約見，勸我承擔，我才答應姑且一試。

　　1980年7月，如期出版首冊《新莊發展史》，秉持：「人民的歷史」、「突顯新莊特色」、文圖並茂的呈現，頗受市民歡迎。

　　那年10月，研究助理賴麗卿發現了多達二百餘件的老字據（俗稱古契）──《張廣福文件》，揭開了臺北拓墾史湮沒多年的真相，而康熙四十八年（1709）的〈戴岐伯、陳逢春、陳憲伯、陳天章、賴永和五墾號仝立之上淡水開墾合約〉最為轟動。報紙、電視廣為報導。[5]此後，又陸陸續續發現了一些新史料。

　　鄭余鎮市長起心動念要競選立法委員，希望我打鐵趁熱，再出一書，彰顯他的政績並作為競選文宣。1981年1月，《新莊（臺北）平原拓墾史》出版，大獲好評。臺北市文獻會也希望我再撰一文，發表在岌岌可危即將停刊的《臺北文獻》上，以便在市議會中爭取預算。適逢筆者正以《史記》、《漢書》之比較研究為題，撰寫一系列論文，準備升等正教授，不妨改以臺灣史因應。

　　是年4月在《臺北文獻》第五十三、四期合刊本一次刊出〈臺北平原拓墾史研究（1697～1792）〉全文（192頁）。媒體再度以「臺灣拓墾史的新發現──尹章義震驚臺灣史學界」為題大肆報導。[6]

　　由於鄭市長充分授權，實質上我傳承了傳統地方志「關於某一特定地方的知識系統」的精神；形式上則採擷了現代學術的分類系統，以發展的

5　參見尹章義，《自娛集》，自印，2017年5月4日，〈第四部分：臺灣社會、媒體對於尹章義的介紹與評價〉，頁4之14-15，共10則。電視報導不計。

6　江春男，〈臺灣拓墾史的新發現──尹章義震驚臺灣史學界〉，《自立報晚報　文化界周刊》，自立晚報社，臺北，1981年5月3日。其他報刊4篇，電視報導不計。

概念，創新體例，[7]全志分為五大部分：

1. 《新莊發展史》（1980.07）
2. 《新莊（臺北）平原拓墾史》（1981.01）
3. 《新莊政治發展史》（1989.12）
4. 《新莊社會經濟發展史》（未刊）
5. 《新莊文化發展史（附錄）》（未刊）

　　鄭余鎮如願選上立法委員，消息傳開，各地鄉鎮長驚訝之餘，爭相聘邀。

　　《新莊志》與時俱進，筆者揭櫫「為人民寫史」、「因時因地制宜」、「方志個性化」，也為地方志催生了幾項新功能：

1. 媒體關注的亮點
2. 彰顯首長的政績
3. 競選文宣
4. 爭取預算或補助款的工具
5. 紀念地方突飛猛進的獻禮

　　撰寫地方志需要龐大的專業人才，從事蒐集資料和在當地從事「實際調查研究」和分擔撰寫篇章的責任，「尹章義師生修志團隊」於焉形成。洪健榮即為其中出類拔萃的佼佼者。

七、洪健榮的修志經歷

　　「實際調查研究法」與源自人類學的田野調查（field research, field study, field work），目標卻大異，不但要調查今人、今地、今事，還要調查古人、古地、古事，要蒐集古今的原始資料。需要確立具體的目標、正確的認知方法、精確的調查技巧和嚴謹的進程。

　　洪健榮在輔仁大學歷史學系三年級的時候，就加入修志團隊，負責泰山地區的宗教禮俗調查，分撰宗教篇，表現卓越。隔年承接《五股志》，

---

[7] 尹章義，〈方志體例的創新以及新史料的發掘與運用——以《新莊志》為例〉，《漢學研究通訊》，3卷3期，1984年7月，頁147-149。

就請他擔任統籌的工作，亦即負責全志的資料蒐集、實際調查，撰寫大部分的篇章和核閱其他篇章的工作，實際上就是執行長（CEO）。此後的《林口鄉志》、《新屋鄉志》、《續修五股鄉志》，甚至於團隊外借，撰寫臺東《延平鄉志》，無不如此。

　　訓練工作人員的時候，分發每人一份「實際調查研究法」和施作的「訪求資料清單」，同時展示老字據、族譜等實物。展開工作之前，先召開耆老、村里長座談會，同時展示我們訪求的史料，效果很好。[8]

　　日據時代的宗教寺廟調查報告、寺廟臺帳和泰山鄉公所提供的檔案，只著錄十幾間寺廟、神壇，洪健榮和李逸峰調查的結果，多達五十餘間，相差了四倍之多。故而，洪健榮瞭解到「實際調查研究法」的重要性以及優秀的修志人才、專業的技術，比當地人或地方官員更接地氣。

　　我們在《泰山志》中，創新體例，把傳統的人物志，寫成「家族與人物」。因為我們掌握了老字據、[9]族譜和日據時代的戶籍謄本，[10]足以把個別的人物，勾串成家族的發展。

　　洪健榮擔任《五股志》的執行長，五股鄉最大的特色是觀音山，自古以來就是風水寶地。他調研的重點：(1)風水先生、風水書和風水理論；(2)打碑石匠和造墓工匠；(3)全山墓群和清代古墳。

　　以上三項，都獲致巨大成就，尤其是第一項，影響到他日後的學術發展，博士論文和《龍渡滄海：清代臺灣社會的風水習俗》一書，都源自於此。[11]

8　尹章義，〈地方志修纂的理論與實務 —— 以新莊志、新店志、泰山志、五股志為例所作的說明〉，收於《中國現代史專題研究報告》第18輯（臺北：中華民國史料研究中心，1996年），頁140-205。

9　尹章義，〈老字據與臺灣開發史研究〉，「臺灣地區開闢史料學術座談會」講稿，聯合報國學文獻館，1985年9月14日，臺北。收錄於《臺灣開發史研究》，頁441-467。

10　尹章義，〈族譜群效用與族譜之史料價值〉，《第二屆亞洲族譜學術研討會議紀錄》，聯合報國學文獻館，1984年9月，臺北。收錄於《臺灣開發史研究》，頁469-476。

11　洪健榮自述，「北臺方志纂修」口述歷史座談會，臺北市文獻館，2018年10月20日上午，講稿刊於《臺北文獻》，直字第206期，2018年12月，頁8-11。

八、關於本書：洪健榮的方志學研究

市面上有不少關於如何纂修地方志以及方志學理論的書籍，其實，作者多半缺乏實務經驗，過目方志也很有限，稱之為雜掇成書也不為過。

許多方志學論文，也只限於一兩本方志，或只分析其中一二篇章。像洪健榮這樣涉獵群志而且深入分析的實屬罕見，具有修志實務者更少。精於「實際調查研究法」，深得方志奧妙者更是寥寥可數。

洪健榮取材於臺灣方志兼採大陸方志和近人論述，在第一章緒論中言之甚詳，不贅述。

第二章以方志中的輿圖，分析不同年代的輿圖有不同的意義與功能，修纂者的意志抑在其中。

地方是中央的對稱，地方志本身就是帝國管治的明證。輿圖在王鳳因應東平王劉宇求《太史公書》時，就提及「地形阨塞」的重要性，地方志輿圖當即最佳訊息。

輿圖尚有另一功能，亦即察查各地風水。

察查風水的正式名稱是「勘輿」，包括了實地勘察與輿圖檢視。勘輿學流行至今五千年，其意義與功能，參看洪著《龍渡滄海：清代臺灣社會的風水習俗》即一覽無遺。

中央蒐集地方志，首先就是察查輿圖中是否有龍脈與龍穴，派遣專人破壞風水，以防反側。臺灣是明永曆帝策封的延平王國的領地，鄭氏三代據此抗清，清領後又是三年一小反、五年一大反，不知幾人稱王幾人稱帝，因此，「讀地理家形勢之書，貴定謀於未雨」之說，形諸奏摺（福建巡撫岑毓英），[12]蔣毓英、楊桂森、曹謹敗臺灣地理之說也傳說紛紜、甚囂塵上。究其實也不過築城、鑿圳等公共工程而已。一經動工，改變地貌，風水結構也改變，也不是無的放矢。古人說多做多錯、不做不錯，此之謂也。

12　岑毓英，〈謝調福建巡撫恩摺〉，《岑襄勤公奏疏選錄》，《臺灣文獻叢刊》第309種《臺灣關係文獻集》，頁103。

　　第四章討論地方志祀典門，談崇功報德與神道設教。這是儒學的精髓，和漢唐以來，政府鼓勵建祖祠、修族譜，同樣都是安定社會的機制。

　　清代臺人回祖籍謁祖修祠，故臺地建祠者不多。

　　第五章討論地方志的風俗門，其中寓褒貶導正之義。

　　臺灣乃新墾之地，社會束縛較鬆，在地方官眼中，不免邪僻，其中關於表彰節孝，尤為修志者所措意。[13]

　　第六章論及西學之用。鴉片戰爭以來，中國對付列強屢戰屢敗，唯獨臺灣在中英鴉片戰爭中小勝，中法戰爭基隆、淡水之役則大勝，孕育臺灣建省以及劉銘傳將臺灣建設成「中國最進步的一省」（美國駐華公使田貝 Charles Denby Jr.，1861～1938，親至臺灣勘察的結論）語。[14]

　　種子也要適宜的氣候與土壤，臺灣就提供了豐饒的土壤，參照前章風俗門的分析，接受西學，新生事物氣候也適宜。

　　洪健榮整理他的方志學研究成果彙成此書，新見疊出，為地方志之研究大放異彩，余樂為之推薦。

尹章義

完稿於2019年1月13日　新店萬山千水樓

---

[13] 尹章義，〈清代臺灣婦女的社會地位〉，《歷史月刊》，26期，1990年3月，頁33-41。

[14] 尹章義，〈東西洋人眼中的劉銘傳：抗法英雄　偉大的巡撫　臺灣現代化的推手〉，《臺北文獻》，直字第189期，2014年9月，頁79-170。

目　錄

壹
緒論

　　自明清時代以來，中國傳統方志的書寫既是大一統帝國政治文化秩序的反映，同時也提供經綸世務者端風正俗的施政參考，深具經世功能、輔治作用與教化意涵。[1]有清一代，孤懸東亞大陸東南海域的臺灣島域，始被外來政權大清帝國收編入國家版圖。對於清朝統治者而言，由於臺灣爲一新近開發的地域，地方官紳認爲方志攸關治道，於是透過修志成果以使行政事務有所憑據，並可作爲移風易俗及加強地方控制的範本。[2]在經世思想及資治理念的推波助瀾之下，短期間內，臺灣方志的編刊工作盛極一時，且佳作迭出，素爲後世學界所稱羨。

　　學者方豪在〈清初臺灣士人與地方志〉一文中統計自康熙中期高拱乾創修《府志》到乾隆初期劉良璧重修《府志》，期間四十七年內，參加修志工作的臺灣士人共有三十二人之多。由於修志人才的投入，加上修志工作本爲因應統治措施的需要與配合大清輿圖測繪的準備，既可作爲地方官員留名的工具，並可彌補書板經常毀於變亂的問題，多重因素的交相配合下，促成了清初臺灣修志的盛況。[3]方豪認爲，這段期間除了府志的多次重修，甚至連臺灣、鳳山兩縣志也一修再修，此種現象「在全國方志史中，亦爲僅見，以海外新收之地，文明初開，而對地方文獻，如此重視，雖多數在自我表現，但史事不至湮沒，成規賴以可循，亦始非一盛事也」。[4]

　　臺灣修志的成就一直持續到清代後期，當代學者或以清代臺灣方志體例謹嚴、纂輯精審而能包羅萬象，故推崇其「爲臺灣學術之最

---

[1]　陳捷先，《清代臺灣方志研究》（臺北：臺灣學生書局，1996年），頁1-13。

[2]　尹章義，〈清修臺灣方志與近卅年所修臺灣方志之比較研究〉，收於氏著，《臺灣開發史研究》（臺北：聯經出版公司，1989年），頁489。

[3]　方豪，〈清初臺灣士人與地方志〉，收於氏著，《方豪六十自定稿》（臺北：臺灣學生書局，1969年），頁634。

[4]　方豪，〈清代中期臺灣方志的編纂工作〉，《臺灣人文》，第3期，1978年4月，頁4。

出色者」，甚至是「臺灣文化之具體表徵」。[5]也因此，關於清代臺灣方志編纂的各項學術課題，遂成爲歷來臺灣史學界關注的焦點之一。

在傳統方志的書寫架構中，主要針對某一時期特定區域的沿革損益、政經情勢與社會文化等認知客體，設計一套有利於主政者觀風察俗和行政措施的體例門目，[6]再將地方上的人事物資料，按類分門地擺進志書中適當的位置，經過一番刪削潤飾的修辭剪裁之後，最終形成修志官紳筆下的知識系統。修志者的資治宗旨與才學識見，直接影響各志書凡例門目的安排與內容論述的取向。體例門類的設計既是修志的前提，也是一部史志裁定取捨、得失成效的先決條件，聯繫著纂修者匠心獨到的才識卓見與自成經緯的理論依據。[7]

就知識學的角度而言，研究主體藉由對研究客體所進行的分類，既制約著人們看待特定事物的方式，也規範了我們對於外在世界的認識。返觀清代臺灣方志透過分門別類的方式，勾勒出修志官紳的視野中清代臺灣社會的輪廓，同時也傳達了統治階層所關心的焦點。學者高志彬於〈臺灣方志之纂修及其體例流變述略〉中針對清代臺灣方志的撰述旨趣及其體例綱目的重點，有一段頗爲精要的分析：

> 清修臺灣方志，其創始雖是奉命採輯以應一統志、通志
> 之採擇，然主纂季麒光具有「以論作志」的胸襟與氣
> 魄，企圖以臺灣之志成爲監門之圖，使清廷能重視臺

5　高志彬，〈清康熙朝臺灣方志體例考述〉，收於國立中央大學共同學科主編，《明清之際中國文化的轉變與延續》（臺北：文史哲出版社，1991年），頁262。文中參考陳捷先、尹章義兩位學者的分析。

6　來新夏，《中國地方志》（臺北：臺灣商務印書館，1995年），頁73-81、236-242。

7　劉知幾撰，浦起龍釋，《史通通釋》（臺北：里仁書局，1980年），卷4，〈序例〉，頁87-89；章學誠，《文史通義·方志略例》（臺北：華世出版社，1980年），頁135-136、379-383、487-493、520-526。

灣，「恤此一方民」，所以其志特詳風俗，又論阨塞形勢。……清修志書所以特詳兵備、風俗、山川、物產，無非在強調方志的「資治」功能。[8]

　　由此可見，清代臺灣方志體例體例門類的安排，主要是爲了因應官方的資治效用而有所偏重，便能爲經綸世務者提供一有利的施政藍圖，以滿足其上行下效與化民成俗的整治意念。換言之，統治階層的意識形態或是修志官紳的價值系統，也直接滲透到志書分門別類的基本考量及其論述內涵中，反映其如何針對臺灣島域的風土民情進行整編，並塑造出一套理想秩序的規範，以提供統治當局移風易俗的依據與參考。此舉亦可視爲當初掌握詮釋權的修志官紳，試圖將「臺灣」加以「知識化」的可能與方式，藉以建構出一套可以被清楚認知的學術系統，以及一種可以被有效掌控的客體對象。

　　近年來，臺灣各地的方志編纂與學界的方志研究蔚爲風潮，關於方志體例比較與方志資料運用的討論亦是成果斐然。[9]在清代臺灣方志的研究課題上，通論性的著作，主要從編纂學的角度來建構清代臺灣方志發展史，特別是針對各志書的編纂年代、版本源流、修志人員以及分期特點、體例特質、內容概要、史料價值或是其史學成就等層面來加以闡述。早期如方豪的〈清代前、中、後期臺灣方志的編纂工

8　高志彬，〈臺灣方志之纂修及其體例流變述略〉，《臺灣文獻》，49卷3期，1998年9月，頁191。

9　相關的學術研究成果，可參見許雪姬、林玉茹主編，《五十年來臺灣方志成果評估與未來發展學術研討會論文集》（臺北：中央研究院臺灣史研究所籌備處，1999年）；國立中興大學歷史學系主編，《海峽兩岸地方史志地方博物館學術研討會論文集》（南投：臺灣省文獻委員會，1999年）；國史館臺灣文獻館編輯組編輯，《方志學理論與戰後方志纂修實務國際學術研討會論文集》（南投：國史館臺灣文獻館，2008年）；黃秀政，〈戰後臺灣方志的纂修，1945-2005〉，《臺灣文獻》，57卷3期，2006年9月，頁289-345；蕭明治，〈論戰後臺灣方志的發展——以鄉鎮志爲例〉，《臺灣文獻》，58卷2期，2007年6月，頁109-157。

作〉，爲這項課題奠下了初步的研究基礎。[10]其後，如陳捷先《清代
臺灣方志研究》、尹章義〈清修臺灣方志與近卅年所修臺灣方志之比
較研究〉、盧胡彬〈清代臺灣方志之研究〉、[11]李秉乾〈清代臺灣修
纂方志概況〉、[12]張勝彥〈臺灣清代地方志之研究——以康熙年間所
編之臺灣府志爲例〉、[13]林士桓〈臺灣清代方志研究——以府、廳、
縣志爲例〉，[14]概爲較具代表性的著述。特別是高志彬〈臺灣方志纂
修概況與內容特質〉、[15]〈清康熙朝臺灣方志體例考述〉、〈臺灣方
志之纂修及其體例流變述略〉等系列論文，及其爲國立中央圖書館臺
灣分館特藏資料編纂委員會編刊的《臺灣文獻書目解題·第一種方志
類》第1、2冊，針對清代臺灣各類方志的修纂由來、撰者生平、卷
目安排、體例評述與版本考訂等方面，皆做出了相當程度的解析，堪
爲目前學界研究臺灣方志的重要參考指引。[16]大致說來，前述論著涉
及方志編纂方式、體例類型、內容解讀、史料運用及其發展脈絡的歷
史建構，成爲近年來學界研究清代臺灣方志所觸及的主要面向。

　　類似的研究取向，亦出現在某些關於特定方志本身的專論，如謝
浩評論康熙中期高拱乾等《臺灣府志》的義例與史料運用的價值，胡
巨川探討乾隆中期王瑛曾等《重修鳳山縣志》的版本與校勘，陳正祥
關於清代後期陳淑均等《噶瑪蘭廳志》的地理學評價，高志彬針對同

[10] 方豪，〈清代前期臺灣方志的編纂工作〉，《臺灣人文》，第2期，1978年元月，頁5-16；
〈清代中期臺灣方志的編纂工作〉，頁4-16；〈清代後期臺灣方志的編纂工作〉，《臺灣人
文》，第4期，1978年7月，頁3-16。

[11] 臺北：中國文化大學歷史研究所碩士論文，1985年。

[12] 收於福建省炎黃文化研究會編，《閩臺文化研究》（福州：福建人民出版社，1997年），頁
199-208。

[13] 《人文及社會學科教學通訊》，10卷5期，2000年2月，頁15-34。

[14] 臺北：國立臺北大學古典文獻學研究所碩士論文，2009年。

[15] 《臺灣史田野研究通訊》，第15期，1990年6月，頁36-43。

[16] 國立中央圖書館臺灣分館特藏資料編纂委員會編，《臺灣文獻書目解題·第一種方志類》
（臺北：國立中央圖書館臺灣分館，1987-1997年）。

治年間陳培桂等《淡水廳志》之纂修過程與體例內容的研究。[17]另有針對修志人員的專門研究，如鄭喜夫說明清代福建人士對於臺灣方志的貢獻，陳捷先指出章學誠的方志理論對於清末臺灣方志的影響，潘是輝論述林豪編纂《淡水廳志》、《金門志》、《澎湖廳志》等地方志書的理念與實踐。[18]

　　體例類型的分析，素為方志研究的重點課題。早期如方豪在〈記新抄《苗栗縣志》兼論臺灣方志的型態〉中，根據各志書體例的因革損益，將清代臺灣方志區分為高志型、諸羅志型、淡水志型、採訪冊型等四種類型，如果再加上仿照《福建通志》體例而「自成一型」的劉良璧等《重修福建臺灣府志》，共計五種形態。在這些志書中，方豪認為清代前期高志、周志為「草創式」；劉志則係「完全仿照通志，最受人指責」；而修志專家陳夢林主事的《諸羅縣志》，堪為有清一代「臺灣方志的標準本」。相形之下，清代後期《淡水廳志》的問世，使得清代臺灣方志傳統「出現了一種新的面目」。[19]方豪針對清代臺灣方志體例類型的探討，以及他所根據的分類標準，其中有部分的論點，成為後來研究者進一步探索的起點，在當代臺灣方志學史上不斷地激起學界的引述、討論或是提出修正的意見。[20]在此之後，

17 謝浩，〈高志義例及史料運用價值的評鑑〉，《漢學研究》，3卷2期，1985年12月，頁271-315。胡巨川，〈《重修鳳山縣志》版本與校勘〉，《高市文獻》，18卷1期，2005年3月，頁40-66。陳正祥，〈噶瑪蘭廳誌的地理學評價〉，《臺灣文獻》，11卷2期，1960年6月，頁1-16。高志彬，〈淡水廳志纂修考──兼論「陳培桂竄改林豪底稿、修改楊浚草稿說」〉，收於陳溪珍主編，《臺灣史研究學術研討會論文集》（臺北：臺灣史蹟研究中心，1989年），頁1-34。

18 鄭喜夫，〈清代福建人士與臺灣方志〉，《臺灣風物》，20卷2期，1970年5月，頁3-8。陳捷先，〈章學誠與清末臺灣方志〉，收於中國第一歷史檔案館編，《明清檔案與歷史研究論文集》（北京：新華出版社，2008年），頁127-145。潘是輝，《林豪的史學思想及其實踐》（金門：金門縣文化局，2010年）。

19 方豪，〈記新抄《苗栗縣志》兼論臺灣方志的型態〉，收於氏著，《方豪六十自定稿》，頁1036-1047。

20 相關的論述，可參見陳捷先，〈論清代臺灣地區方志的義例〉，《漢學研究》，3卷2期，

高志彬於〈臺灣方志之纂修及其體例流變述略〉一文中，就纂輯義法提出清修臺志的六種類型，包括分志體、史論體、門目體、三寶體、正史體、三書體，[21]亦為目前學界頗為通行的論點。除了編纂體例的探討之外，吳密察〈「歷史」的出現〉以官修方志為清代最具全面性與代表性的「臺灣史」寫作，通論這些方志文本所具有的宣示治政、配合新設郡縣、留名後世等著述性格，並解說其所提供的臺灣史像在時間上與地域上的不均衡現象。[22]

　　清代臺灣方志內容包羅萬象，既可作為歷史建構的引證資料，而其本身亦可被定位為史學著述，成為臺灣史學史或史學理論的重要研究課題。就前者而論，歷來學界的相關研究有如下幾種面向：

　　一類為關於方志史料及其運用價值的探討，如高志彬針對志書中寺廟史料的應用，李祖基說明尹士俍的《臺灣志略》在社會經濟史方面的史料價值，劉郡芷考察清代臺灣方志中涉及文化資產的記載。[23]諸如此類的研究，主要強調方志在地方史研究上的史料價值，重視臺灣方志史料運用於鄉土研究的效度。

　　一類為透過方志史料來建構清代臺灣史事、地理景觀或解析特定時空的社會現象，如許毓良從尹士俍《臺灣志略》中觀察清雍正時期臺灣的官治行政與社經情況，楊護源爬梳道光中期周璽《彰化縣

　　　1985年12月，頁157-232；尹章義，〈清修臺灣方志與近卅年所修臺灣方志之比較研究〉，頁477-526；柳浪，〈臺灣方志體例與編纂方法的演變比較研究〉，《中國地方志》，2003年第2期，頁57-63。

21　高志彬，〈臺灣方志之纂修及其體例流變述略〉，頁193-196。

22　吳密察，〈「歷史」的出現〉，收於黃富三、古偉瀛、蔡采秀主編，《臺灣史研究一百年：回顧與研究》（臺北：中央研究院臺灣史研究所籌備處，1997年），頁1-21。

23　高志彬，〈清修臺灣方志的蒐集與應用——以寺廟史料之應用為例〉，《中國現代史專題研究報告（二十一）》（臺北：中華民國史料研究中心，2000年），頁245-319。李祖基，〈論尹士俍「臺灣志略」的史料價值——以社會經濟史為例〉，《臺灣文獻》，54卷4期，2003年12月，頁1-30。劉郡芷，〈清代臺灣方志中文化資產記載之研究〉（臺北：國立臺北藝術大學建築與古蹟保存研究所，2010年）。

志》中關於臺中地區的史事及其問題,羅文華研究方志中關於原住民的傳說,程俊南剖析清代前期《臺灣府志》與《諸羅縣志》中的平埔族風俗紀錄,林玲君從《諸羅縣志・風俗志》考察原漢風俗之間的涵化關係,彭美玲透過方志風俗門的論述來分析傳統婚嫁活動中的婦女待遇,林淑慧詮釋方志中關於禮儀與飲食文化的記載,洪鈺彬、陳愫汎分別就方志中涉及玉山、澎湖景觀的描述進行研究,趙俊祥從清代志書中的〈古蹟〉文本史料探討臺灣古蹟的歷史脈絡與時代意義,張崑振考究清代臺灣方志所載官祀建築的類型、緣由及其時代意義。[24]

關於後者,歷來學界的相關研究亦有如下幾種面向:

一類為探討方志中針對特定對象的書寫方式及其所反映的社會現實,如李文良重新考察清初臺灣方志賦予「客家」負面形象的背後,其實蘊含當時某些閩籍官紳的現實焦慮。[25]類似的研究取徑,亦可見於林正慧關於清代臺灣史志中涉及客家書寫和客家關係的探

---

[24] 許毓良,〈雍正朝的臺灣——以尹士俍所著《臺灣志略》為中心的討論〉,《臺灣文獻》,54卷4期,2003年12月,頁31-51。楊護源,〈清代方志有關臺中地區的史事及其問題——以周璽《彰化縣志》為中心〉,《興大人文學報》,第34期(下),2004年6月,頁817-846。羅文華,〈臺灣清代方志中有關原住民傳說之研究〉,《臺灣史料研究》,第25期,2005年7月,頁2-21。程俊南,〈清代臺灣方志在社會人類學的材料——以《臺灣府志》與《諸羅縣志》有關1717年以前的平埔族風俗紀錄為例〉,《臺灣風物》,49卷2期,1999年6月,頁65-88。林玲君,〈由諸羅縣志風俗志看漢、番俗間的涵化關係〉,《臺灣風物》,32卷3期,1982年9月,頁25-35。彭美玲,〈傳統婚嫁活動中的婦女待遇——以近代方志風俗門述論為主〉,《臺大中文學報》,第26期,2007年6月,頁191-240。林淑慧,〈臺灣方志所載禮儀與飲食文化的詮釋〉,《彰化師大國文學誌》,第18期,2009年6月,頁67-101。洪鈺彬,〈清治時期臺灣方志中玉山之研究〉,《臺灣史料研究》,第34期,2009年12月,頁2-22。陳愫汎,〈清代方志對澎湖景觀的書寫——以傳統漢詩為研究對象〉,《硓𥑮石》,第55-57期,2009年6-12月,頁2-13、113-125、108-122。趙俊祥,〈臺灣古蹟的歷史形成過程——以清代志書「古蹟」為探討〉,桃園:國立中央大學歷史研究所碩士論文,2003年。張崑振,〈清代臺灣方志所載官祀建築之時代意義〉,《臺灣文獻》,56卷2期,2005年6月,頁1-22。
[25] 李文良,〈清初臺灣方志的「客家」書寫與社會相〉,《臺大歷史學報》,第31期,2003年6月,頁141-168。

討。[26]此外，如王幸華探討清代臺灣方志中關於列女的論述，如何建構出貞、烈、節、賢等形象；[27]陳明仁從「後殖民」的角度考察胡傳《臺東州採訪冊》的原住民書寫，如何再現東臺灣歷史中的族群與異己；[28]吳宜蓉以清代臺灣方志〈風俗〉類為中心，論述清代臺灣修志官紳如何依照自己的價值取向與帝國既定的文化模式，來呈現他們心目中的善風良俗。[29]

　　一類為探索方志論述的歷史理念、空間思維或政治文化意識，如蕭瓊瑞從認同與懷鄉的角度，透視臺灣方志八景圖中的文人意識；[30]許博凱剖析清代修志官紳如何透過方志書寫來收編臺灣的歷史與空間，進而展演出一套帝國文化的邏輯；[31]王志宇藉由林豪的相關著作，考察方志論述中的災祥觀；[32]賴恆毅透過清代臺灣方志與詩文別集等文本，探討清代官紳對於臺灣本土自然地理、人文地理以及官方建置、文人園林的空間想像、文化詮釋與地方認同；[33]李文良根據清初臺灣方志中關於臺灣的分野規屬與山脈源流的書寫內容，解析清朝統治者如何從意識形態的層面建構出海洋島嶼納編帝國版圖的合理

26　林正慧，〈從客家族群之形塑看清代臺灣史志中之「客」──「客」之書寫與「客家」關係之探究〉，《國史館學術集刊》，第10期，2006年12月，頁1-61。

27　王幸華，〈「貞」、「烈」、「節」、「賢」──臺灣方志中列女形象之探討與再思〉，《中臺學報‧人文社會卷》，第14期，2003年5月，頁147-169。

28　陳明仁，《東臺灣歷史再現中的族群與異己：以胡傳之《臺東州采訪冊》的原住民書寫為例》（臺北：稻鄉出版社，2005年）。

29　吳宜蓉，《帝國制式的文化鏡映──清代臺灣方志的纂修視域及其〈風俗〉類中所再現的臺人之相》（臺北：花木蘭文化出版社，2013年）。

30　蕭瓊瑞，〈認同與懷鄉──臺灣方志八景圖中的文人意識（以大八景為例）〉，《臺灣美術》，第65期，2006年7月，頁4-15；蕭瓊瑞，《懷鄉與認同：臺灣方志八景圖研究》（臺北：典藏藝術家庭出版社，2007年）。

31　許博凱，〈帝國文化邏輯的展演──清代臺灣方志之空間書寫與地理政治〉（新竹：國立清華大學臺灣文學研究所，2007年）。

32　王志宇，〈方志論述中的災祥觀：以林豪及其相關著述為例〉，《臺灣文獻》，61卷1期，2010年3月，頁5-28。

33　賴恆毅，《清代臺灣地理空間書寫之文化詮釋》（臺北：稻鄉出版社，2014年）。

性。[34]

　　一類為探索方志中特定門類的編纂形式或是呈現方式，如高志彬、施懿琳、張鈺翎針對清修臺灣方志藝文志的研究。[35]林開世以《噶瑪蘭廳志》為分析客體，從其中各門類的書寫內容，探究方志的知識策略及其政治文化效果。[36]

　　根據前述的研究回顧可見，歷來學界關於清代臺灣方志的研究成果，主要表現在：

㈠史料學的層面，著重於方志史料價值的分析，或是將焦點放在方志史料如何運用在各種專題研究上。

㈡編纂學的層面，如各種涉及志書編纂方式、體例門類、著述風格以及個別評價的討論。

　　除了方志沿革、編纂情形、體例檢討與資料運用等課題之外，整體而言，歷來學界針對修志理論或史學觀念的分析著墨不多，關於方法論的反省、功能論的檢討或知識學的建構亦相對缺乏。至於將方志的分門別類視為特定的知識範疇而進行的專題研究，除了前述趙俊祥、許博凱、林開世的論著之外，亦是所見不多。基本上，此種研究上的偏重或是認知上的落差，主要擺盪在方志究竟是作為一種百科全書式的「資料集」？抑或是作為一種自成系統的「知識體」？本書的研究取向偏重於後者，亦即嘗試將方志本身視為一套知識系統，針對不同時期臺灣方志各種體例門類成立的理論基礎進行分析，以深究這

34　李文良，〈清初臺灣方志的分野、山脈書寫與帝國意識形態〉，收於黃永豪、蔡志祥、謝曉輝主編，《邊陲社會與國家建構》（臺北：稻鄉出版社，2017年），頁361-391。

35　高志彬，〈清修臺灣方志藝文篇述評〉，收於東海大學中國文學系編，《臺灣古典文學與文獻》（臺北：文津出版社，1999年），頁54-85。施懿琳，〈從「臺灣府志」「藝文志」看清領前期──臺灣散文正典的生成〉，《臺灣文學學報》，第4期，2003年8月，頁1-36。張鈺翎，〈清代臺灣方志中藝文志之研究〉（臺北：國立政治大學中國文學研究所碩士論文，2004年）。

36　林開世，〈方志的呈現與再現──以《噶瑪蘭廳志》為例〉，《新史學》，18卷2期，2007年6月，頁1-60。

些隱藏在其分門別類背後的本體論或世界觀,如何浮現在各志書的內文論述之中。

在研究方法上,本書主要運用歷史研究法中最基本的歸納法及文獻分析法,包括相關史料的整理、解讀與詮釋等質性研究,尤其是依循著學術史的論述取向來進行考察。一般說來,學術史研究主要分析思考模式的常態與發展趨勢的變相,一方面掌握研究客體所蘊含的基本概念架構,一方面探索概念本身在歷史脈絡中產生變動的情形及其與社會需求的聯繫。[37]

從學術史研究法的基礎出發,本書寫作的目的在於運用清代臺灣方志以及各類相關文獻,從知識學或是方志學理的角度切入,依序透過方志輿圖、學校門類、祀典(典禮)門類、風俗(風土)門類以及西學元素等專題,來考察清代臺灣修志官紳如何透過地方志的書寫方式,形塑臺灣地理環境與人文發展的知識內涵。全書採取不同的閱讀策略,除了將清代臺灣方志中的分門別類視為各具系統的知識範疇,並且針對方志輿圖與西學等元素在方志中的呈現意涵,就以下的面向進行分析:

第一,根據各方志門類之凡例綱目的安排,解說其成立的理論基礎以及纂修者的著述旨趣,進而從實際的內容書寫上,剖析其論述取向的共相(常態)與殊相(變異)。

第二,以清代臺灣主體的特殊性作為問題意識的基本點,檢視修志官紳筆下臺灣方志各門類的呈現風貌,掌握他們從中國大陸觀看臺灣島域的概念網絡(conceptual network)。

第三,從中國傳統方志體例的演變脈絡,來考察清代臺灣方志門

---

[37] 關於學術史研究的概念與取徑,筆者主要得力於Thomas S. Kuhn, *The Structure of Scientific Revolutions*(Chicago: The University of Chicago Press, 1970),以及Larry Laudan, *Progress and its Problems: Towards a Theory of Scientific Growth*(Berkeley/Los Angeles: University of California Press, 1977)的啟發。另參見洪健榮,〈從歷史認知科學——科學哲學家Larry Laudan對於史學的反省與實踐〉,《輔仁歷史學報》,第12期,2001年6月,頁153-184。

類的傳承特點及其學術定位，針對兩者之間的門類細目安排、書寫表達方式或是其內容論述中的價值觀念進行比較。

　　為求能採取較為宏觀的視野來探索清代臺灣方志的知識建構，本書一方面將這項課題置於特定的歷史時空脈絡以解釋其內涵，經由各志書體例結構與分門別類的內文分析，呈顯清代臺灣修志官紳的修志理念及其論述實踐。另一方面，亦嘗試將清代臺灣方志門類綱目的知識傳承置於中國傳統方志學的發展脈絡加以考察，如其與同時期閩省其他方志相互比較，以顯示臺灣方志的文本特色。

　　透過本書的研究，期能對清代臺灣方志的知識系統，特別是志書之中分門別類的理論基礎及其論述取向，有更為深刻且整體的理解和掌握。在探索此項知識體系的權力運作與社會現實的互動關係之際，既可建構出一套以特定時區的方志門類作為考察單元的研究模式，亦可提供另外一種看待清代臺灣方志之著述內涵的學術視界。

　　本書所運用的原始史料與傳統文獻，以現存清代官修臺灣通志暨各府、縣、廳志以及採訪冊等地方志書為主，如下列表1-1所示。在版本方面，這些志書多數被收錄於臺灣銀行經濟研究室編刊的「臺灣文獻叢刊」。在此之後，臺北大通書局以及南投臺灣省文獻委員會、國史館臺灣文獻館曾陸續將臺銀文叢本影印再版，成為目前流通最廣的版本。然而，文叢本通行的同時，因其內容刪改及排版校對上的問題，久為學界所詬病。[38]本書為了避免原始史料運用上的缺陷，在方志版本的選取上，除了文叢本之外，另以近年來行政院文化建設委員會重新校勘整理的《臺灣史料集成·清代臺灣方志叢刊》版本為徵引依據，[39]並同時參考臺北成文出版社影印的舊刻本。

38　吳密察等，《臺灣史料集成提要》（臺北：行政院文化建設委員會，2004年），第2章，〈清代臺灣方志〉，頁51-57。

39　關於該項學術編校工作理念及其成果的簡要介紹，可參見吳密察等，《臺灣史料集成提要》，第2章，〈清代臺灣方志〉，頁57-72。

表1-1　清代臺灣方志概覽

方志名稱	卷數	編纂人	編纂時期	卷目	備註
通志類					
臺灣通志	不分卷	蔣師轍、薛紹元	光緒18年（1892）	疆域、物產、餉稅、職官、選舉、列傳、雜識、附錄	
府志類					
臺灣府志	10	蔣毓英等	康熙20年代	卷一沿革、分野、氣候、風信、封隅、坊里，卷二敘山，卷三敘川，卷四物產，卷五風俗，卷六歲時、規制、學校、廟宇、市廛，卷七戶口、田土、賦稅、祀典，卷八官制、武衛，卷九人物，卷十古蹟、災祥、兵亂、扼塞	
臺灣府志	10	高拱乾等	康熙34年（1695）	卷一封域、卷二規制、卷三秩官、卷四武備、卷五賦役、卷六典秩、卷七風土、卷八人物、卷九外志、卷十藝文	康熙35年（1696）刊
重修臺灣府志	10	周元文等	康熙51年（1712）	卷一封域、卷二規制、卷三秩官、卷四武備、卷五賦役、卷六典秩、卷七風土、卷八人物、卷九外志、卷十藝文	康熙57年（1718）刊
重修福建臺灣府志	20	劉良璧等	乾隆5年（1740）	卷一星野、卷二建置沿革、卷三山川、卷四疆域、卷五城池、卷六風俗、卷七田賦、卷八戶役、卷九典禮、卷十兵制、卷十一學校、卷	乾隆7年（1742）刊

方志名稱	卷數	編纂人	編纂時期	卷目	備註
				十二公署、卷十三職官一、卷十四職官二、卷十五名宦、卷十六選舉、卷十七人物、卷十八古蹟、卷十九雜記、卷二十藝文	
重修臺灣府志	25	范咸等	乾隆9年（1744）	卷一封域、卷二規制、卷三職官、卷四賦役一、卷五賦役二、卷六賦役三、卷七典禮、卷八學校、卷九武備一、卷十武備二、卷十一武備三、卷十二人物、卷十三風俗一、卷十四風俗二、卷十五風俗三、卷十六風俗四、卷十七物產一、卷十八物產二、卷十九雜記、卷二十藝文一、卷二十一藝文二、卷二十二藝文三、卷二十三藝文四、卷二十四藝文五、卷二十五藝文六	乾隆１２年（1747）刊
續修臺灣府志	26	余文儀等	乾隆25年（1760）	卷一封域、卷二規制、卷三職官、卷四賦役一、卷五賦役二、卷六賦役三、卷七典禮、卷八學校、卷九武備一、卷十武備二、卷十一武備三、卷十二人物、卷十三風俗一、卷十四風俗二、卷十五風俗三、卷十六風俗四、卷十七物產一、卷	乾隆３９年（1774）刊

方志名稱	卷數	編纂人	編纂時期	卷目	備註
				十八物產二、卷十九雜記、卷二十藝文一、卷二十一藝文二、卷二十二藝文三、卷二十三藝文四、卷二十四藝文五、卷二十五藝文六、卷二十六藝文七	
縣廳志類					
諸羅縣志	12	周鍾瑄、陳夢林等	康熙55年（1716）	卷一封域、卷二規制、卷三秩官、卷四祀典、卷五學校、卷六賦役、卷七兵防、卷八風俗、卷九人物、卷十物產、卷十一藝文、卷十二雜記	康熙56年（1717）刊
鳳山縣志	10	李丕煜、陳文達等	康熙58年（1719）	卷一封域、卷二規制、卷三祀典、卷四秩官、卷五武備、卷六賦役、卷七風土、卷八人物、卷九藝文、卷十外志	康熙59年（1720）刊
臺灣縣志	不分卷	王禮、陳文達等	康熙58年（1719）	輿地、建置、秩官、武備、選舉、典禮、賦役、人物、雜記、藝文	康熙59年（1720）刊
重修臺灣縣志	15	魯鼎梅、王必昌等	乾隆17年（1752）	卷一疆域、卷二山水、卷三建置、卷四賦役、卷五學校、卷六祠宇、卷七禮儀、卷八武味、卷九職官、卷十選舉、卷十一人物、卷十二風土、卷十三藝文、卷十四、藝文、卷十五雜記	

方志名稱	卷數	編纂人	編纂時期	卷目	備註
重修鳳山縣志	12	王瑛曾	乾隆27年（1762）	卷一輿地、卷二規制、卷三風土、卷四田賦、卷五典禮、卷六學校、卷七兵防、卷八職官、卷九選舉、卷十人物、卷十一雜志、卷十二藝文	乾隆２９年（1764）刊
續修臺灣縣志	8	薛志亮修，謝金鑾、鄭兼才纂	嘉慶12年（1807）	卷一地志、卷二政治、卷三學志、卷四軍志、卷五外編、卷六藝文、卷七藝文、卷八藝文	道光元年（１８２１）鄭兼才補刻本、道光30年（1850）薛錫熊補刊本
彰化縣志	12	周璽等	道光11年（1831）	卷一封域、卷二規制、卷三官秩、卷四學校、卷五祀典、卷六田賦、卷七兵防、卷八人物、卷九風俗、卷十物產、卷十一雜識、卷十二藝文	道光１６年（1836）刊
噶瑪蘭廳志	8	陳淑均等	道光11年（1831）	卷一封域、卷二上規制、卷二中職官、卷二下賦役、卷三上禮制、卷三中祀典、卷三下風教、卷四上學校、卷四下武備、卷五上風俗、卷五下風俗、卷六物產、卷七雜識上、卷八雜識下	道光２０年（1840）刪補、道光29年（1849）續輯、咸豐２年（1852）刊

方志名稱	卷數	編纂人	編纂時期	卷目	備註
淡水廳志稿	2	鄭用錫等	道光15年（1835）	卷一建置、疆域、山川、防海、戶口、田賦、雜餉、屯田賦、解運存留、水利、城池、隘寮、橋渡、衙署、營署、倉廒、公廨、學校、街里、祠廟、寺觀、營制、兵燹、軍功、舖遞，卷二官秩、軍官、選舉、行誼、節孝、義塚、物產、祥異、氣候、風俗、藝文	
淡水廳志	16	陳培桂等	同治9年（1870）	卷一圖、卷二封域志、卷三建置志、卷四賦役志、卷五學校志、卷六典禮志、卷七武備志、卷八上職官表、卷八下選舉表、卷九上列傳名宦、卷九中列傳先正、卷九下列傳義民、卷十列傳列女、卷十一風俗考、卷十二物產考、卷十三古蹟考、卷十四祥異考、卷十五上附錄文徵上、卷十五下附錄文徵下、卷十六附錄志餘	同治10年（1871）刊
澎湖廳志稿	15	林豪等	光緒18年（1892）	卷首皇言錄、卷一封域、卷二規制、卷三職官、卷四賦役、卷五文事、卷六武備上、卷七武備下、卷八風俗、卷九物產、卷十人物上、卷十一人物下、卷十二舊事、卷十三藝文上、卷十四藝文中、卷十五藝文下	

方志名稱	卷數	編纂人	編纂時期	卷目	備註
澎湖廳志	14	林豪等	光緒19年（1893）	卷首皇言錄、卷一封域、卷二規制、卷三經政、卷四文事、卷五武備、卷六職官、卷七人物上、卷八人物下、卷九風俗、卷十物產、卷十物產、卷十一舊事、卷十二藝文上、卷十三藝文中、卷十四藝文下	光緒20年（1894）刊
新竹縣志初稿	6	鄭鵬雲、曾逢辰等	光緒19年（1893）	卷一封域志、建置志、卷二賦役志、卷三學校志、典禮志、卷四職官表、選舉表、列傳、卷五風俗考、古蹟考、兵燹、卷六文徵、	明治30年（1897）重輯
苗栗縣志	16	沈茂蔭等	光緒20年（1894）	卷一圖考、卷二封域志、卷三建置志、卷四賦役志、卷五物產考、卷六古蹟考、卷七風俗考、卷八祥異考、卷九學校志、卷十典禮志、卷十一武備志、卷十二職官表、卷十三選舉表、卷十四列傳、卷十五文藝志、卷十六志餘	
恆春縣志	24	屠繼善等	光緒20年（1894）	卷首城署圖、卷一疆域、卷二建置、卷三職官、卷四營汛、卷五招撫、卷六田賦、卷七戶口、卷八風俗、卷九物產、卷十義塾、卷十一祠廟、卷十二學校、卷十三碑碣、卷十四藝文、卷十五山	

方志名稱	卷數	編纂人	編纂時期	卷目	備註
				川、卷十六水利、卷十七舖驛、卷十八邊防、卷十九凶番、卷二十節壽、卷二十一義塚、卷二十二雜志、卷末舊說	
采訪冊類					
臺灣采訪冊	不分卷	陳國瑛等	道光10年（1830）		
鳳山縣采訪冊	10	盧德嘉等	光緒20年（1894）	甲部地輿、乙部地輿、丙部地輿、丁部規制、戊部職官、己部科目、庚部列傳、辛部列女、壬部藝文、癸部藝文	
雲林縣采訪冊	不分卷	倪贊元等	光緒20年（1894）	斗六堡、大榤榔東堡、蔦菘北堡、尖山堡、海豐堡、他里霧堡、西螺堡、白沙墩堡、大坵田東堡、溪洲堡、沙連堡、打貓東堡、打貓北堡、布嶼東堡、布嶼西堡	
新竹縣采訪冊	11	陳朝龍等	光緒20年（1894）	總括、沿革、城池、山川	
臺東州采訪冊	不分卷	胡傳等	光緒20年（1894）	建置沿革、疆域、山川、職官、廨署、營汛、舖遞、莊社、墾務、水利、田賦、津渡、祠廟、風俗、土產、災祥、兵事、忠義、宦績、藝文	

　　除了上述官修臺灣方志之外，又如乾隆年間尹士俍《臺灣志略》、周于仁、胡格《澎湖志略》、胡建偉《澎湖紀略》、嘉慶年間李元春《臺灣志略》、道光年間蔣鏞《澎湖續編》、柯培元《噶瑪蘭志略》等志書，以及各類私家所編刊的臺灣史志，如雍正年間黃叔璥《臺海使槎錄》、乾隆年間朱仕玠《小琉球漫志》、朱景英《海東札記》、道光年間姚瑩《東槎紀略》、同治年間丁紹儀《東瀛識略》，日治初期鄭鵬雲與曾逢辰《新竹縣志初稿》、《安平縣雜記》、《新竹縣制度考》、《嘉義縣管內采訪冊》、蔡振豐《苑裡志》、林百川與林學源《樹杞林志》，再加上清代臺灣本地之外的地方志書，如康熙、雍正、乾隆及道光四朝所修《福建通志》，各時期福建地區各府、縣、州、廳等方志，康熙、乾隆、嘉慶三朝《大清一統志》，以及《宋元方志叢刊》、《天一閣藏明代方志選刊》、《清代孤本方志選》等等，亦為本書重要的參證文獻。

　　地方志書與全國總志之外，清代官書檔案和私家筆記文集也是本書主要的旁徵文獻，特別是其中涉及歷史背景的部分。在官書檔案方面，如《十二朝東華錄》、《清實錄》、《清會典》、《清史稿》等基本資料，國立故宮博物院以臺灣為主成套出版的宮中檔、月摺檔、奏摺檔、廷寄檔、諭旨檔、洋務始末系列，清國史館傳包文獻暨清國史館傳稿中涉及治臺官員或修志官紳的相關資料，以及中央研究院歷史語言研究所的「內閣大庫檔案」中關於臺灣史事的部分，概為本書取材的對象。

　　在私家筆記文集方面，如郁永河《裨海紀遊》、董天工《臺海見聞錄》、徐宗幹《斯未信齋文編》、唐贊袞《臺陽見聞錄》等資料，也提供了某些特定時空臺灣史地的相關訊息。至於蔣師轍的《臺游日記》中，則有不少關於作者於清末蒞臺規劃《臺灣通志》編纂事宜的歷史紀錄，以及針對先前臺灣各府、縣、廳志體例門類和其書寫內容的反思檢討，亦相當值得參考。

　　本書各篇內文，係集結筆者十多年來從知識學的角度探究清代臺灣方志的相關成果，除了緒論與餘論之外，正文五篇先前皆已刊登於

國內各學術期刊或專書論文集之中。第二篇〈知識與權力的空間：清代臺灣方志輿圖的政治文化意識〉，原刊登於《輔仁歷史學報》第35期（2015年9月，頁153-206），論文初稿曾宣讀於國立故宮博物院主辦「空間新思維──歷史輿圖學國際學術研討會」（2008年11月6-7日），承蒙評論人國立彰化師範大學通識教育中心盧胡彬教授以及多位與會學者的指正。第三篇〈國家教化理念的傳承及落實：清代臺灣方志「學校」門類的知識建構〉，原刊登於《輔仁歷史學報》第33期（2014年9月，頁83-140），論文初稿曾宣讀於輔仁大學歷史學系主辦「第九屆文化交流史暨輔大歷史學系在臺50週年：傳承與涵化國際學術研討會」（2013年11月8-10日），承蒙評論人國立彰化師範大學通識教育中心盧胡彬教授、主持人中央研究院臺灣史研究所許雪姬教授以及與會學者的指正。第四篇〈崇德報功與神道設教：清代臺灣方志祀典門類的知識建構〉，原刊登於《臺灣文獻》68卷2期（2017年6月，頁1-58），承蒙國史館臺灣文獻館《臺灣文獻》季刊主編黃秀政教授的邀稿。第五篇〈海天新世界的整治藍圖：清代臺灣方志風俗門類的知識建構〉，原題〈清修臺灣方志「風俗」門類的理論基礎及論述取向〉，刊登於《中國歷史學會史學集刊》第32期（2000年7月，頁119-154），修訂之後收錄於劉德美教授主編《史學與史識：王爾敏教授八秩嵩壽榮慶學術論文集》（臺北：廣文書局，2009年7月，頁339-362）。第六篇〈援西學以資實用：清代臺灣方志中的「西學」論述〉，原刊登於《臺灣文獻》62卷2期（2011年6月，頁105-143），初稿曾宣讀於輔仁大學主辦「紀念利瑪竇逝世四百週年國際學術研討會：東西方對話的初啓與開展」（2010年4月19-22日）。除了前述各篇論文之外，附錄〈開啓「典範」的先驅：方豪對清代臺灣方志的研究〉一文，原刊登於《輔仁歷史學報》第26期（2011年3月，頁139-175），論文初稿曾宣讀於輔仁大學歷史學系主辦「第六屆文化交流史暨方豪教授百年誕辰紀念：先驅、探索與創新國際學術研討會」（2010年5月14-15日），承蒙評論人黃秀政教授以及多位與會學者的指正。在本書結集

出版之際，再度向各位評論人以及論文修訂投稿之後的諸位匿名審查者，致上最深摯的謝意。

在前述各篇論文撰述與修訂期間，承蒙行政院國家科學委員會（科技部）補助「清代臺灣方志門類之研究」（NSC101-2410-H-305-045）、「清代臺灣方志門類之研究（II）」（MST104-2410-H-305-038）之專題研究計劃，研究助理陳東昇先生（國立臺灣師範大學臺灣史研究所碩士，目前任職國立臺北商業大學校史館行政專員）、胡鈞爲先生（國立臺北大學歷史學系碩士）協助相關資料的蒐集，在此一併致謝。

貳

知識與權力的空間：
清代臺灣方志輿圖的
政治文化意識

一、前言

　　地方知識的建構本身，通常不僅是一種學術文化的表現，其背後也代表著某種政治力量的伸張或是權力意志的落實。方志作為中國傳統史書的著述體裁，其特色在於呈顯某一時期特定區域的沿革損益、政經情勢與社會風俗，提供主政者掌控民情、治理國家與鞏固政權的參考。[1] 由於修志官紳擁有各自的著述理念與價值意識，再加上政權更替與時代變遷等外在因素的影響，方志的體例門類與論述內涵也往往展現出與時推移的學術風貌。[2]

　　方志的書體主要自中國漢隋之際的圖經演變而來，在體例上，方志之作需冠以輿圖的通例，也大致起源於圖經的傳統。[3] 方志輿圖在功能上可與內文論述相輔相成，以備「虛實相資，詳略互見」，[4] 使全志更具圖文並茂的完備性。相較於其他傳統輿圖而言，方志輿圖的特性在於以行政疆域沿革為刻劃對象，大多採取寫景的方式描繪特定轄境的山川形勢、政軍建置與聚落分布，成圖簡略，示意性強，係歷代統治者理朝施政的重要工具。[5] 由於方志輿圖的產生通常是為了因應統治階層的實際需要，而其編繪的過程概由地方官紳所主事，也因此，在內容上免不了受到政治考量或文化意識的影響。[6]

　　表面上，地圖係採用圖像及文字符號，概要地表達自然環境與人文景觀的分布情形，針對特定區域的地表現象進行現實的描述；然

1　來新夏，《中國地方志》（臺北：臺灣商務印書館，1995年），頁73-81、236-242；陳捷先，《清代臺灣方志研究》（臺北：臺灣學生書局，1996年），頁1-13。

2　高志彬，〈臺灣方志之纂修及其體例流變述略〉，《臺灣文獻》，49卷3期，1998年9月，頁187-188。

3　王庸，《中國地理學史》（北京：商務印書館，1998年重印），頁170-171。

4　章學誠撰，葉瑛注，《文史通義校注》（臺北：漢京文化事業公司，1986年），卷7，〈外篇二‧永清縣志輿地圖序例〉，頁731。

5　劉廷祥，《我國方志地圖研究：以明代方志地圖為例》（臺北：花木蘭文化工作坊，2005年），頁42-45。

6　余定國著，姜道章譯，《中國地圖學史》（北京：北京大學出版社，2006年），頁78-83。

而，對於統治當局或是某些政治活動而言，「地圖卻是一種政策的陳述，具有政治的意涵」。[7]換句話說，輿圖的顯像旨在展示地理的真實，但它同時也是一種想像的空間與權力的視野。[8]美國學者范德（Edward L. Farmer）認為中國明代的方志輿圖，「反映出繪製插圖的漢族精英階層的文化關注點與文化假設」；另一方面，這些地圖也「闡明了秩序締造者急於向讀者展示的有序世界」。[9]由此可以看出，方志輿圖的繪製目的主要是為了呼應當政者的價值觀念與統治意圖，緣於官方的意向投射到地圖的內容編繪上，使得這種對於特定行政區域的空間認知，也是一種支配意識的具體呈現。

有清一代，臺灣正式被納入中國版圖，臺灣的地理空間也與先前荷西時期和明鄭時期一般，成為外來統治者的繪圖技術所刻劃的對象。[10]伴隨著漢人拓墾的步伐以及官方力量的擴展，反映在各方志輿圖上涉及自然現象與人文景觀的描繪，往往時間愈後，便愈趨細膩化及複雜化。如果從「觀看」的立場和角度來考察清代臺灣方志輿圖的知識建構，這些地圖元素本身所聯繫的空間顯像的意向性，無非也是一種統治者所組裝的權力符號。地理學者夏黎明於《清代臺灣地圖演變史──兼論一個繪圖典範的轉移歷程》中，針對清代臺灣輿圖的繪製經緯所牽連的政治文化因素，有如下一段頗為精闢的分析：

> 清代臺灣地圖，基本上大多緣於統治、用兵和管理之需
> 要而繪製，因此不論是朝政的興衰，行政區劃的調整，

---

[7] 霍布斯邦（Eric Hobsbawm）著，黃煜文譯，《論歷史》（臺北：麥田出版公司，2002年），頁224。

[8] 林天人，〈地圖──權力的視野、想像的空間〉，《故宮文物月刊》，第304期，2008年7月，頁10-17。

[9] 范德（Edward L. Farmer），〈圖繪明代中國：明代地方志插圖研究〉，《中國社會歷史評論》第2卷（天津：天津古籍出版社，2000年），頁1-12。

[10] Ronald G. Knapp, "The Shaping of Taiwan's Landscapes," in Murray A. Rubinstein ed., *Taiwan: A New History* (Armonk, N.Y.: M.E. Sharpe, 1999), pp. 3-26.

地籍管理的方式，軍備防務的考量等，都會影響地圖的
種類、數量、內容和成圖品質。而清朝高度君主集權的
制度，更使得最出色最有代表性的地圖，隨著政治而起
而落。事實上，清廷派駐各地以作為政權象徵的省、
府、縣級單位，其所對應的地圖，可説是國家意志的一
種呈現方式，也正是清代臺灣地圖史上的重心。[11]

　　夏黎明在該書中將清代臺灣輿圖的演變歷程置於歷史情境和社會
背景來加以理解，剖析其與政治、文化及地域發展等因素的關聯，強
調政治上的需求對於繪圖典範轉移的影響。[12]此外，夏黎明於〈國家
統治與知識生產：清代臺灣地圖的繪製與區域發展〉一文中，更藉由
清代臺灣輿圖繪製的個案，說明地圖作為一種地理知識生產的形式
和成果，其背後所連結的權力機制及其與國家統治的關係。[13]夏黎明
的分析觀點與研究成果對於筆者深具啓發性，也是筆者主要借鏡的背
景架構，有助於本篇論述焦點的凝聚以及對於清代輿圖學史脈絡的
掌握。但有別於夏黎明的著作聚焦在地圖學本身的發展理路或偏重
於政治社會史的研究取徑，本篇則嘗試從方志學的脈絡與觀念史的
角度，[14]將清代官修臺灣方志輿圖視為一知識建構／權力意識錯綜其
間的場域，[15]考察此項知識系統中作為詮釋主體的清代官紳所鋪陳的

11 夏黎明，《清代臺灣地圖演變史——兼論一個繪圖典範的轉移歷程》（臺北：知書房出版
　社，1996年），頁147。
12 夏黎明，前引書，頁114-145。
13 夏黎明，〈國家統治與知識生產：清代臺灣地圖的繪製與區域發展〉，《興大歷史學報》，
　第15期，2004年10月，頁39-59。
14 在研究觀點和論述取向上，本篇為筆者近年來從事清代臺灣方志門類研究的延伸課題。此
　外，關於清帝國如何透過方志書寫來對臺灣的自然與人文空間進行政治性的收編，可參見許
　博凱，〈帝國文化邏輯的展演——清代臺灣方志之空間書寫與地理政治〉（新竹：國立清華
　大學臺灣文學研究所，2007年）。
15 本文的分析概念，主要受到法國哲學家傅柯之知識／權力論點的啓發。參見Michel Foucault,

地圖顯像，如何與作為論述客體、刻劃對象的臺灣島域之間產生互動，並分析方志所附輿圖元素與各相關門類之間的內在聯繫，以深入理解方志輿圖的知識建構所蘊含的權力意識，亦即浮現在地圖表象和隱藏於圖像背後的政治文化思維。

　　本篇以清代官修臺灣各府、縣、廳志的輿圖凡例及其內容為分析對象，另參酌相關的歷史文獻與歷來學界的研究成果，以探討修志官紳的經世理念、價值取向或文化意識如何滲透到各方志輿圖的空間顯影，形塑出一幅又一幅知識／權力交錯其間的地理圖像，藉此洞悉他們從中國大陸觀看臺灣島域的概念網絡。

二、清代臺灣方志輿圖的刻劃旨趣

　　就地理知識成立的過程而言，認知的主體可以採取各種不同的方式，依據不同的觀察視角與分類區劃的原則，來表述與建構外在世界或社會空間，以便配合現實的需求，甚至作為一種權力的象徵。[16] 自十五、十六世紀以來，臺灣島域作為一個地理空間，在東亞海域上的地位不僅受到中國人士的關注，同時也成為東西方列強競逐的對象。這段期間，明帝國官紳緣於海上航行的定位需要，或是基於東南海防的軍事考量，逐漸將臺灣島域納入其攸關帝國統御的政治文化視野之中。[17]明清鼎革之後，到了康熙二十二年（1683）七、八月間，

Power/Knowledge: Selected Interviews and Other Writings 1972-1977, edited and translated by Colin Gordon（Brighton: The Harvester Press, 1980）。另參見蘇峰山，〈傅柯對於權力之分析〉，收於黃瑞祺主編，《歐洲社會理論》（臺北：中央研究院歐美研究所，1996年），頁99-164。關於地圖如何呈現知識與權力之間相互關係的討論，可參見Denis Wood, *The Power of Maps*（New York/London: The Guilford Press, 1992）。

[16] 布狄爾（Pierre Bourdieu）著，王志弘譯，〈社會空間與象徵權力〉，收於夏鑄九、王志弘編譯，《空間的文化形式與社會理論讀本》（臺北：明文書局，1993年），頁439-445。另參見Henri Lefebvre, *The Production of Space*（Oxford/Cambridge: Blackwell, 1991）。

[17] 周婉窈，〈山在瑤波碧浪中——總論明人的臺灣認識〉，《臺大歷史學報》，第40期，2007年12月，頁93-148。

福建水師提督施琅（1622～1697）攻克臺澎，結束了鄭氏王國的勢力對於臺灣的統治。次年（1684）四月，清朝政府正式將臺灣劃歸帝國版圖，設置臺灣府暨諸羅、鳳山、臺灣三縣。臺灣設府之後，理臺官員隨即施展其治理權責。同年，蔣毓英就職首任知府，致力於臺地相土定賦與社會教化的事務。[18]康熙二十四年（1685），朝廷下詔各地修志，以提供一統志纂修的文獻取材。由於「臺灣既入版圖，例得附載」，[19]蔣毓英遂奉令纂輯臺志，經由他所主修的《臺灣府志》一書，首開清代官修臺灣志書之先河，並爲後繼的臺灣修志事業所承續。[20]臺灣島域的地理空間，也從此被放進大清帝國的版圖視野中，受到統治階層的凝視及刻劃。

(一)始入版圖：呼應大清帝國王者無外的意識形態

在傳統中國，版圖原指雕刻於木板上的地圖，並延伸爲國家整體統治疆域與領土範圍的意涵，[21]即後世所謂「國家撫有疆宇，謂之版圖；版言乎其有民，圖言乎其有地」。[22]此種用語的本身，即帶有鮮明的政治化色彩。十七世紀後期，臺灣從自古不屬於中國領土的地理空間始被納入帝國版圖，正式統轄於「職方」之屬。[23]如施琅在〈平臺紀略碑記〉中指出：「臺灣遠在海表，昔皆土番、流民集處，未

---

[18] 周元文等，《重修臺灣府志》（臺北：臺灣銀行，1960年），卷10，〈蔣郡守傳〉，頁343-344。

[19] 季麒光，〈臺灣志序〉，引見蔣毓英等，《臺灣府志》（南投：臺灣省文獻委員會，1993年），附錄（二），頁138。

[20] 陳捷先，《清代臺灣方志研究》，頁18-20。

[21] 王成祖，《中國地理學史（先秦至明代）》（北京：商務印書館，1988年），頁71-72。

[22] 國史館校註，《清史稿校註》（臺北：臺灣商務印書館，1999年），卷290，〈何國宗傳〉，頁8774。

[23] 「職方」係古代官名，典出自《周禮·夏官》中記「職方氏，掌天下之圖，以掌天下之地，辨其邦國、都鄙、四夷、八蠻、七閩、九貉、五戎、六狄之人民，與其財用、九穀、六畜之數要，周知其利害」。清代官制，兵部設武選、車駕、職方、武庫四清吏司，職方司專掌各省輿圖，以周知險要，其職責攸關國防及地方控制等要務。國史館校註，《清史稿校註》，卷121，〈職官志一〉，頁3271-3272。

有所屬。……夫炎徼僻壤，職方不載；天威遐播，遂入版圖。」[24]首任臺灣鎮總兵楊文魁於〈臺灣紀略碑文〉中亦宣稱：「臺灣，海邦荒服地也；與閩省對峙，惟隔越重洋。其先輿圖未載，故無沿革可稽」；而自施琅平臺之後，「即籍其戶口歸我版圖，……誠盛化無遠不屆，廓千古未有之弘模、啓千古未闢之遐陬也」。[25]行文之中，清楚地表露出大清一統帝國王者無外的天下意識。

　　就大清帝國統御宇內、懷柔遐荒的立場而論，往昔「臺灣未入版圖，星野、山川，雖在天覆之內；而因革、措置，終屬化外之區。今者，遵道、遵路，即有分疆畫界；而率海之濱，莫非王臣」。[26]版圖的內涵在此，兼具地理、政治與文化上的象徵意義。康熙二十五年（1686）正月，禮部為能具體呼應「自古職方所未載」的臺灣納歸大清幅員的事實，確認臺灣正式被置於中央政府的管轄範圍內，乃議行將臺灣與金門、廈門等區域沿革增入《福建通志》，以彰顯大一統帝國的盛況。[27]康熙中期，福建巡撫金鋐敍《福建通志》中提到：「又藉我皇上神武，削平逆窟，臺灣數千里，舉國內附。開闢以來，未奉約束之遐陬絕域，一旦盡入版圖，豈非極盛？故閩志較他省更偉。」[28]這段論述，顯示出通志纂修者秉持大清一統的天下觀念以詳述臺灣疆域沿革與風土民情的初衷，也表露出先前未屬中國的臺灣島域在清初某些官員心目中的特殊地位。

　　基於清朝統治者的立場，臺灣的相對特殊性表現在其係從原先所謂的「化外之地」納歸大清版圖，也是從前朝曾經荷蘭、西班牙等外國政權的占領以及鄭氏王國勢力的統治，轉而進入大清一統帝國的行

24　高拱乾等，《臺灣府志》（臺北：臺灣銀行，1960年），卷10，〈藝文志〉，頁261。

25　高拱乾等，《臺灣府志》，卷10，〈藝文志〉，頁265-266。

26　高拱乾等，《臺灣府志》，卷1，頁26。

27　《大清聖祖仁皇帝實錄》（北京：中華書局，1986年），卷124，康熙25年正月29日，頁7。

28　金鋐、鄭開極等纂修，《福建通志》（北京：書目文獻出版社，1988年據清康熙刻本景印），頁5b-6b。

政體系之中。如福建等處承宣布政使司布政使楊廷耀於康熙三十四年
（1695）為高拱乾等《臺灣府志》題序中提到：

> 遡我朝應運鼎興，聖明接武，指揮萬國；雖已建旒、設
> 旄於禹貢、職方之外，然未有遐荒窮島如閩之臺灣者。
> 臺孤懸海外，歷漢、唐、宋、元所未聞傳。自明季天啓
> 間，方有倭奴、荷蘭屯處，商販頗聚；繼為鄭成功遁
> 踞，流亡漸集。數十年來，不過為群盜逋逃藪耳。今上
> 二十一年，特命靖海將軍侯施公率師討平之，始入版
> 圖，置郡邑。[29]

　　臺灣知府周元文於康熙五十一年（1712）《重修臺灣府志》的
自序中，開宗明義指出：「臺灣自古為荒服奧區，聲教所不及。今
天子御極之二十有一年，薄海永清，四方底定；荒服之地，亦入版
圖。」[30]福建分巡臺灣道劉良璧於乾隆六年（1741）《重修福建臺
灣府志》的自序中提到，臺灣昔為「采風所未經、職方所不載者，
而皆悉主悉臣、我疆我理；則惟國家臺灣一郡，洵為開闢以來之所
僅有」。[31]福建布政司高山於乾隆十二年（1747）為范咸等《重修
臺灣府志》題序中提到，臺灣昔為海外荒島，未見於《禹貢》或
《職方》等書紀的載錄，明代後期雖經荷蘭人屯處及鄭成功勢力的
占據，但比諸大清盛朝文明，此地則「猶在四夷也」。在他的心目
中，海外臺疆的開發，實有賴於「我朝定鼎，聖祖神武遠播，收鄭氏
餘孽而版圖之，設官置鎮，十年生聚、十年教養，由是臺灣一域已漸

---

[29] 高拱乾等，《臺灣府志》，頁5。
[30] 周元文等，《重修臺灣府志》，頁3。
[31] 劉良璧等，《重修福建臺灣府志》（臺北：行政院文化建設委員會，2005年），頁35。

非昔日之遐荒絕島矣」。[32]

　　改朝換代、政權轉移的特殊背景，再加上清代臺灣移墾社會的文化特質，皆促使治臺官員用心於地方志書的纂修，以遂行大清帝國王者無外的理想，具有「爲盛世輿圖增勝地」的效果。[33]透過方志輿圖的刻劃，臺灣島域被放入帝國的政治文化視野中，也使得自然地理的空間就此臣屬於帝國版圖的空間。誠如福建水師提督施世驃（1667～1721）於康熙五十九年（1720）爲陳文達等《鳳山縣志》題序中提到：

> 余按其輿圖，觀其規制，見夫祀有典、賦有額、軍防有所，以及宦蹟人物之悉陳、民風物產之具列，參稽既詳，紀載尤備。……可知盛朝車書一統，聲教無遠弗逮，實能使異方殊俗，漸化而與中華等。[34]

　　乾隆初期，劉良璧等《重修福建臺灣府志》的〈凡例〉中亦指陳：「舊志星野、建置沿革、山川、疆界，統歸封域。茲各區其類而以形勝附之，使閱者瞭然爲海表中華，得悉方輿之盛焉。」[35]嘉慶後期，清朝政府於蛤仔難地區（今宜蘭平原）新置噶瑪蘭廳，「始隸版圖」之類的頌詞，亦出現於後來陳淑均等《噶瑪蘭廳志》之中。[36]直到清代後期，屠繼善等《恆春縣志》的〈凡例〉中亦強調：

> 恆春舊隸鳳山，鞭長莫及，爲生番巢穴，爲亡命淵藪，

32　范咸等，《重修臺灣府志》（臺北：行政院文化建設委員會，2005年），頁29。

33　劉良璧等，《重修福建臺灣府志》，張序，頁33。

34　陳文達等，《鳳山縣志》（臺北：行政院文化建設委員會，2005年），頁27。

35　劉良璧等，《重修福建臺灣府志》，頁69。

36　陳淑均等，《噶瑪蘭廳志》（臺北：行政院文化建設委員會，2006年），仝卜年跋，頁31。

> 無事可志。分治以後，歷年未久，志事亦罕，第上而星
> 野之分占、下而為域之盤錯，亙古為昭，既入版圖，自
> 應詳敘。[37]

　　方志輿圖的繪製伴隨著晚清時期帝國政府開展所謂「開山撫番」的步伐而擴充版面，而版面的擴充亦是國家版圖的確認以及政府主權的宣示。

　　西方學者安德森（Benedict Anderson）在《想像的共同體》（*Imagined Communities*）一書中指出，地圖作為政治空間的識別標誌，為外來殖民統治者形塑其正當性基礎的重要機制之一。[38]清代臺灣方志輿圖的編繪是為了服務統治者的需要而成立，自然也具有相似的目的和效果。整體而言，修志官紳出自政治性的動機所刻劃的志書輿圖，既是大清帝國將位處東南邊陲的臺灣島域納入版圖的具體象徵，並可作為國家治權與領土範圍的主要憑證，藉以彰顯皇朝盛世的版圖規模；與此同時，也傳達了地方官員藉以落實有效統治的經世理念。

(二)相地制宜：落實治臺官員的經世理念

　　在中國傳統輿地學發展史上，源於地理知識的實用特性，有助於經綸世務者觀風察俗的方志傳統以及在國防戰術上具備知己知彼功能的地圖，一直是輿地學的主流。[39]由於地圖內容兼具自然與人文知識的特性，富有強烈政治化與軍事化的經世實用傾向，因此深受主政

---

[37] 屠繼善等，《恆春縣志》（臺北：行政院文化建設委員會，2007年），頁24。

[38] Benedict Anderson, *Imagined Communities: Reflections on the Origin and Spread of Nationalism*（London/New York: Verso, 1991），pp. 163-185. 近來學者鄧津華運用類似的概念，分析清代文人的臺灣旅遊書寫及其圖像所透露出的殖民意識。Emma Jinhua Teng, *Taiwan's Imagined Geography: Chinese Colonial Travel Writing and Pictures(1683-1895)*（Cambridge/Mass.: Harvard University Press, 2004），pp. 15-17.

[39] 胡欣、江小群，《中國地理學史》（臺北：文津出版社，1995年），頁297-309。

官員的注目，也普獲知識分子的重視，並廣爲歷代各部類典籍所載錄。歷代統治者往往藉由地方圖籍的繪製與呈報，作爲深入掌控要衝險易、阨塞形勝以及瞭解國計民生的具體辦法，展現出大一統帝國的實權象徵。[40]

福建分巡臺廈道梁文煊於康熙五十八年（1719）爲《鳳山縣志》題序之際，曾旁徵博引歷代典籍舊說，表達出傳統中國重視輿地圖籍的政經背景與文化傳承，以及反映在傳統輿圖學上的經世實用蘊含云：

> 《周禮》職方氏掌天下之圖，以掌天下之地；大司徒掌以天下土地之圖，周知其地域廣輪之數；土訓掌道地圖，以詔地事。而太史輶軒所至，復採其聲詩以備列國之風；舉凡戶口、阨塞、學校、選舉、祭祀、秩官之大，以及百工末技、昆蟲草木之微，無不犂然畢載於天府。秦雖焚諸侯之史記，而圖籍具在，故蕭何入關得以收之。厥後司馬遷作《史記》、班固作《漢書》，其間天官、河渠諸書，地理、食貨諸誌，莫不採擇舊聞，考據圖籍，以成一代之典；俾世之欲觀形勢、考風俗者，覽之若指諸掌。[41]

分巡臺灣兵備道夏獻綸（？～1879）於光緒五年（1879）自序《臺灣輿圖》之際，亦曾徵引蕭何入咸陽收秦圖書的歷史典故，強調地理圖籍難能可貴的實用價值云：「古人右史左圖，觀覽並重。蕭何

---

40 楊文衡，〈試論中國古代地學與自然和社會環境的關係〉，《自然科學史研究》，1997年第1期，頁3-4；汪前進，〈地圖在中國古籍中的分布及其社會功能〉，《中國科技史料》，1998年第3期，頁1-20。

41 陳文達等，《鳳山縣志》，頁29。

入關，首收圖籍；蓋凡道途險阻、山川阨塞，非圖莫周悉也。」夏
獻綸秉持前述觀念，進一步指出：「曩赭寇之平，江蘇開局刊行輿
圖，最爲詳贍。臺郡荒僻，固相懸殊；又苦海外載籍荒落，圖之疏
略殆所不免。後之留心經世者，更從而考訂擴充之，是則所厚望也
夫。」[42]夏獻綸期盼能透過相關圖籍資料的搜羅暨相應製圖技術的提
升，以增添臺灣輿圖內容的詳實程度，進而發揮其作爲當政者治理藍
圖所具有的經世功能。類似的用意，大致貫穿於清代臺灣輿圖的繪製
經緯之中。

　　對於清初蒞臺官員而言，臺灣全域大多爲混沌未開的處女地，南
北各地充滿了許多不確定的空間。方輿圖志既可作爲治臺官員劃分行
政界域的依據，並有助於他們掌握地方民情和加強國家管理。如鳳山
知縣李丕煜於康熙五十八年爲《鳳山縣志》題序中提到：

> 方輿圖志，古也。鳳山自康熙二十二年開拓臺疆，始得
> 為邑；事多創始，百廢未興，志無由也。三十餘年來，
> 聖天子文教覃敷，民風丕變，……鳳之事物，殆非昔比
> 也，於此弗志，後將何稽？《周官》：「大司徒，掌天
> 下土地之圖，周知九州廣輪之數。」凡山林、川澤、原
> 隰、名物皆辨焉。又有職方氏之圖，若人民也、財用
> 也、九穀六畜也，纖悉畢記；曰山鎮、曰藪澤、曰川、
> 曰浸、曰區產、曰民生，細大不遺。志曷可少哉？[43]

　　乾隆二十一年（1756）二月，巡視臺灣給事中李友棠（？～
1798）抵達福州之際，福建巡撫鐘音鑑於巡察御史初至閩疆，一切

42　夏獻綸，《臺灣輿圖》（臺北：臺灣銀行，1959年），頁1。
43　陳文達等，《鳳山縣志》，頁35。

海洋情形及民「番」風土利弊俱未深悉，於是將臺灣輿圖形勢及一切應查辦事宜條分縷析，使李友棠能先悉梗概，以便赴臺後可按考虛實，協力清釐民生事務。[44]

　　在清代中期淡水廳與噶瑪蘭廳分疆劃界的過程中，主政者嘗稽考淡防廳屬輿圖暨各憲衙門案卷，並數度履勘界址，另繪確圖詳辦，劃定分管地界，以專責成。[45]嘉慶十六年（1811）九月，閩浙總督汪志伊（1742～1818）委派官員勘明噶瑪蘭山川形勢，以便於地方文武官員能就清查田甲、分劃地界並設官安汛、築城建署等各項開發事務，「因地制宜，分別籌備」，另繪製輿圖貼說，呈請皇帝批閱裁示。[46]

　　輿圖除了具有定疆劃界與分定界管的功能之外，亦有助於地方官員從事實質的兵防規劃。如康熙後期，分巡臺廈兵備道陳璸（1655～1718）命千總黃曾榮剿捕當時出沒於北臺地域的海盜鄭盡心；黃曾榮領軍抵達淡水之際，「則相山川形勢，繪圖以進，請於其地添設一營」。[47]康熙末年，南澳鎮總兵藍廷珍（1663～1730）率軍來臺平定朱一貴起事，其間曾追捕朱一貴餘黨至後山（泛指中央山脈以東的區域）；藍廷珍為能周知後山道里遠近、山川形勝、扼塞險夷以及「番」黎情狀，作為其用兵搜捕的參考，特選任當時能繪圖者偕行勘察，凡所經歷山川疆境一一加以圖志。據藍鼎元（1680～1733）於〈檄淡水謝守戎〉中的描述：

　　　　自淡水出門，十里至某處，二十里至某處，水陸程途，

────────────

[44] 洪安全等編，《清宮宮中檔奏摺臺灣史料（七）》（臺北：國立故宮博物院，2003年），頁364。

[45] 陳淑均等，《噶瑪蘭廳志》，卷1，〈疆域・附考〉，頁84-87。

[46] 陳淑均等，《噶瑪蘭廳志》，卷7，〈雜識・紀文上〉，頁407-408。

[47] 王必昌等，《重修臺灣縣志》（臺北：行政院文化建設委員會，2005年），卷11，〈人物志・治行〉，頁505。

詳記圖上。至蛤仔難接卑南覓而止，百里千里，無得間
斷。某處某社某山某番，平原曠野山窩窟穴，悉皆寫其
情狀，注其名色，使臺灣山後千里幅員，一齊收於畫圖
中，披覽之下，了如身歷。[48]

　　乾隆五十二年（1787）底，清軍將領福康安（1754～1796）率
兵赴臺平定林爽文起事，其間皇帝曾諭令官員將清軍剿捕過程暨各險
峻要隘處所繪圖具奏，以便刊刻戰圖。[49]此外，如乾隆五年（1740）
澎湖通判胡格在《澎湖志略》所附〈輿圖・圖說〉中基於海防的考
量，強調志書附載輿圖的重要性云：

澎當大海之中，凡島嶼、村落，隱隱水面，如浮萍一二
點，若有若無，問渡者鮮有不望洋而驚嘆。其間左營轄
其東南、右營控其西北，哨船分巡、兵丁派駐，皆有一
定名數。此《志略》所未載，予為一一詳註。然不有
圖，又何能瞭如指掌、而明若觀火乎？因命畫工摹圖於
後。若夫本處潮汐長洇，所關甚巨，不可不知，亦附一
圖。踵事增新，端有俟乎來者。[50]

　　胡格洞悉圖之為用大矣，其內容必須與時增訂，以利於地方官員
籌謀軍政要務。在同治年間纂輯的《臺灣府輿圖纂要》所附〈臺灣府
輿圖險要總說〉中，亦扼要地說明了主政者掌握輿圖將有助於統治措

---

[48] 藍鼎元，《東征集》，卷2，蔣炳釗、王鈿點校，《鹿洲全集》（廈門：廈門大學出版社，1995年），頁545-546。

[49] 洪安全等編，《清宮諭旨檔臺灣史料（二）》（臺北：國立故宮博物院，1996年），頁1279-1288。

[50] 周于仁、胡格，《澎湖志略》（臺北：行政院文化建設委員會，2005年），頁23。

施以及軍事防務的道理云：

> 盛平化洽，島嶼風清；全臺形勢之勝，亦等之海上畫
> 圖。然閒暇絪縕，聖人以為知道；山海籌防，不可不一
> 日講也。阨要備陳，則披卷瞭然，庶幾補於治乎。[51]

　　清代初期，臺灣猶為一個以原住民為主體的社會，外來統治者將原住民視為應被征服或同化的對象，並將他們的生活領域視為有待開發或殖民的空間；地圖作為權力控制的前哨或藍圖，於此也發揮其「收編」的作用。如康熙五十五年（1716）閩浙總督覺羅滿保（1673～1725）於〈題報生番歸化疏〉中，陳述當時南路「生番」山豬毛等十社、北路「生番」岸裡等五社「俱各傾心向化，願同熟番一體內附」之際，治臺官員將其所報丁口附入版圖，並「恭疏報聞，請旨纂入輿圖，昭垂典冊，以誌無疆之盛業者也」。[52]到了清代中後期，由於臺灣島域內外局勢的變化和刺激，致使主政者伸張版圖治權的意念，不時地浮現在相關的歷史文獻中。如道光二十七年（1847），閩浙總督劉韻珂（1792～1864）履勘彰化縣東南水沙連（今南投日月潭一帶）六社「番地」及體察各社情勢之後，奏請清廷設官治理，俾當地化外「生番」均得附隸編氓，以昭盛治。劉韻珂等人秉持王者無外／盡入版圖的觀念，將六社地輿繪具圖說呈請御覽，作為治權伸展的具體象徵。[53]光緒元年（1875）六月，當欽差辦理臺灣等處海防兼理各國事務大臣沈葆楨（1820～1879）等人著手「開山撫番」事宜之際，清廷命令其將臺灣所屬各縣與各「番社」詳

51　不著撰人，《臺灣府輿圖纂要》（臺北：臺灣銀行，1963年），頁75。
52　陳夢林等，《諸羅縣志》（臺北：行政院文化建設委員會，2005年），卷11，頁320-322。
53　洪安全等編，《清宮宮中檔奏摺臺灣史料（十二）》（臺北：國立故宮博物院，2005年），頁368-379；洪安全等編，《清宮月摺檔臺灣史料（一）》（臺北：國立故宮博物院，1994年），頁129-166。

細繪圖呈覽，並將各種「番族」形狀另行詳繪成帙一併呈進，俾供參考。[54]

　　清代臺灣地圖的繪製動機及其歷史沿革，無非是因應一統帝國有效統治的理念；而地圖內容的增多（特別是原住民活動區域的「內山」和臺灣東部「後山」地區），既呼應外在情勢的變遷，也顯示出官方控制力量的增長。十九世紀後期，伴隨著外力侵擾與所謂的「開山撫番」事業的進行，類似的意念更加明顯。如光緒五年分巡臺灣兵備道夏獻綸於《臺灣輿圖》的自序中提到，晚清自東臺灣蘇澳、岐萊、秀孤鸞、卑南覓以逮琅嶠、恆春等地，漢人開發已漸有成；然而，「郡志舊圖，付之犵狫莫考」。斯時，奉朝廷「開山撫番」之命而備兵至此的夏獻綸，遞歲周巡臺灣南北各地之餘，有感於當時內山道途和形勢為從古方輿所不誌，於是「欲詳悉為圖，俾迴曲窵遠，瞭然尺幅；而民番生聚、村落聯屬，咸有所稽」。[55]

　　光緒十一年（1885）九月，清朝政府下詔將福建巡撫改為臺灣巡撫；至光緒十四年（1888）正月，閩臺分治，臺灣正式建省，[56] 隨後於光緒十八年（1892）開局纂修通志，並通令各屬設局採訪。九月，通志局總監薛紹元等人訂頒〈修志事宜〉十四條，其中第二條即強調輿圖測繪的要領。[57] 在光緒二十年（1894）屠繼善等《恆春縣志》的〈凡例〉中，亦概要說明了清朝統治者重視志書輿圖的背

54　洪安全等編，《清宮洋務始末臺灣史料（二）》（臺北：國立故宮博物院，1999年），頁1300；洪安全等編，《清宮廷寄檔臺灣史料（三）》（臺北：國立故宮博物院，1998年），頁1680-1681。

55　夏獻綸，《臺灣輿圖》，頁1。夏獻綸於〈後山輿圖說略〉中亦強調：「今則自卑南以逮蘇澳，拔木通道，數百里窮髮儋耳之民，咸得沐浴王化；則自光緒紀元之開山撫番始，而輿圖始可得而志也。」（頁75）

56　許雪姬，《滿大人最後的二十年——洋務運動與建省》（臺北：自立晚報社文化出版部，1993年），頁35-36、44-47。

57　盧德嘉，《鳳山縣采訪冊》（臺北：行政院文化建設委員會，2007年），〈采訪全案事由〉，頁28。

景，以及輿圖本身在方志學上的重要地位云：

> 現在朝廷重修統志，命擇天下熟悉地形之人，以備錄
> 用，亦所以重輿圖焉。以是知圖之不可略，因取昔年分
> 里升科之圖，為總、為散，彙之入冊；雖未盡古人圖經
> 之妙，而再三考校，尚未大謬。[58]

　　《恆春縣志》的纂修者用心於方志輿圖的準確性，其出發點亦是
秉持地圖有利於統治者政事運作的初衷。
　　地圖知識在國家權力的運作過程中產生，國家權力也潛伏於地圖
知識的生產環節中而發揮效用。回顧康熙三十四年臺灣知府靳治揚在
高拱乾等《臺灣府志》的序文中，提到他目睹大清輿圖之際油然而生
大一統盛世的感觸，連帶也留意到臺灣全島的地理形勢相對於帝國版
圖的附屬性及其防禦功能云：「竊嘗披覽皇輿，而知一統之盛，無踰
今日。……若臺灣孤嶼環瀛，千峰叢立，環拱七閩，如屏障然」。[59]
通篇從主政者的立場，來定位臺灣的特殊性與重要性，展現出一種從
中國大陸觀看臺灣島域的空間認知和價值取向。值得注意的是，此種
意向其實充斥於清代臺灣志書中，成為地方官紳「所見略同」的共
識。整體而言，修志人員秉持王者無外的意識與經世致用的理念從
事臺灣方志輿圖的刻劃，也不忘將統治者的觀點投射到輿圖的顯像
上，並滲透到各相關門類的論述之中。

三、從中國大陸看臺灣：方志輿圖的權力視野

　　清代臺灣方志輿圖主要是基於帝國統治者的觀點，刻劃出特定時

58　屠繼善等，《恆春縣志》，頁24。
59　高拱乾等，《臺灣府志》，頁9。

期臺灣行政區域的地理分布，以因應官方相地制宜的需求。在志書的體例安排上，輿圖通常是置於全書之首，以便觀覽者能於開卷之際瞭然於目，洞悉各方志所記疆域概況，達到圖文互參的效果。如乾隆十七年（1752）刊王必昌等《重修臺灣縣志》的〈凡例〉中所謂：「首繪圖，便覽也。圖先書後，自昔然也」。[60]福州侯官舉人楊浚（1830～1890）於同治年間所撰〈新修淡水廳志序〉中也指出：「志乘例冠以圖，古圖史並列意也。」[61]

　　在繪製方法和整體外觀上，除了清代後期《淡水廳志》、《恆春縣志》、《澎湖廳志》與《苗栗縣志》之外，清代官修臺志輿圖普遍採取「橫軸式」的繪製法，顯現出以上為東、以左為北的輿圖外觀。根據夏黎明的研究，此一繪法既便於俯視臺灣東高西低的全島地勢，當中也蘊含著渡臺移民自海面上眺望臺灣島域的最初意象，以及統治者自中國大陸透視「臺灣邊陲」的心理方向，符合了傳統中國「南面而王」的主觀意識。[62]即使如咸豐二年（1852）刊陳淑均等《噶瑪蘭廳志》所附境域全圖採取以上為西、以左為南的形制，使得圖中東臺灣海域和平原在下而山區在上，仍舊呈現出一種「自海看山」的方向感或「山高水低」的地形觀。[63]

　　大體上，方志輿圖的內容傳達了繪圖者慣於從中國大陸的方位視

---

[60] 王必昌等，《重修臺灣縣志》，頁43。

[61] 引見陳培桂等，《淡水廳志》（臺北：行政院文化建設委員會，2006年），頁609。

[62] 夏黎明，《清代臺灣地圖演變史——兼論一個繪圖典範的轉移歷程》，頁73-75。另參見夏忠平，〈地圖的文化歷史地理學觀點——詮釋臺灣地圖史中地圖的文化意涵〉（臺北：國立臺灣師範大學地理學系碩士論文，1996年），頁57-59。當中的「異例」為清末《苗栗縣志》的「苗栗縣全圖」，顯現以上為西、以左為南的輿圖外觀，此舉與府志和其他縣、廳志所附疆域全圖的「典範」大異其趣。沈茂蔭等，《苗栗縣志》（臺北：行政院文化建設委員會，2006年），頁26-27。此外，有別於夏黎明的見解，許博凱則以清修臺灣方志輿圖受到中國傳統「山高水低」之地形觀的影響，故習於山脈在上而海洋在下的版面效果。許博凱，〈帝國文化邏輯的展演——清代臺灣方志之空間書寫與地理政治〉，頁108。

[63] 陳淑均等，《噶瑪蘭廳志》，頁56-57。關於「山高水低」的說法，據前引許博凱文。

角，來刻劃臺灣島域的地理空間。在統治階層的「權力之眼」凝視臺地疆域的目光中，往往區隔出一種中央／邊陲的主從關係。而此種「看的角度」，亦反映在其「畫的重點」。

㈠畫的重點：以山水圖為主流的空間展現

　　清代臺灣方志輿圖中的疆域圖大多採取「山水畫式」的繪製方法，以寫景式的山水圖（山川圖）為主流，勾勒出各行政區域的地形、地貌與地物，偶亦附有行政區域中心的城池圖或學宮圖、官署圖等其他各類圖示。[64]山水圖的特點在於簡單明瞭且具體可徵，圖上的方位與比例雖不及採取經緯網定位的地圖來得準確，卻可於展卷之際觀其大略並識其大要。[65]如康熙五十九年刊陳文達等《鳳山縣志》的〈凡例〉中提到：

> 邑治之地，較臺灣為廣，而視諸羅則惟十得其三。疊嶂峰巒，鮮千里之綿亙；紆迴溪澗，乏百出之分流。《郡志・山川》幾盡之矣。今止按其次第，溯其源委，繪之於圖；毋使參差遺陋，俾觀者瞭然目睫間焉。[66]

　　乾隆二十九年（1764）刊王瑛曾等《重修鳳山縣志》卷首於疆域圖、縣城圖和學宮圖之後附有一段文字，傳達了修志官紳對於該志所附山水圖的內容特點及其表象功能的認知云：

> 右全圖凡六幅，其與他郡縣志異者，他志縮數百里山

64　國立中央圖書館臺灣分館特藏資料編纂委員會編，《臺灣文獻書目解題・第二種地圖類》1-3冊（臺北：國立中央圖書館臺灣分館，1992-1994年）。山水畫式地圖為中國傳統方志輿圖的主流之一，參見姜道章、劉廷祥，〈明代方志地圖的研究〉，《中國文化大學地學研究所研究報告》，第8期，1995年3月，頁167-197。

65　胡欣、江小群，《中國地理學史》，頁307-309。

66　陳文達等，《鳳山縣志》，頁39。

川、道路、村莊、里社、形勝、險要於尺幅中，邊幅既
窄，描寫難工，於是牽強附會，移甲就乙，率以必不能
盡者而強欲盡之，失真彌甚。茲分為三幅，俾境內疆界
次第具舉，皆有定位可指。[67]

　　薛紹元等人於光緒十八年擬纂《臺灣通志》所頒〈修志事宜〉第
二條中，提到輿圖首重山川脈絡的測繪要領如下：

《漢書・地理志》云：推表山川，是地理以山川為綱
領，而城郭、村墟、津梁、塘汛、隘口附麗於其間者，
或在山之南、或在水之北，萬萬不能倒置；山宜分其支
幹，水宜窮其源流。……凡繪圖，無論山名、水名、地
名、村名，必須於四至交接之處，兩圖並書，庶使此圖
可與彼圖逗合；此為最要。[68]

　　修志人員藉由山水圖的表象格局來鋪陳臺疆的境域形勢，中國傳
統輿地學的觀念因此籠罩在臺灣的地理空間，產生了臺灣島域與中國
疆域「一體化」的效果，連帶具有一種「收編」的作用。收編的本身
代表政治勢力的擴張，以建立起一套符合傳統天下秩序觀的社會運
作，同時也意味著統治者權力視野的延伸。方志卷首輿圖的存在，既
與圖文互參的志書體例息息相關，亦關係到現實環境的政事運作。如
林豪等《澎湖廳志稿》之〈凡例〉中提到：

卷首例應繪圖，澎本無城，故《紀略》、《續編》並未

───────────
67　王瑛曾等，《重修鳳山縣志》（臺北：行政院文化建設委員會，2006年），頁52。
68　盧德嘉，《鳳山縣采訪冊》，〈采訪全案事由〉，頁28。

繪圖。自經法酉亂後，奉文升協為鎮，創建城垣、鎮署
於媽宮澳，移文澳通判署於城內，海口礮圖修造一新，
則繪圖洵不可少，茲皆查案續載，其無卷可查者，亦採
訪其梗概，分類補入。[69]

　　理論上，方志輿圖是為該行政區域地表自然與人文景觀的縮影，
修志官紳運用傳統中國的繪製方式刻劃臺灣各行政區域的地理形
勢，並將之作為帝國統治者的施政藍圖與權力象徵。如康熙五十九
年刊陳文達等《臺灣縣志》的〈凡例〉中說明：「疆土既闢，輿地
昭然，故特標於卷首，而封域在輿地之中也。……而凡輿地之所該
者，靡不搜羅畢周，無俾缺略。」[70]又如乾隆十七年（1752）刊王必
昌等《重修臺灣縣志》卷三〈建置志〉的開宗明義宣稱：「輿圖既
闢，建置斯興；因地制宜，人力所以贊天工也。」[71]另一方面，官方
的意向性及目的性也往往映現在輿圖的內容上，呈顯出一種「有選擇
性的表達」。[72]根據地圖學者潘桂成的研究指出：

　　　　地圖的意義是製圖者透過「地圖」這一「人為創作」，
　　　　把他所認知的環境景觀呈現在讀圖者的面前。一幅地圖
　　　　所包含的地理符號，不可能是他所識覺的全部地理資
　　　　訊，而是曾經有「價值判斷」這一步驟而加以選擇的；
　　　　換言之，地圖可以說是製圖者之思想價值的總整理，是
　　　　意志權力的集中表現。[73]

69　林豪等，《澎湖廳志稿》（南投：臺灣省文獻委員會，1998年），頁8。
70　陳文達等，《臺灣縣志》（臺北：行政院文化建設委員會，2005年），頁33。
71　王必昌等，《重修臺灣縣志》，頁169。
72　夏忠平，〈地圖的文化歷史地理學觀點──詮釋臺灣地圖史中地圖的文化意涵〉，頁138。
73　潘桂成，《地圖學原理》（臺北：三民書局，2005年修訂版），頁271。

　　就此觀點看來，清代臺灣方志輿圖所形塑的空間認知，其實也牽連出各種權力意志的展現。繪圖者透過外來統治者的有色眼鏡，對於特定時期行政區域的地表景觀進行篩選、過濾以及強調，如其從中國大陸的視角往臺灣島域觀望，在影像上產生了「詳近略遠」的情形。而此種地理圖像的展現，既是一種以中國大陸境域爲出發點的角度，也是一種以臺灣在地的行政與權力中心爲立足點所投射出去的視界，深具統治主體的「主觀性」。

　　茲以清代各時期刊行的府志爲例，其所附輿圖主要在顯示西部「前山」地區各行政中心（府、縣、廳治）周遭的地理景觀，特意放大其在全圖中的比例（尤其是府治所在地的臺灣縣境），並將焦點放在行政城垣內的官方建置情形，詳於其周邊攸關軍備防務的山川形勢和岸際分布；至於距離較遠的東部「後山」地區或是官方控制力量較薄弱的原住民「內山」區域，則相形粗略且模糊。[74]

　　在清代前期的志書輿圖中，臺灣西部由南至北疆域形勢與地理景觀的清晰化，大致緊隨著閩粵移民拓墾的步伐與官方行政設治的效應；隱藏在其論述背後的文化意涵，可以說是一種地理空間「內地化」的對稱，[75]也因此使得這種關於自然環境與山川分布的圖像刻劃，帶有一種歷史文化與政治統御的象徵意義。

　　到了清代中期以後，各志書中涉及地理形勢的刻劃，大多仍是對於漢人拓墾成果與官府行政規劃的事後認定。如同治十年（1871）刊陳培桂等《淡水廳志》的〈凡例〉中標榜「圖詳山川」的原則，[76]全書卷一附載淡水廳全圖、分圖一、分圖二、分圖三、分圖四、沿山各隘圖一、沿山各隘圖二、沿海礁砂形勢圖一、沿海礁砂形勢圖

---

[74] 夏黎明，《清代臺灣地圖演變史——兼論一個繪圖典範的轉移歷程》，頁70-73、137-138。另參見姜道章，《歷史地理學》（臺北：三民書局，2004年），頁387。

[75] 本文所引用的「內地化」的概念，係根據李國祁，〈清代臺灣社會的轉型〉，《中華學報》，5卷2期，1978年7月，頁131-159。

[76] 陳培桂等，《淡水廳志》，頁33。

二，概爲山水圖的形制。[77]而這些輿圖所關心的對象，主要爲內政與海防要務，誠如其〈凡例〉中所謂：「志乘因地爲體裁，近邊者詳障塞，居海者悉海防；淡廳又臺地要區，海防尤重。」[78]在此前提之下，同卷〈圖說三・論沿海礁砂〉中針對北臺各港口的岸際特性和設防要領進行分析，最終得出雞籠海口最應設防的結論。[79]即使對於陳培桂主修《淡水廳志》多所批評的林豪（1831～1918），在〈淡水廳志訂謬〉中亦強調：「淡水西濱海、東接內山，惟海防爲尤重。故拙稿專繪一圖，於西向海口港、汊、沙、汕，一一詳註；而以沿山毗連生番各隘，並列左方：使遠近形勢，犁然在目」。[80]

　　製圖者或其背後主導者通常會將環境中地理資訊的識覺加以抽象化，再轉化爲各種意象性的符號，以表達地理資訊的特殊性質。而這種空間顯像與象徵符號的本身，也是一種價值取向的投射。[81]爲能概要地掌握清修臺灣方志輿圖中官方的意向性及其選擇性，茲根據國立中央圖書館臺灣分館特藏資料編纂委員會編《臺灣文獻書目解題・第二種地圖類》中的彙整紀錄，將出現於清代臺灣各府、縣、廳志所附各轄境總圖或全圖（分圖不在此計）中的地名註記類別，整理如下列表2-1。

---

[77]　陳培桂等，《淡水廳志》，頁34。

[78]　陳培桂等，《淡水廳志》，頁33。

[79]　陳培桂等，《淡水廳志》，卷1，頁55-56。

[80]　引見陳培桂等，《淡水廳志》，頁588。

[81]　潘桂成，《地圖學原理》，頁199。另參見賴進貴、黃清琦、葉高華，〈古地圖的空間認知探索——以1878年《全臺前後山輿圖》爲例〉，《地理學報》，第42期，2005年12月，頁47-68。

表2-1　清代臺灣方志所附各轄境總圖中的地名註記類別

名　稱	修纂者	年　代	地名類別統計		
			項　目	數　目	占全圖%
府志部分					
康熙高志臺灣府總圖	高拱乾等	1696年刊	山岳	24	11.7
			溪流	13	6.3
			島嶼砂洲	20	9.8
			港口	12	5.9
			官署	5	2.4
			軍備（汛塘等）	4	2.0
			庄里	7	3.4
			社	61	29.8
			一般地名	59	28.8
			合計	205	100.0
乾隆劉志臺灣府總圖	劉良璧等	1742年刊	山岳	29	16.2
			溪流	8	4.5
			港灣島嶼	15	8.4
			官署	8	4.5
			社	24	13.4
			一般地名	95	53.1
			合計	179	100.0
乾隆范志臺灣府總圖	范咸等	1747年刊	山岳	127	53.1
			溪流	37	15.5
			島嶼砂洲	22	9.2
			港口	29	12.1
			官署	7	2.9
			一般地名	17	7.1
			合計	239	100.0

名　稱	修纂者	年　代	地名類別統計		
			項　目	數　目	占全圖%
縣廳志部分					
康熙諸志諸羅縣圖	陳夢林等	1717年刊	山岳	91	37.4
			溪流	17	7.0
			砂洲島嶼	12	4.9
			港口灣澳	31	12.8
			軍備（汛塘等）	8	3.3
			市街	10	4.1
			里	4	1.6
			村庄	14	5.8
			社	51	21.0
			一般地名	5	2.1
			合計	243	100.0
康熙臺志臺灣縣圖	陳文達等	1720年刊	山岳	7	8.8
			溪流	10	12.5
			港口	2	2.5
			軍備（汛塘等）	22	27.5
			市街	15	18.8
			坊里	24	30.0
			合計	80	100.0
康熙鳳志鳳山縣圖	陳文達等	1720年刊	山岳	22	16.4
			溪流	11	8.2
			港口島嶼	17	12.7
			官署	1	0.7
			軍備（汛塘等）	33	24.6
			街里	22	16.4
			社	25	18.7
			一般地名	3	2.2
			合計	134	100.0

名　　稱	修纂者	年　代	地名類別統計		
			項　　目	數　　目	占全圖%
乾隆臺志 臺灣縣圖	王必昌等	1752年刊	山岳	8	6.8
			溪流	7	5.9
			港口砂洲	12	10.3
			官署	2	1.7
			軍備（汛塘等）	9	7.7
			社	14	12.0
			庄里	32	27.4
			一般地名	33	28.2
			合計	117	100.0
乾隆鳳志 鳳山縣圖	王瑛曾等	1764年刊	山岳	58	19.0
			溪流	17	5.6
			島嶼港口	15	4.9
			官署	2	0.7
			軍備（汛塘等）	45	14.7
			社	118	38.6
			庄里	41	13.4
			街	10	3.3
			合計	306	100.0
道光彰志 彰化縣圖	周璽等	1836年刊	山岳	28	36.4
			溪流	5	6.5
			港口	1	1.3
			官署	3	3.9
			軍備（汛塘等）	25	32.5
			保	14	18.2
			一般地名	1	1.3
			合計	77	100.0

名　稱	修纂者	年　代	地名類別統計		
			項　目	數　目	占全圖%
道光噶志噶瑪蘭廳圖	陳淑均等	1852年刊	山岳	20	35.1
			溪流	2	3.5
			島嶼砂洲	2	3.5
			港口	7	12.3
			軍備（汛塘等）	9	15.8
			市街	5	8.8
			一般地名	12	21.1
			合計	57	100.0
同治淡志淡水廳全圖	陳培桂等	1871年刊	山岳	10	10.3
			溪流	9	9.3
			島嶼礁石	7	7.2
			港口	11	11.3
			官署	4	4.1
			保	13	13.4
			一般地名	43	44.3
			合計	97	100.0
光緒澎志澎湖圖	林豪等	1894年刊	山岳	2	1.8
			島嶼礁石	45	39.5
			軍備（汛塘等）	8	7.0
			村落	59	51.8
			合計	114	100.0

名　稱	修纂者	年　代	地名類別統計		
			項　目	數　目	占全圖%
光緒苗志苗栗縣全圖	沈茂蔭等	1894年修	山岳	18	18.8
			溪流	6	6.3
			港口	5	5.2
			官署	1	1.0
			堡	2	2.1
			軍備（汛塘等）	5	5.2
			市街	4	4.2
			社	2	2.1
			一般地名（含庄名）	53	55.2
			合計	96	100.0

資料來源：國立中央圖書館臺灣分館特藏資料編纂委員會編，《臺灣文獻書
　　　　目解題・第二種地圖類》1-3冊。
＊附註：周元文等《重修臺灣府志》（1718年刊）所附總圖係重刊「康熙
　　　　高志臺灣府總圖」，余文儀等《續修臺灣府志》（1774年刊）所附
　　　　總圖係重刻「乾隆范志臺灣府總圖」，謝金鑾等《續修臺灣縣志》
　　　　（1807年原刻本、1821年補刻本、1850年增補本）所附全圖係重刊
　　　　「乾隆臺志臺灣縣圖」，內容大致相同，故不另列出。

　　基本上，在各方志總圖或全圖所繪山岳溪流、海口港澳與島嶼砂
洲之間，大多點綴著各項官治行政設施、軍事布防單位、漢人街庄里
保和原住民部落社名。如就地方政務的角度來考量修志官紳的意向性
及其選擇性，我們不難看出，前述自然景觀與人文景物概攸關社會
治安的維護、地方境域的開發、經濟產業的發展以及統治權力的落
實，以至於成為方志輿圖中的主體，映現出以官治需求為基準的地理
空間意象。[82]再者，如就表2-1所示以各時期同一境域的縣志所附輿

82　夏黎明，《清代臺灣地圖演變史──兼論一個繪圖典範的轉移歷程》，頁76-90。

圖來觀察，在自然地景與人文地景的註記方面，後出者通常較先出者
數量爲多，而人文註記的比例往往有逐漸趕上或是超過自然註記的
趨勢，大抵顯示出漢人拓墾的進度與官治力量的擴展。此種趨勢在府
志系統雖不明顯，但乾隆范志的臺灣府總圖特詳山岳、溪流、島嶼砂
洲、港口等自然地景的註記，其數量及比重皆較前修府志爲多，追根
究柢起來，與主修者標榜經世致用與治安防禦的考量有相當密切的關
係（詳後）。另外，各輿圖上連結各政教單位、軍事布防或漢人街市
村莊的虛線，爲當時陸地交通要道。凡道路所及之處，通常也代表修
志官紳的視野下官府治權和漢人開發的範圍。在知識／權力交織的空
間意識中，呈現在志書輿圖上各種具象性的地景地物，即是修志官紳
認定爲最重要且深具價值的內容，進而構成一幅又一幅國家權力部署
在地方社會的圖像。

　　進而言之，修志官紳刻意強化他們所關注的對象在疆域圖上的符
號與比例，透過此種具象化的渲染與誇大式的特寫，便於主政者能迅
速地掌握國家與地方社會的連結網絡，具體感受到官治力量的場域訊
息。至於近代製圖學所重視的地圖顯像能精準地反映地形地物之比
例、距離和方位的「準確度」，似乎不是方志輿圖的傳統所關注的重
點。[83] 或是如許博凱所指出的，清修臺灣方志輿圖多採用較不精準的
山水畫法，而捨棄了較爲準確的計里畫法或經緯度畫法的原因，在於
其「提供了一個很便捷且符合帝國邏輯要求的資源」，反映了中國傳
統「描述性地圖」之詳於畫水、略於畫山的選擇性意向。[84]

　　清代臺灣方志輿圖的官治色彩除了展露於行政疆域圖（山川總

---

[83] 學者張哲嘉研究明代方志輿圖的視覺特色，即嘗試跳脫過往以精確度爲中心的思路，轉而將
焦點集中於修志官紳如何在地圖上採取自官署中心眺望轄境四方的繪畫方式，藉以彰顯國家
力量的價值意識，反倒使得這些放大據點、忽略比例而看似粗略的方志輿圖內容，呈現出另
一種「合理性」。張哲嘉，〈明代方志的地圖〉，收於黃克武編，《畫中有話：近代中國的
視覺表述與文化構圖》（臺北：中央研究院近代史研究所，2003年），頁179-212。

[84] 許博凱，〈帝國文化邏輯的展演——清代臺灣方志之空間書寫與地理政治〉，頁96-99。

圖）之外，其他各類附圖也多少顯現出類似的空間文化思維與價值觀
念。例如，范咸等《重修臺灣府志》、余文儀等《續修臺灣府志》
於「福建臺灣全圖」（包括臺灣府總圖、臺灣縣圖、鳳山縣圖、諸
羅縣圖、彰化縣圖、淡水廳圖、澎湖廳圖）之後，另附「臺灣郡治
八景圖」。《臺灣縣志》於縣境輿圖之後，另附學宮圖、縣署圖。
《重修臺灣縣志》、《續修臺灣縣志》於縣境全圖之後，另附城池
圖、縣署圖、府學宮圖、縣學宮圖以及八景圖。《鳳山縣志》於山川
圖之後，另附學宮圖。《重修鳳山縣志》於縣境全圖之後，另附縣
城圖、學宮圖。《恆春縣志》則於卷首附有縣城圖、縣署圖、典史
署圖。《諸羅縣志》於山川總圖之後，另附縣治圖、學宮圖以及番
俗圖。《彰化縣志》於山川全圖之後，另附縣城圖、縣署圖、聖廟
圖、學署圖、白沙書院圖、北路協鎮署圖、明倫堂圖、北路理番同
知署圖、水師遊擊署圖以及八景圖。《噶瑪蘭廳志》於地輿全圖之
後，另附水利堤堰全圖、海防關隘全圖以及蘭陽八景圖。《淡水廳
志》於境域山川圖之後，另附廳治圖、廳署圖、新庄分縣署圖、遊
擊署圖、艋舺參將署圖、學署圖、學宮圖、明志書院圖、學海書院
圖、艋舺倉署圖、竹塹義倉圖、艋舺義倉圖、竹塹育嬰堂圖、艋舺育
嬰堂圖以及八景圖。《苗栗縣志》於境域全圖、各堡分圖與沿山、沿
海形勢圖之後，另附縣治圖、縣署圖、捕廳署圖、大甲巡檢署圖、大
甲守備署圖以及八景圖。《澎湖廳志》於澎湖全圖之後，另附澎湖城
圖、武聖廟圖、程朱祠圖、鎮署圖、廳署圖等。[85]

　　其中，城池、官署、廟學、書院等建置，原係官治行政與教化措
施的產物，可使當政者於展圖之際即刻明瞭政事處所或聖學空間的布
置，以確認地方政治權力的指揮中心與禮教秩序的推行機制，或可消
解治臺官員蒞任海天孤島之初的陌生感，甚至在心理層面上獲得某種
程度的安全感。這些官方建置與硬體設施成為方志輿圖單幅聚焦的特

85　以上所舉各志書所附輿圖，係根據行政院文化建設委員會重校出版的「清代臺灣方志叢刊」
　　本，另參見臺北成文出版社影印舊刊本。

寫全景，自有其合理性。至於《諸羅縣志》卷首的番俗圖，係與該書卷八〈風俗志·番俗〉的內容前後呼應，具有圖文互證的效果。其製圖用意，不但可以「使讀者髣髴其形似焉」，[86]對於主政者的觀風察俗以明究竟，亦當有所助益。

　　乍看之下，刻劃境域山水景觀的「八景圖」出現於某些志書的卷首，似乎略嫌突兀。實際上，關於八景圖在方志輿圖系統中的得失去取，不同的方志也各有見解。如《重修鳳山縣志》卷首之末附文中提到：「至若八景名蹟，他郡邑志間有載者，然雲霞綺麗，適以取玩而已，無關治理，概從裁削。」[87]編纂者認為八景圖僅為滿足文人雅士的臥遊雅興，在無益於現實政治的前提之下，故將其排除在卷首附圖之外。然而，我們也不要忽視八景圖作為某些清代臺灣志書的附圖，通常帶有些許政治因素或權力運作的意味在裡頭，尤其透露出一種以行政官署為中心而進行點畫的視野，與官治力量的伸張、行政體系的規劃與漢人墾殖的成果聲息相通。如學者林開世研究《噶瑪蘭廳志》所附蘭陽八景圖即指出，這些景點主要由當地最高行政官員或教育官員所選定，通常為各種政治關係、軍事戰略以及風水考量的聚焦點，便能將原先未開化的山水轉化成可以掌握的美景，順理成章地納入漢人統治者所熟悉的空間意識與文化思維中。「也就是說，山水風景與一個社會之權力結構的運作，有特定的關聯。在慶祝風景的文化動力和創造力的同時，我們也別忘了它的權力意涵。」[88]此項例證如與前舉《重修鳳山縣志》的主張相互對照，可以讓我們得到如下的印象：無論八景圖是否放入方志卷首的輿圖系統中，到頭來終究還是一種政治性質的思考取向。

　　從「畫的重點」來理解清代臺灣方志輿圖的知識建構所蘊含的權

86　陳夢林等，《諸羅縣志》，頁71。
87　王瑛曾等，《重修鳳山縣志》，頁52。
88　林開世，〈風景的形成和文明的建立：十九世紀宜蘭的個案〉，《臺灣人類學刊》，1卷2期，2003年12月，頁1-38。

力意識，我們不難看出，作爲詮釋主體的清代官紳所鋪陳的空間顯像，將臺灣的地理空間收編於中國傳統山水圖的視野中，表露出他們從中國大陸觀看臺灣島域，或是自臺地行政權力中心所在觀望統治疆界的選擇性認知。此種價值意識既呈現在輿圖內容的權力象徵，並隱藏在輿圖背後的志書解說內容裡。以下將從觀念史的角度，考察方志輿圖所對應的相關門類之中，各種具有政治化色彩的論述內涵。

(二)圖文互參：方志輿圖相應門類的政治化論述

清代臺灣方志輿圖以黑白筆墨畫法的山水圖爲主流，相較於國立臺灣博物館藏「康熙臺灣輿圖」、國立故宮博物院藏「雍正朝臺灣圖附澎湖群島圖」、「乾隆朝臺灣輿圖」或是清季夏獻綸《臺灣輿圖》等輿圖專著，方志輿圖的內容較爲簡略，圖上亦鮮有圖說註文，若要瞭解圖中更多具體詳細的地理訊息，則必須參照地方志書中相關的門類內容。如康熙五十六年（1717）刊陳夢林等《諸羅縣志》所附山川圖十一幅、縣治一幅、番俗十幅，其後說明：「山川南自蔦松洋仔港，北至雞籠山，山後南至卑南覓。其說載於封域，散見於兵防，於雜記詳矣；圖特舉其概云爾。」[89]陳夢林認爲尺幅之圖僅能概要地表達轄境景觀，反觀過往臺灣輿圖爲求無遺但卻於可疑之處牽強附合，以致顧此失彼、失之亂眞。讀者若是按圖以爲實，不免受到誤導。有鑑於此，陳夢林標榜徵實與存眞的原則，以從事諸羅縣境志書輿圖的刻劃云：

> 故茲圖於道路、山水、庄社、汛塘，各就其最確者，次第其遠近東西，使皆有定位可指；凡涉影響疑似者略焉。要之，大概不過如是；閱者參互其說於封域、兵防、雜記，有所未盡，當自得之耳。[90]

---

89 陳夢林等，《諸羅縣志》，頁71。
90 陳夢林等，《諸羅縣志》，頁71。

　　除了輿圖元素的定位之外，陳夢林向讀者強調圖文互參以詳其實的必要性，如能參閱縣志中封域、兵防、雜記等相關門類的記載，自可填補自我對於輿圖上未盡之處的認知。

　　清代後期，林豪於〈淡水廳志訂謬〉中抨擊陳培桂主修《淡水廳志》的「山海圖下有說似矣，何以地圖皆無說，其說悉附於方域、建置各門之後？不幾自亂其例乎？則何如將山川圖說仍歸於山川門目之後，較為畫一而免參差錯出之病耶！」[91]林豪的這段批評，恰好反襯出清代臺灣方志輿圖的常態性做法，也就是全圖中多僅標誌出自然景物和人文元素的名稱，相關的註解或具體的說明則須配合〈封域〉（或〈疆域〉）、〈山川〉（或〈山水〉）、〈建置〉（或〈規制〉）、〈兵防〉、〈雜記〉等門類加以參照，考察其間相互呼應和彼此映襯的情形，方能更加清楚地掌握到圖版內容的表象意義，以及隱藏在圖像背後的政治文化意涵。

　　方志首列輿圖概以勾勒出各行政區域的疆域輪廓為主，作為分疆劃界的依據，至於細部的解說則可見於方志中的〈封域〉或〈疆域〉門類。在這些門類的內文論述中，除了說明各疆域的歷史沿革及其分布範圍之外，編纂者亦不忘將王者無外的一統意識、相地制宜的經世理念以及鞏固治安的防務需求，表達在他們夾議夾敘的字裡行間。如高拱乾等《臺灣府志》卷一〈封域志〉開宗明義宣稱：

> 然幅員雖廣，必分封域。其間或仰觀以辨疆畫，或俯察以覘勝槩，或因時以審機宜，營造肇興而規模悉定，延袤莫際而經理畢周，非以飾大觀、示無外也，亦使後之撫茲斯土者，相陰陽風雨之會、知剛柔燥濕之宜，用以奠厥民居，增其式廓，以壯我皇圖云爾。[92]

---

[91] 引見陳培桂等，《淡水廳志》，頁589。
[92] 高拱乾等，《臺灣府志》，卷1，頁1。

　　類似的見解，亦可見於《重修臺灣縣志》卷一〈疆域志〉的開場即從中國中心的立場，總論遠處海天、近通浙粵的臺灣島域，「版圖甫登，沿革易考，而蕞爾一隅，屢煩廟算；蓋奠一邑之井疆、資半壁之保障，則申畫郊圻、慎固封守，使農安於里、商藏於市，聖朝無外之規，於是乎在」。[93]行文之中，洋溢著主政者捍衛臺疆並妥理民生的自許。此外，如《淡水廳志》卷二〈封域志〉開宗明義指陳：

> 封域志者，即史家地理志也。史家總攬方州郡縣，包舉者大，故從統名方志；惟詳所轄山川土宇，綜覈者密，故變今名。淡廳，南自大甲溪，北至三貂嶺，東極內山，西底於海，幅員遼闊，踞一郡四邑之上游，防海綏番，尤關樞轄。邇者聲教日闢，夷番嚮慕，海舶鱗次於口岸，豪民蠶食於番界，覽其疆索，可以慨然興攬轡澄清之志矣。[94]

　　清代後期，北臺地區因為原漢關係的問題加上外國勢力的侵凌，對於統治者而言造成內政與海防的雙重困擾。主政者期望能透過修志的工作，達成知己知彼以利治道的效果，《淡水廳志》即是其中的顯例。這段時期，臺灣南部的情形也大致如此。如《恆春縣志》卷一〈疆域〉圖說恆春縣全圖之際，除了陳述縣境的地理位置、聚落分布、原漢民情和山川形勢，並關注當地軍備概況與交通要道，以備經綸世務者借鏡。[95]

　　清代臺灣方志輿圖既以山水圖為主，山川門類在全志中自然占有舉足輕重的地位，而編纂者亦相當重視山川門類的內容。如《諸羅縣

93　王必昌等，《重修臺灣縣志》，卷1，頁80。
94　陳培桂等，《淡水廳志》，卷2，頁103。
95　屠繼善等，《恆春縣志》，頁41。

志》的〈凡例〉中提到：「邑治山川叢雜，郡志多所缺略，故校勘特詳，凡三易稿而就；務使肢節脈絡，井井分明；流峙高深，各見生動。庶幾碧水青山本來面目，不致盡被作者塵封耳。」[96]《重修鳳山縣志》的〈凡例〉中也指出：「縣於臺邑，幅員最廣。峰巒層疊、溪澗紆迴，舊志多所缺略。今參互眾說，務使肢節脈絡井井分明，流峙高深各安位置，庶幾碧水丹山本來面目，不致被作者塵封耳。」[97]

　　除了著重清晰詳實與脈絡分明的原則之外，山川門類的編纂標示著海天孤島盡入帝國版圖的歷史事實，強調臺灣島域相對於中國大陸的從屬性質，亦可以滿足某些地方官紳內心中皇清一統的天下觀念。如《重修福建臺灣府志》卷三〈山川〉開宗明義宣稱：「聖人御宇，河嶽効靈，山川之徵應，於臺為昭焉。……一入版章，皆吾封內。懷柔之道，可或略歟？志山川。」[98]《重修臺灣縣志》卷二〈山水志〉開宗明義宣稱：「臺灣山懸絕島，水阻重洋；伯翳之經不載，道元之注未詳。聖人御宇，收於版圖，遂稱名勝。……輯而錄之，用作梯航之指南，爰徵懷柔之暨訖也。」[99]修志官紳秉持經世致用的教化觀念，期能藉由對被統治區域的地理景觀加以詳細描繪，來突顯臺灣島域納歸帝國版圖的大一統盛況。

　　軍事防務上的考量，亦為山川門類受到重視的主要原因。修志官紳透過山川形勝的內容書寫，藉以紀道里險夷，明川陸向背，令主政者瞭解何處可屯兵設伏，何者為衝途扼塞。[100]如高拱乾等《臺灣府志》之〈凡例〉所云：

---

[96] 陳夢林等，《諸羅縣志》，頁30。該書卷1〈封域志・山川〉中亦強調：「右山川所紀，較郡志加詳，亦多與郡志異。郡志據所傳聞，云其略而已。……茲卷或躬親遊歷，或遣使繪圖，三復考訂，乃登記載」（頁90）。

[97] 王瑛曾等，《重修鳳山縣志》，頁38。

[98] 劉良璧等，《重修福建臺灣府志》，頁114。

[99] 王必昌等，《重修臺灣縣志》，頁114。

[100] 林豪，〈淡水廳志訂謬〉，引見《淡水廳志》，頁589。

山川、形勝，所以設險固圍，亦以領異標奇；分野之
後，例首及之。臺灣為新闢，海疆流峙，異於中原；雖
詞客騷人，未多登臨遊泛之作。而扞衛四省，屹立大
洋；筆之於書，匪特觀美，故於海道三致意焉。[101]

　　乾隆前期范咸等重修《臺灣府志》之際，鑑於先前府志僅登載臺
境寥寥數山，尤其未詳康熙末期朱一貴起事的羅漢門內外形勢，經修
志官紳巡歷當地並參考黃叔璥《臺海使槎錄》的相關記載之後，深
感「峻嶺深谷，叢奸最易；此守土者所不可不知也。因採其語入形
勝、附考中；而詳識其山之遠近道里，補入山川志焉。」[102]由於該書
的山川志係建立在實地訪察的基礎上，如前節表2-1所示，反映在該
書輿圖中的山岳、溪流、島嶼砂洲、港口等自然地景的註記內容，相
較於前刊府志愈見豐富而細膩，堪為清代官修臺灣府志之最。
　　傳統農業社會的日常生計與自然環境關係密切，主政者若能明瞭
山川形勢，將有助於相地制宜以開物成務，作為施政上的參考。如道
光十六年（1836）刊周璽等《彰化縣志》卷首〈例言〉中，提到志
書詳載山川形勢的必要性云：「凡郡縣志乘，所必詳載者，非以誇一
都一邑之名勝也。山有險易，川有阻深，何處易於藏奸，使不詳加
考核，備列志乘，將蒞斯土者，茫然莫辨其方隅，其何以思患豫防
乎？」有鑑於此，編纂者徵考先前各府志和《諸羅縣志》的相關記載
加以纂輯，至於「所未載者，或耳目之所及，或輿論之所傳，博採旁
徵，據實補入。某山某水為某方之扼要，某藪某澤為某地之保障，其
訛舛者亦加考訂，俾後之君子展卷披閱，燦若列眉，或於因時制宜之
義，不無稍助云」。[103]

---

[101] 高拱乾，《臺灣府志》，頁15。
[102] 范咸等，《重修臺灣府志》，〈凡例〉，頁53。
[103] 周璽等，《彰化縣志》（臺北：行政院文化建設委員會，2005年），頁6。

　　清代臺灣方志山川門類的書寫方式大致是以府縣廳治為中心，刻劃出群山拱衛與眾水環抱的態勢。如蔣毓英等《臺灣府志》卷二〈敘山・臺山分界〉所云：「蓋鳳山、諸落雖分縣界，而遠峰近岫，莫不明拱暗朝於郡治焉。」[104]謝金鑾等《續修臺灣縣志》卷一〈地志・山水〉亦指稱：「都邑之成也，必山與水分脈聚氣，以迴環而縈繞之，豈偶然哉！」[105]

　　通觀各志書的山川門類，大多採取登載各山的名稱、位置、來脈、相對距離或旁及該地的名勝、物產的寫作格式，偶亦將臺灣的山脈形勢融入中國傳統崑崙三大龍脈說的思維系統中。如侯官舉人楊浚於〈新修淡水廳志序〉中所謂：

> 爰溯臺山，發源五虎；滄海渡龍，考亭有語。關潼白畎，蜿蜒東聚；結腦雞籠，淡為初祖。派別支分，式廓土宇；南離奧區，中流砥柱。誌「山川」，「形勝」附之。[106]

　　在「龍渡滄海」、「雞籠發祖」的前提上，進一步鋪陳境域內祖山、少祖山與主山（父母山）的來龍去脈，以及邑治周遭左右護砂、前方朝案山與水口山的相對分布。在修志官紳建構轄境山川脈絡的主從關係及其地景空間的風水格局之餘，藉由堪輿學理的認證，來宣告統治階層已然在地理空間上取得了神聖性且合理化的權力位置，作為行政中心的所在，也就是特定區域中最適合設治築城的風水寶地。此種風水觀念的建構，既與版圖擴張與帝國統御的意識互為表

---

[104] 蔣毓英等，《臺灣府志》，頁15。
[105] 謝金鑾等，《續修臺灣縣志》（臺北：行政院文化建設委員會，2007年），頁114。
[106] 引見陳培桂等，《淡水廳志》，頁615。

裡，無非也是一種「內地化」思維的展現。[107]清代中期《續修臺灣縣志》的〈凡例〉中即強調：「都邑所建，必詳地脈所由來；此亦志書關鍵之大者。」[108]

　　值得注意的是，山川門類的內容與地方志書所附輿圖的顯像互為映襯，具有圖文互證且相得益彰的效果。山川圖像脈絡的清晰與否，則端賴修志官紳實地考證的功力。如《續修臺灣縣志》卷一〈地志·山水〉中說明：

> 今內山悉墾闢，村莊墟落，所在碁布；輪蹄履跡，暮往朝來，山水所趨，脈絡昭然，耳目眾著，仍前人之偶訛、予來者以滋疑，以為苟於事而無以示信也。明經游化，久居羅漢門，而常往來於南、北兩路，性質實好山水，於所閱歷，必究詰其源流，默識於心，而能言之。既與辨難，則圖其本末，筆諸書，復參考舊聞，取其所可疑者，悉辨之⋯⋯[109]

　　另一方面，儒學傳統習於將仰觀天文、俯察地理、中盡人事視為讀書人理想的學識素養，士紳階層受到天地人合一、陰陽五行思想的影響，往往將人際倫常的關係投射到自然山水的格局，予以政治秩序化或家族倫理化的比擬。[110]如《續修臺灣縣志》卷一〈地志·山水〉中指出：

[107] 賴仕堯，〈風水：由論述構造與空間實踐的角度研究清代臺灣城市空間〉（臺北：國立臺灣大學建築與城鄉研究所碩士論文，1993年），頁65-145；洪健榮，〈塑造境域「佳城」：清代臺灣設治築城的風水考量〉，《臺北文獻》，直字第155期，2006年3月，頁94-106。
[108] 謝金鑾等，《續修臺灣縣志》，頁38。
[109] 謝金鑾等，《續修臺灣縣志》，頁110。
[110] 呂理政，《天、人、社會：試論中國傳統的宇宙認知模型》（臺北：中央研究院民族學研究所，1990年），頁49；胡欣、江小群，《中國地理學史》，頁275-289。

然山渡乎海，其盤旋屈曲，垂乳結穴，可造郡邑聚村落
者，必西向內地，而復歸於海。水出於山，其可舟可
游、可灌可汲，以養吾民者，必西流而卒歸於海。豈地
理之所存，顧有不忘其本者歟？今居斯土者，官則受國
恩、銜王命而至，君門萬里，臣心凜凜，視同咫尺；民
則農商富庶，必念食毛踐土之惠，以毋忘首邱之仁。反
是者不祥。蓋觀諸地理，則有斷斷然者。地理即天理，
亦即人道也。……談地理者，要以天道、人事為斷。[111]

　　論述中涉及臺灣全島山川走向與中國大陸的相對關係，其解釋的
方式不由客觀的地理形勢本身來看待，而是訴諸漢文化傳統的關聯性
思維（correlative thinking）來加以借題發揮，[112]將海峽兩岸的地理
關係統攝於政治文化上的君臣倫理，以呼應其心態上理想化的大清一
統天下秩序。這樣的思考模式，與清代臺灣志書輿圖所帶有的中央／
邊陲的從屬意識，堪爲表裡一致。

　　「輿地既定，建置興焉」，對於治臺官紳而言，行政中心的具體
建置係區域發展的關鍵指標，亦爲國家權力涉足地方社會的重要機
制，攸關軍事防衛體系的建立與當地產業經濟的發展。也因此，志書
中不忘標舉「因地創置，隨事周詳」的撰述原則，「以彰盛世之規模
焉」。[113]爲能呼應官方的統治意圖與支配理念，表現在清代臺灣志書
所描繪的境域圖像，通常是以行政所在地點（府、縣、廳治）爲中

[111] 謝金鑾等，《續修臺灣縣志》，頁105-106。另參見李元春，《臺灣志略》（臺北：臺灣銀
行，1958年），卷1，〈地志〉，頁4-5。

[112] 關於漢文化傳統關聯性思考模式的意涵及其特質，參見何丙郁、何冠彪，《中國科技史概
論》（臺北：木鐸出版社，1983年），頁17-19；John B. Henderson, *The Development and
Decline of Chinese Cosmology*（New York: Columbia University Press, 1984）, pp. 1-58.

[113] 陳文達等，《臺灣縣志》，〈凡例〉，頁33。

心，刻劃出城垣內外的各項行政建置及其周遭的山川脈絡、聚落分布等元素。如乾隆中期澎湖通判胡建偉於《澎湖紀略》的〈凡例〉中強調：「茲一以廳署爲主，由近及遠，一一註明於各嶼之下，俾披圖而閱者，勝概悉在目前，可以臥遊而得之也。」[114]清代後期《恆春縣志》的〈凡例〉中也指出：「茲以城爲一方之保障、署爲萬姓之觀瞻，政治之所從出焉。如績事然，必以粉地爲質，故圖城署於簡首；祭山者宗嶽、言水者先河，而以舊說會其全焉」，[115]亦是基於同樣的考量。故該書特將縣城圖、縣署圖和典史署圖置於卷首。

　　再者，各志書山川門類中關於地理形勢的描述以及輿圖內容的鋪陳，有時也夾帶著各轄境海防形勢或軍事地位的背景，此舉同樣是出自於維護統治階層的利益所做的考量，富有強烈的泛政治化色彩，卻也適切地體現出方志輿圖的知識建構所具備的權力背景。這個部分，在各志書裡作爲統治象徵並可彰顯盛世規模的〈規制〉、〈建置〉以及攸關地方安危的〈兵防〉、〈武備〉、〈阸塞〉等門類的內文論述中，皆可獲得參證。如《臺灣縣志》卷二〈建置志·阸塞〉中所謂：「版圖既定，規畫備詳，謀所以固疆圉，而爲久安長治之模者，尤在擇其阸塞，而預計之也。」[116]

　　修志官紳強調在志書中應留意山川名稱、地理位置及其相對距離的正確性，便能確切地反映特定區域漢人拓墾的實質成果，並藉以傳達清代官府掌控當地的治權宣示。在此種趨勢之下，作爲被統治者的漢人街庄聚落，以及對官府輸餉歸化的「熟番」部落，也逐步被納入以山水圖爲主體所展現的權力視野中。至於針對尚未輸餉歸化的「生番」界域，志書編纂者則別有一番定位。

---

[114] 胡建偉，《澎湖紀略》（臺北：行政院文化建設委員會，2004年），頁36。

[115] 屠繼善等，《恆春縣志》，頁24。

[116] 陳文達等，《臺灣縣志》，頁161。

(三)「番界」內外：王化與化外的分野

　　清初臺灣方為大清帝國收歸版圖不久，除了臺灣縣（今臺南市區）因明鄭勢力拓墾於前以至於受到漢文化的影響較深之外，南路鳳山、北路諸羅（彰化）兩縣轄境多為原住民活動的區域；這些區域或有閩粵移民雜處其間，然猶屬少數族群。清朝政府基於治安上的考量，為了避免臺灣本土原漢之間的衝突，防範漢移民與原住民勾結為患，以及防制原住民的反抗，對於內山「生番」地域實施封山隔離的政策，自清代前期起從立石為界到後來陸續自南而北劃定土牛界線（土牛溝），嚴禁漢人私自越界開墾。[117]

　　在這段時期所有「橫軸式」的臺灣方志輿圖中，我們可以看出全圖下方標明官方所能控制的地理範圍，舉凡圖中所出現的原住民部落，概以被納入國家賦稅管理體制且接受漢文化薰陶的「熟番」以及新近歸化的「化番」社名為主；相形之下，位於地圖上方「人跡罕至」的「生番」出沒區域，在山形線條相對籠統模糊且圖文註記頗為簡略的同時，[118]亦呈現出一種「遠在天邊」的距離感。如同治年間《臺灣府輿圖纂要》所附〈臺灣府輿圖識〉中指出類似的情形云：

> 臺灣府四面皆海，……又不知袤延千里，只論山前西、南、北一帶；其自噶瑪蘭南下，萬山重疊，悉皆化外。中間山谷之紆迴、平地之宏敞，一僅遙際一抹，郡邑志圖其可名而去其不可知。[119]

---

[117] 施添福，〈試釋土牛紅線〉，《臺灣風物》，39卷2期，1989年6月，頁95-98；柯志明，《番頭家：清代臺灣族群政治與熟番地權》（臺北：中央研究院社會學研究所，2001年），頁41-52、149-197。

[118] 夏黎明，〈國家統治與知識生產：清代臺灣地圖的繪製與區域發展〉，頁55；Emma Jinhua Teng, *Taiwan's Imagined Geography: Chinese Colonial Travel Writing and Pictures(1683-1895)*, pp. 87-92.

[119] 不著撰人，《臺灣府輿圖纂要》，頁5。

　　我們知道，傳統中國的輿地知識，主要是建立在天圓地方觀與中國中心論的基礎上，以中國大陸土地作爲定位空間，來掌控宇內四方及邊裔各地的地理形勢。[120]如明嘉靖年間鄭若曾（1503～1570）的《鄭開陽雜著》卷八〈圖式辨〉中提到：「中國在內，近也；四裔在外，遠也。古今畫法，皆以遠景爲上，近景爲下；外境爲上，內境爲下。」[121]這種心態上的遠近距離以及畫法中的上下之別，也近乎是一種文化上的分際界限，難免夾雜著些許「排他性」的意味。

　　類似的情形，清代臺灣方志輿圖亦多從中國大陸的視角，來刻劃臺灣島域的文化圖像，突顯出中央／邊陲的主從關係；而此種「詳近略遠」的視野投射到被詮釋及被定位的客體上，則延伸出王化／化外（文明／野蠻、先進／落後）的文化分野。如高拱乾等《臺灣府志》卷一〈封域志・疆界〉中秉持「唐、虞之世弼服五千，成周職方氏掌天下之版圖，則疆界不可不辨也」的初衷，陳述府治中、南、北三路的界域以及原漢族群分布概況，「至於東方，山外青山，迤南亙北，皆不奉教。生番出沒其中，人跡不經之地；延袤廣狹，莫可測識」。[122]也因此，該書卷首所附輿圖對於東部後山的描繪，亦模糊難辨。此外，如《諸羅縣志》於所附番俗圖後亦說明：「若夫內山峻深幽邃，生番之所居，魑魅之所穴，漢人莫得而知之也；雖熟番亦莫得而知之也，又烏從而圖之哉！」[123]《重修鳳山縣志》卷一〈輿地志・山川〉總論臺地山川之際，也指出相似的景況云：「按臺屬山川，內山深處，排雲矗漢，周疊萬重。特以人跡罕到，既不得其主名，亦莫窺其形似。今亦不能悉載，姑就耳目所經見者識之。」[124]

---

[120] 姜道章，《歷史地理學》，頁379-380、387-389。
[121] 鄭若曾，《鄭開陽雜著》，收於《景印文淵閣四庫全書》第584冊（臺北：臺灣商務印書館，1983年），頁628。
[122] 高拱乾等，《臺灣府志》，頁6。
[123] 陳夢林等，《諸羅縣志》，頁71。
[124] 王瑛曾等，《重修鳳山縣志》，頁66。

　　如前所述，清代臺灣志書的纂修者概多強調臺灣係一「自古未屬中國」的島域，自前明始「發現」此地，至大清帝國統治時期才開始加以經營。諸如此類的說法，其實是秉持漢族中心主義的立場以及文化優越感所做出的論述，幾乎忽略了原住民長期在福爾摩沙島上的生活足跡，以及他們早已在這塊土地上自立、自主與自治的歷史事實。對於治臺官紳而言，臺灣當然是一個「新開發」的地區；為了方便統治上的需要，官方的分疆劃界先將尚未歸化的「生番」地界加以排除，定位其為未隸版圖的「化外」領域，俟其輸誠歸化後再「版圖其地」。如同治年間《臺灣府輿圖纂要》的〈例言〉中指出：「內山雖屬界外，然分界禁墾為一時之權宜；究之今日之廳縣，即昔日之禁地。」[125] 如此一來，「番界」的存在，區隔了原漢之間的活動空間，劃定了官府統治範圍的界域，也標識著主政者在心態上的一種文化分野。[126] 此種政策方針與現實考量，反映在志書輿圖的思維理路及其繪製結果，有如《淡水廳志》卷一〈圖說二‧論沿山各隘〉中所謂：「淡地為臺北要衝。東山各隘，向以屯弁、隘丁守界，因仍未改。今圖所繪，則皆土牛紅線外。」該書在分析轄境東側「番界」內外的隘墾情形與原漢雜處所衍生的各種弊端之後，更嘗試提出正本清源的整治方針云：

　　　　夫地本生物以養人，而置之化外，則納汙藏垢，反以害
　　　　人。……建議者以為上策則開闢內山，招徠番族；次則
　　　　丈量田畝，分地設官。若建隘防番，聽民自墾自衛，此
　　　　猶抱火厝積薪之下，而寢其上，火未及燃，遂謂之安云
　　　　爾。[127]

---

125 不著撰人，《臺灣府輿圖纂要》，頁3。
126 賴恆毅，《清代臺灣地理空間書寫之文化詮釋》（臺北：稻鄉出版社，2014年），頁77-
　　　104。
127 陳培桂等，《淡水廳志》，頁55。

　　在這段志書輿圖背後的解說中，可以看出其主張官府應積極地開闢原屬化外的原住民區域，期能化「番」為民，進而設官統理以伸張治權，加強對這些地區的控制力。論述之中，隱約也透露了在地漢人進一步在界外禁區拓展活動空間的「司馬昭之心」。

　　十九世紀後期，臺灣西部大多從先前以原住民為主體的社會轉型為漢人社會，再加上外力的侵擾促使清朝政府積極地推動「開山撫番」的事業，力圖將後山所謂的「化外番地」盡收版圖，宣示大清帝國的主權，以斷絕外國人士的覬覦。[128]版圖的擴張與權力的落實固為修志官紳所關心的要點，但在執行上亦有其現實的困難度。如夏獻綸於《臺灣輿圖》的序文中陳述：「番社取其已歸化、備檔案者臚列之，餘難悉數。」[129]薛紹元擬纂《臺灣通志》所頒〈修志事宜〉第二條中提到：「惟臺灣高山水源多在生番界內，足跡既不能到，測繪遂不能真」；第三條亦指出：「疆域廣狹，宜著其道里也。一府領若干縣？一縣領若干堡？總數遠近，掣領提綱，分壤縱橫，條分縷晰。其有犬牙交錯之地，尤宜詳細著明，務令四至分明，方輿可考。若插入生番地界、未隸版圖者，例從闕如，不須式廓」。[130]《恆春縣志》的〈凡例〉中宣稱，為了配合當時朝廷推行地方圖志編纂的工作，「故先之以疆域圖說，而附星野、氣候、道里於其間；所惜者海角番山，《周髀》、《九章》之家遠莫能延，不得分析星度，開方計里耳」。[131]

　　從前述的例證可見，直到清朝政府統治結束前夕，部分的「後山」地區仍被排除在大清一統帝國的版圖範圍之外；而這些在統

---

[128] 李國祁，〈清季臺灣的政治近代化——開山撫番與建省，1875-1894〉，《中華文化復興月刊》，8卷12期，1975年12月，頁4-16。

[129] 夏獻綸，《臺灣輿圖》，頁1。另參見蔣師轍，《臺游日記》（臺北：臺灣銀行，1957年），頁95。

[130] 盧德嘉，《鳳山縣采訪冊》，〈采訪全案事由〉，頁28。

[131] 屠繼善等，《恆春縣志》，頁24。

治者心目中猶屬化外的「番界」，於是成了帝國東南邊陲的「疆界」。[132]即便如此，在修志官紳「鞭長莫及」的無奈聲中，我們依稀可以感受到漢文化中心主義的意識形態，以及原漢之間的族群歧視，若隱若現地浮現在這些帶有政治化色彩的方志論述之中。

晚清治臺官員透過「開山撫番」、「化番爲民」的整治措施，以抹去過往臺灣東西部的版圖界隔與原漢之間野蠻／文明的文化分野，並設法緩解我群／他者的族群對立態勢，期能使原來的「番界」成爲消失的「邊界」。在地理知識生產的場域裡，掌控詮釋權的統治者運用方志地圖作爲一種宣示版圖的工具，藉以將「原屬化外」的原住民地域收編於帝國正統的權力關係中。當修志官紳將其「知識化」的同時，也讓更多的原住民族群喪失他們原有的「主體性」，而淪爲不斷地被外來統治者加以「客體化」的對象。[133]

整體而言，由於漢人拓墾勢力持續進占原屬「生、熟番」的活動空間，加上官方行政區域的調整將更多的原住民生活領域納歸大清版圖，因而逐漸填補了先前志書輿圖上的地理空白，釐清了原先的模糊地帶。[134]地圖內容的充實或是空間意識的擴充，既是一種從想像到可能的過程，也是一種從未知到已知的結果，更代表一種化「他者」爲「我群」的意圖。如從官方的立場與原漢族群的消長關係來加以考察，某些時候，「番界」的轉移意味著漢人勢力在新闢地域的鞏固與官方治權的擴張；在現實層面上，則代表著某些原住民的生活領域因遭受外來者的染指而有所緊縮。清代臺灣志書中涉及原漢界域的論述

[132] 關於晚清臺灣「番地」版圖化或領土化問題的相關討論，參見Lung-chih Chang, "From Quarantine to Colonization: Qing Debates on Territorialization of Aboriginal Taiwan in the Nineteenth Century,"《臺灣史研究》，15卷4期，2008年12月，頁1-30。

[133] 相關的討論，可參見Emma Jinhua Teng, *Taiwan's Imagined Geography: Chinese Colonial Travel Writing and Pictures(1683-1895)*, pp. 122-172, 209-236.

[134] 夏黎明，〈國家統治與知識生產：清代臺灣地圖的繪製與區域發展〉，頁52-57；Emma Jinhua Teng, *Taiwan's Imagined Geography: Chinese Colonial Travel Writing and Pictures*(1683-1895), pp. 140-148.

差異以及輿圖顯像的詳略遠近，無非透露出此種針對特定地理空間的知識建構，其實是扎根在政治掌控的權力基礎上。

四、結論

　　十七世紀後期，孤懸東亞大陸東南海隅的臺灣始被納入清帝國版圖，對於外來統治者而言，由於臺灣爲一新近開發的地域，地方官紳認爲方志攸關治道，於是透過修志成果以使行政上有所憑據，並作爲移風易俗及加強地方控制的範本。[135]此種編纂旨趣反映在特定時空的清修臺志輿圖內容上，大致伴隨著官方力量的伸展、行政區劃的易動與漢人拓墾的步伐而有所調整；作爲詮釋主體的修志官紳基於大清帝國有效統治的初衷與漢族文化中心主義的立場，投射在輿圖客體的繪製結果，除了傳達各項自然地景的元素與人文景觀的訊息之外，也隱約展現出中央／邊陲的主從關係以及王化／化外的文化歧視。放眼所及，修志官紳所關注的對象，概爲各種牽連到治理意識的地景寫實或寫意符號，掌握了地圖資訊就相當於掌握了權力運作的指南。

　　方志輿圖既是一種記錄空間訊息的方式，同時也提供一種認識地理疆域的方法，兼具「工具性」及「可操作性」。從文化研究的角度，地圖的特性表現在繪圖者大多依據繪圖的需求與目的，以衡量特定時空各種地景的價值，突顯出該區域中符合其價值觀念或文化意識的地理特徵。由於刻劃客體的本身也帶有主體創造或建構的成分，自然也難以避免對於外在環境的識覺所產生的偏見，因而形成了一種選擇性的認知。[136]學者葛兆光於〈古地圖與思想史〉中針對地圖的空間描述所牽連的政治文化意識，以及空間顯像的本身與權力視野之間的相互呼應，有一段相當簡要的論述：

---

135 尹章義，〈清修臺灣方志與近卅年所修臺灣方志之比較研究〉，收於氏著，《臺灣開發史研究》（臺北：聯經出版公司，1989年），頁489。

136 潘桂成，《地圖學原理》，頁3-4、7-9。

在一份地圖的不同空間描述上，可以看到繪製者區別
「自我」和「他者」的立場；在一整個地圖上，可以看
到繪製者眼裏和心中的「世界」以及關於這個世界的
「觀念」；在不同地點繪製的地圖中，可以看到各種未
加明言的政治意圖。[137]

　　返觀清代臺灣方志輿圖的繪製脈絡，在清朝政府設官治理與原漢
勢力消長的同時，透過方志輿圖內容的劃界與擴充，以及各種與輿圖
內容相互對應的論述策略，在心態上逐步將臺灣各地收編於帝國統治
的文化版圖中，作為一種具象化的權力宣示，從而建立起一個主觀化
的空間圖像，以彌補理想與現實之間的落差，但卻往往模糊了應然與
實然之間的界限。就此層面而言，清代臺灣方志輿圖的地理顯像，既
是一種權力網絡所交織而成的空間認知，也是一種官方支配理念的具
體呈現。當我們掌握到修志官紳之漢族文化中心主義的意識形態、
大清一統天下秩序的預設立場以及因時地而制宜的現實考量，展圖
分明看的同時，繪圖者所傳達的「權力之眼」，也就「圖窮匕現」
了。[138]

---

[137] 葛兆光，〈古地圖與思想史〉，《二十一世紀》，第61期，2000年10月，頁162。華裔漢學
　　家余定國也指出：「為了瞭解古地圖，我們應該根據古代統治階級的信仰和價值觀去進行研
　　究，而不要根據現代地圖學的概念去濫用這些古地圖。……在中國文化中，地圖不但用於表
　　示距離，也用於顯示權力。」余定國著，姜道章譯，《中國地圖學史》，頁30。

[138] 本篇以清代臺灣方志輿圖作為考察的對象，至於從中國傳統方志的演變脈絡來分析清代臺灣
　　方志輿圖的傳承特點，或是就表達方式與價值觀念的層面，將志輿圖與清帝國其他地區
　　（特別是「邊區」）的方志地圖進行比較研究，容有待來日另文探究。再者，除了外來統治
　　者的角度之外，是否可以從臺灣原住民的本位立場以及遷臺漢人的主體意識來進行分析，針
　　對方志輿圖本身做另一層次的解讀，亦將是筆者進一步用心致力的方向。

參

國家教化理念的傳承
及落實：
清代臺灣方志學校門
類的知識建構

一、前言

　　十七世紀後期，臺灣正式被納入大清帝國版圖，成爲被支配的地理空間；此處地理空間，也成爲中國方志傳統所收編的對象。[1]基於清朝統治者的立場，收編的意涵在於將原先的未知模糊轉變爲清晰可知，也就是將原本所謂的「化外之區」轉變爲「王化之地」的結果，以使這處先前曾經被「外夷」荷蘭、西班牙占領以及「鄭逆」統治過的海天孤島，正式進入大清一統帝國的行政體制與文化秩序之中。在國家教化理念的傳承及落實的環節上，「學校」的建置無疑是官治教化的機制中極爲具體的權力象徵，因而自中國宋代以來成爲方志書寫傳統的門類綱目，也在清代臺灣方志的知識系統中占有一席之地。

　　有鑑於此，本篇主要根據清代臺灣各府、縣、廳志之「學校」門類的凡例綱目與書寫內容，解說其成立的理論基礎以及纂修者的著述旨趣，深究其分門別類的依據與具體實踐的方式，進而從知識史的角度，探索此項知識體系的書寫脈絡與社會現實的互動關係，考察修志官紳如何將其選擇性的定位和技巧性的運用，藉以傳承帝國統治者的教化理念並落實在各類教育措施的相關規劃上，致力爲臺灣這處海天孤島立下理想型的學術樣板，進而擔綱起經世的張本與教化的工具。

---

[1] 相關的論述，可參見Emma Jinhua Teng, *Taiwan's Imagined Geography: Chinese Colonial Travel Writing and Pictures (1683-1895)*（Cambridge/Mass.: Harvard University Press, 2004）；莊勝全，《萬丈遙寄海一方——清帝國對臺灣的書寫與認識》（臺北：稻鄉出版社，2013年）；賴恆毅，《清代臺灣地理空間書寫之文化詮釋》（臺北：稻鄉出版社，2014年）；李文良，〈清初臺灣方志的分野、山脈書寫與帝國意識形態〉，收於黃永豪、蔡志祥、謝曉輝主編，《邊陲社會與國家建構》（臺北：稻鄉出版社，2017年），頁361-391。

二、學校門類的淵源

　　自宋代以降，中國傳統方志的編纂逐漸取代先前偏重於地理內容的圖經、圖志形式，發展成史地並重且專記地方行政區域史事沿革的書體。[2]由於政府選才任官之科舉制度與地方官學的推波助瀾，「學校」作為史著書寫的體例，也被放入傳統方志門類的知識系統中。[3]如南宋名儒范成大（1126～1193）纂修《（紹熙）吳郡志》（1192）三十八門之中，於卷四專列〈學校〉。[4]史彌堅等纂修《（嘉定）鎮江志》（1213）卷十〈學校〉，列鎮江府學、丹徒縣學、丹陽縣學、金壇縣學、書院等目。[5]史能之纂修《（咸淳）毗陵志》（1268）將學校納入卷十一〈文事〉，與貢舉、科名等目並列，顯示學校與科舉之間的關聯性。[6]潛說友纂修《（咸淳）臨安志》（1268）卷十一〈行在所錄・學校〉列諸王宮大小學、宗學、太學、武學等目，另於卷五十六〈志・文事〉列府學、諸縣學、貢院等目，在體例上區分中央與地方官學之別。[7]馬光祖、周應合纂修《（景定）建康志》（1261）卷二十八至三十二專列〈儒學志〉，記府學、明道書院、縣學、祀先賢、貢士等項。該志題序中標榜其修纂旨趣云：

> 今廟學聿崇，精舍偕闢，興所教也。學橡並設，山長特命，重所職也。經籍富儲，博所考也。帑庾益增，盛所

2　高志彬，〈臺灣方志之纂修及其體例流變述略〉，頁187-188；王德恆，《中國方志學》（鄭州：大象出版社，1997年），頁98-100。

3　來新夏，《中國地方志》（臺北：臺灣商務印書館，1995年），頁51-63；林天蔚，《地方文獻研究與分論》（北京：北京圖書館出版社，2006年），頁14-16、30、32。

4　中華書局編輯部編，《宋元方志叢刊》（北京：中華書局，1990年），第1冊，頁713-720。

5　中華書局編輯部編，《宋元方志叢刊》，第3冊，頁2385-2388。

6　中華書局編輯部編，《宋元方志叢刊》，第3冊，頁3042-3055。

7　中華書局編輯部編，《宋元方志叢刊》，第4冊，頁3448-3471、3852-3861。

養也。先哲列祠，起所慕也。科目得人，驗所用也。故
特書之，作儒學志。[8]

後世地方志書中學校門類之作，大抵不脫如斯初衷。此外，如周
淙《（乾道）臨安志》（1169）卷二、楊潛等《（紹熙）雲間志》
（1193）卷上、項公澤等《（淳祐）玉峰志》（1251）卷上、趙與
泌等《（寶祐）仙溪志》（1257）卷一、吳潛等《（開慶）四明續
志》（1259）卷一各子目中，亦列有「學校」。[9]

到了元代，如單慶等纂修《（至元）嘉禾志》（1288）卷七列
學校、科舉，與廨舍、院務、倉庫、徼巡、官驛等目並列。[10]馮福
京等《（大德）昌國州圖志》（1298）卷二〈敘州〉列學校、貢士
莊、翁洲書院、岱山書院、醫學，與義莊、社倉、囚糧、鄉村等目
並列。[11]脫因、俞希魯等《（至順）鎮江志》（1332）卷十一〈學
校〉，內含蒙古字學、儒學、醫學、陰陽學等目。[12]王元恭等《（至
正）四明續志》（1342）卷七、八〈學校〉，分列蒙古學、儒學以
及醫學、陰陽學、書院、鄉飲酒禮、鄉曲義田莊等目。[13]又如馬澤、
袁桷等纂修《（延祐）四明志》（1320）卷十三〈學校考上〉，列
本路蒙古學、奉化州蒙古學、本路儒學、鄞縣儒學、奉化州儒學、
昌國州儒學等目；卷十四〈學校考下〉，列慈溪縣儒學、定海縣儒
學、象山縣儒學、本路醫學、奉化州醫學、昌國州醫學、慈溪縣醫
學、陰陽教授司、鄞山書院、翁洲書院、岱山書院、慈湖書院、甬東

---

8   中華書局編輯部編，《宋元方志叢刊》，第2冊，頁1797。

9   中華書局編輯部編，《宋元方志叢刊》，第1冊，頁9，1062-1063；第4冊，頁3224-3225；第
     6冊，頁5933-5938；第8冊，頁8274-8276。

10   中華書局編輯部編，《宋元方志叢刊》，第5冊，頁4459-4464。

11   中華書局編輯部編，《宋元方志叢刊》，第6冊，頁6067-6077。

12   中華書局編輯部編，《宋元方志叢刊》，第3冊，頁2761-2779。

13   中華書局編輯部編，《宋元方志叢刊》，第7冊，頁6529-6561。

書院、鄉飲酒禮、奉化州鄉飲酒禮、杜洲鄉學、本路鄉曲義田莊、奉
化州義莊廩、舊貢院、昌國州貢士莊等目。其門目架構細膩且篇幅內
容豐富，爲現存元代志書所罕見。該志書編纂者於序言中，推崇當地
過往興學教養的文明氣象，強調學校門本身對於當時官治教化的殷鑑
作用云：

> 世祖皇帝平海隅，首復儒，役諄諄然勸勉至矣。先帝崇
> 文尚儒，慨然復立科舉，學者宜益自奮勵。郡學教養，
> 論者以四明爲先。今而日游惰，抑盛衰使然歟？觀昔時
> 得人之盛，見於科目。皇朝建蒙古學，復立醫學、陰陽
> 學，四學足。作學校考。[14]

　　宋元時期學校門的體例安排，尤其是呼應各朝代文教部門、學科
特色與社會教育的類目設計理念，爲後來的修志官紳所傳承。
　　有明一代，地方修志蔚成風氣，成志質量粲然可觀，纂修理論益
爲深入，國家力量亦積極地介入方志編纂的形式與內容。[15]成祖永樂
十年（1412），頒訂〈修志凡例〉凡十七則，通令各省遵依，以求
統一規格，提升志書的品質。其中針對「學校」的內容、取材及格式
等纂修規定爲：

> 前代建設學校，興廢不一，須考舊志所載，其始因何人
> 所立，後因何而廢，及今之見立者在某處。如有名人賢
> 士碑記所存，則備錄之，或學所出有何人物，與其學之
> 規模、制度、齋堂、射圃，并收錄之。[16]

14　中華書局編輯部編，《宋元方志叢刊》，第6冊，頁6296-6347。
15　王德恆，《中國方志學》，頁70、106-113。
16　馬楚堅，〈略論明人之修志主張〉，收於國立中興大學歷史學系主編，《第三屆史學史國際

　　永樂十六年（1418），再新頒〈纂修志書凡例〉二十一則，針
對先前〈修志凡例〉加以修訂調整，其中一則提到：「學校，敘其建
置之由，續脩理者何人，廡舍、堂齋、書籍、碑記並收錄，學官、
科貢人才並詳收錄，有碑記者亦錄之。」[17]自此而後，各省府州縣修
志多遵循這項凡例規範，[18]「學校」門類出現於志書的綱目架構之中
也成為慣例，從全國總志《一統志》系列到各省通志，[19]以及府、
州、縣級地方志書皆然。而在內容書寫上，概以文教設施的沿革、規
模、制度、人事及文獻為主體。

　　茲以明代前期福建地區方志為例，如《（弘治）將樂縣志》卷五
〈廟學〉列射圃、書院、典籍、社學、鄉飲等目。纂修者於卷首提要
中，指出該門目的撰述旨趣云：「邑之士子，欲遠宗聖道，盍亦近求
明師，……以踵前修之芳躅，使不負前後，良有司培植作養之功，不
亦美哉！乃志廟學」，以傳承前賢明師的聖學典範，並表彰當政者的
文教成果。另於〈纂修凡例〉中，強調其內容書寫的徵實原則云：
「凡有可考者，悉志之；其有缺略者，補而詳之；其不可考者，姑闕
之以俟知者。」[20]

　　明代中葉嘉靖時期纂修的福建地區方志，如《汀州府志》卷七
〈學校〉記府學及轄內各縣學，另附學倉、射圃、社學、書院。[21]
《延平府志》卷十二〈學校〉記府學、轄內各縣學、生額、書籍、

　　研討會論文集》（臺中：青峰出版社，1991年），頁422-423、432-433。

17　吳宗器纂修，楊鵠增修，《莘縣志》，收於《天一閣藏明代方志選刊》（臺北：新文豐出版
　　公司，1985年據明正德原刻、嘉靖增刻本影印），頁723。

18　馬楚堅，〈略論明人之修志主張〉，頁433-447。

19　例如，從明嘉靖版、萬曆版到清康熙版、雍正版、道光版的《廣東通志》，概有學校門目的
　　體例安排。林天蔚，《地方文獻研究與分論》，頁277-300。

20　何士麟修，李敏纂，《將樂縣志》，收於《天一閣藏明代方志選刊續編》（上海：上海書
　　店，1990年據明弘治刊本影印），頁25、240。

21　邵有道修，何雲等編，《汀州府志》，收於《天一閣藏明代方志選刊續編》，頁399-423。

祭器、樂器、射圃、射器、學田、社學、書院。[22]《福寧州志》遵
依《一統志》之例分列條類，於卷四記學校、書院等目，與公署
並列。[23]《寧德縣志》卷二列學校，另附廟亭、圃塾（含射圃、社
學），而其撰述旨意標榜：「窺淑化之由成，循蘇湖之休懿，斯建設
有歸矣」，[24]兼具教化與資治的意念。類似的論調，亦可見於《清流
縣志》卷三所列〈學校〉專記縣境儒學、射圃、社學，其開宗明義
云：

> 學校之設，其風化之所關乎。聯之師儒，以造士也；授
> 之經術，以致用也。貴在申明人倫，率先禮義，以為之
> 範耳。設科以月考，齊規以從事，呫畢可矣，抑末也，
> 此則司風化者之所當知。若夫提調之責，則有司存。[25]

　　同為嘉靖年間纂修的《惠安縣志》卷九專列〈學校〉，記廟學
興廢始末、學政興廢始末、禮儀、社學、書籍。[26]《安溪縣志》卷
四〈學校類〉，記廟學、學制、社學。[27]《漳平縣志》卷六專列〈學
校〉，內含學宮、臥碑、敬一亭、題名記、祭器、典籍、射圃、社學
等目，另附牌坊。纂修者於該卷敘言中亦強調學校作為教化模範的作
用云：

> 學校之設，……崇重振厲，千載同心。……學者，悟開
> 設之本意，瞻孔廟以為地，即明倫以為堂。入居仁之

---

[22] 鄭慶雲、辛紹佐纂修，《延平府志》，收於《天一閣藏明代方志選刊》，頁615-622。

[23] 陳應賓、閔文振纂修，《福寧州志》，收於《天一閣藏明代方志選刊續編》。

[24] 閔文振纂修，《寧德縣志》，收於《天一閣藏明代方志選刊續編》，頁726-727。

[25] 陳桂芳編，《清流縣志》，收於《天一閣藏明代方志選刊續編》，頁126。

[26] 莫尚簡修，張岳纂，《惠安縣志》，收於《天一閣藏明代方志選刊》，頁736-740。

[27] 汪瑀修，林有年纂，《安溪縣志》，收於《天一閣藏明代方志選刊》，頁850-852。

齋，則身在廣居；歷由之齋，則身行正路，由是而登
庸，由是而發身，歸於成性焉。……吾平學校，與諸方
同也；而典學者稀，豈風氣未盡開，猶有所待也耶？
風氣之於性命，非二之也。知命在吾，則知性在吾；性
在吾，則風氣亦在吾矣。委之，斯棄之也。建學立師之
心，豈端使然哉！幸相與最之。志學校。[28]

　　明代後期纂修的方志，如《（萬曆）福寧州志》於卷三〈建置
志〉列學校、書院，與城池、公署、舖舍、古驛、街巷、市廛、津梁
等目並列。[29]

　　有清一代，延續明代的修志風氣，數量更加提升，增修次數相對
頻繁，體例設計愈形完備，堪為傳統中國地方修志事業的極盛期。[30]
在撰述旨趣與編纂體例方面，一概重視輔治的功能、教化的作用與徵
實的原則，載錄各項文教設施的沿革損益，不僅《一統志》中列有學
校門目，[31]同樣亦通行於省、府、州、廳、縣等各級地方行政區域志
書，蔚為常態。其間或單獨為門，或為細目，而與其他類目並列。

　　茲以康熙前期福建地區方志為例，專列學校門的志書，如《永春
縣志》卷三〈學校志〉，內含田地、社學、書院等目，另附碑文。[32]
《長泰縣志》卷三〈學校志〉，內含廟學、文公祠、學租、射圃、

28　曾汝檀修，朱召纂，《漳平縣志》，收於《天一閣藏明代方志選刊續編》，頁1071-1073。
29　殷之輅、朱梅等纂修，《福寧州志》（北京：書目文獻出版社，1990年據日本尊經閣文庫藏
　　明萬曆44年刻本影印），頁53-57。
30　來新夏，《中國地方志》，頁73-85。
31　國立中央圖書館臺灣分館特藏資料編纂委員會編，《臺灣文獻書目解題‧第一種方志類
　　（一）》，頁8-10。
32　鄭功勳修，宋祖墀纂，《永春縣志》，收於國家圖書館分館編，《清代孤本方志選（第一
　　輯）》（北京：線裝書局，2001年據清康熙23年刻本影印），頁163-212。

社學等目。[33]另外，將學校與其他類目並列的志書，如《福清縣志》卷四列學校、祀典兩類，學校類記廟學、廟制、學制、名宦祠、鄉賢祠、書院、社學，祀典類記壇壝、廟祠。[34]《清流縣志》卷三列學校（附啓聖、名宦、義學、射圃、學田）、禮儀。[35]《大田縣志》卷五列學校，與祀典、卹政、兵防等目並列。[36]《尤溪縣志》卷二〈規制〉列學較（校）、書院、社學，與城池、縣治、行署、屬署、舖坊、市巷、橋壇、廟祠、寺塔、庵院、亭臺、樓閣、齋堂、宮室、爐冶、墟墓、儲卹等目並列。[37]通觀前舉清初福建方志學校門類的各種體例格式，亦可見於同時期的臺灣府、縣志書。

學者王爾敏先生於〈地方史乘保存與纂輯〉一文中總論前代舊志的學校門云：「此門多記載政府之學官，包括其所任之教諭、教授、學正、訓導等職。並及私家之書院、社學、義學。」[38]中國傳統方志「學校」門類的撰述成例，也由清代臺灣修志官紳所承襲，成爲這段時期臺灣方志相沿一貫的書寫傳統。

三、撰述旨趣的解讀

清帝國康熙二十二年（1683），福建水師提督施琅（1622～1697）攻克臺澎，結束了鄭氏王國對於臺灣的統治。次年（1684）

---

[33] 王珏修，葉先登等纂，《長泰縣志》，收於國家圖書館分館編，《清代孤本方志選（第一輯）》（北京：線裝書局，2001年據清康熙26年刻本影印），頁125-152。

[34] 李傳甲修，郭文祥纂，《福清縣志》，收於國家圖書館分館編，《清代孤本方志選（第二輯）》（北京：線裝書局，2001年據清康熙11年刻本影印），頁317-356。

[35] 王士俊修，王霖纂，《清流縣志》，收於國家圖書館分館編，《清代孤本方志選（第二輯）》（北京：線裝書局，2001年據清康熙41年刻本影印），頁241-306。

[36] 葉振甲修，周世卜續修，《大田縣志》，收於國家圖書館分館編，《清代孤本方志選（第二輯）》（北京：線裝書局，2001年據清康熙32年增刻本影印），頁289-313。

[37] 劉宗樞修，劉鴻略纂，《尤溪縣志》，收於國家圖書館分館編，《清代孤本方志選（第二輯）》（北京：線裝書局，2001年據清康熙50年刻本影印），頁103-113。

[38] 王爾敏，〈地方史乘保存與纂輯〉，《臺灣文獻》，49卷3期，1998年9月，頁173。

四月，清朝政府正式將臺灣劃入帝國行政版圖，設置臺灣府暨諸羅、鳳山、臺灣三縣，隨後在臺地開科取士，移植科舉制度，創置學校設施，推廣儒學教育，加強文教工作，宣揚「崇儒重道」的精神，以鞏固清帝國對於臺灣的實質統治權。而在府縣廳各行政區域內學校的陸續創置，成爲統治者落實教化政策的主要機制。[39]

康熙二十二年春，清廷通令全國各地纂輯志書，以備一統志編修之文獻取材，各直省及府州廳縣主政官員紛紛投入修志事業。[40]由於「臺灣既入版圖，例得附載」，[41]首任臺灣知府蔣毓英奉命纂輯臺志，經由他所主修的《臺灣府志》一書，首開清代官修臺灣志書的紀錄，並爲後繼的臺灣修志事業所承續。[42]臺灣島域的自然環境與人文秩序，也從此被放進大清帝國的版圖視野中，受到統治階層的凝視、關注與刻劃。

(一)彰顯盛朝一統的規模

就知識成立的過程而言，認知的主體可以採取各種不同的方式，依據各別的觀察視角與分類區劃的原則，來表述外在世界的條理規模，或是建構社會空間的系統秩序，以便配合現實的需求，甚至作爲一種權力的象徵。[43]在清朝官員的心目中，臺灣全域文明的開啟，操之於盛朝一統的規制。如福建水師提督施世驃（1667～1721）於康

---

39 謝浩，〈科舉制度在臺述略——以文科爲限〉，收於氏著，《科舉論叢》（南投：臺灣省文獻委員會，1995年），頁87-153；陳名實，《閩臺儒學源流》（福州：福建人民出版社，2008年），頁155-159。

40 國立中央圖書館臺灣分館特藏資料編纂委員會編，《臺灣文獻書目解題・第一種方志類（一）》，頁3、10、25-26、185-186。

41 季麒光，〈臺灣志序〉，引見蔣毓英等，《臺灣府志》（南投：臺灣省文獻委員會，1993年），頁138。

42 陳捷先，《清代臺灣方志研究》，頁15-21。

43 布狄爾（Pierre Bourdieu）著，王志弘譯，〈社會空間與象徵權力〉，收於夏鑄九、王志弘編譯，《空間的文化形式與社會理論讀本》（臺北：明文書局，1993年增訂再版），頁439-445。

熙五十九年（1720）為《鳳山縣志》題序中提到：

> 余按其輿圖，觀其規制，見夫祀有典、賦有額、軍防有
> 所以及宦蹟人物之悉陳、民風物產之具列，參稽既詳，
> 紀載尤備。余用是撫今追昔，……昔之蛟宮鯨窟、雕題
> 黑齒所憑依，今皆家塾黨庠，學士經生所講誦矣。一方
> 如此，他邑類然。可知盛朝車書一統，聲教無遠弗逮；
> 實能使異方殊俗，漸化而與中華等。[44]

　　在施世驃的心目中，臺灣收歸大清帝國版圖之後，加上文教事業
的移植與發展，致使殊方異俗趨向於同風共俗的境界。從漢文化中心
的角度來看，由於清初「原屬化外」的臺灣全域未臻開化的現實，為
官方教化工作的施展預留了空間。而地方志書的編修既是文明進展的
反映，也是教化成效的見證。乾隆五年（1740）九月，臺灣舉人陳
邦傑等人以國家德教涵濡愈深，特向福建分巡臺灣道劉良璧呈稱郡乘
興修宜亟事由，其中提到：

> 臺灣居荒服之外，勝國始見傳聞；在滄海之東，興朝爰
> 登版籍。荷累朝厚澤，千百里桑麻苗黍，惠露沾濡；浹
> 列聖深仁，數十年學校詩書，文風丕振。雕題鑿齒，漸
> 成冠帶之倫；椎髻文身，浸入漸摩之域。[45]

　　乾隆十七年（1752），巡臺御史錢琦為王必昌等《重修臺灣縣
志》題序中，亦有相同的論調云：

44　陳文達等，《鳳山縣志》（臺北：臺灣銀行，1961年），施序，頁3。
45　劉良璧等，《重修福建臺灣府志》（臺北：臺灣銀行，1961年），頁19。

　　我國家重熙累洽，德化覃敷，聲教四訖；薄海內外，罔
　　不蒸蒸向化。臺灣為海外巖區，冠領三邑，藩籬數省，
　　歸入版圖，幾及百年；聖天子涵濡樂育，久道化成。其
　　間風土依然，山川如故，而禮教聿興，制度大備，人
　　文蔚起，風會日隆。以視從前，譬猶皇古之世，草昧初
　　開，渾渾爾、噩噩爾；今則巍乎煥乎，已躋中天之盛
　　已。[46]

　　在清代前期的臺灣志書，「學校」類目多置於〈規制〉門中，
與城池、衙署等官治類目並列，其用意概如《鳳山縣志》卷二〈規
制志〉開宗明義所云：「蓋規既定而制必周，用以彰聖天子無外之
模，而著道一風同之化焉。」[47]此外，同為康熙五十九年刊行的《臺
灣縣志》，將學校、書院、義學、社學、學田等類目置於卷二〈建
置志〉中，據其〈凡例〉所云：「輿地既定，建置興焉。凡邑治內
經畫規制，統備於中，故標為一卷；務詳而不務略、從繁而不從
簡，⋯⋯以彰盛世之規模焉」，[48]此舉無非是基於同樣的考量。
　　知識的建構，往往與特定時空的背景因素或現實需求相呼應。在
清代官員或修志官紳的意識中，臺灣志書的編纂既可彰顯大清帝國的
一統盛況，並能體現臺灣從「化外」邁向「王化」的歷史軌跡。而
「學校」門類在各志書中的成立及其書寫內涵，則具有宣揚國家教化
成績的實質效果。

---

[46] 王必昌等，《重修臺灣縣志》（臺北：臺灣銀行，1961年），錢序，頁3。同年，臺灣知府
　　陳玉友於該書的序言中亦指出：「臺邑自入版圖，仁漸義摩，涵濡沐浴於聖化之內者，蓋
　　八十餘年於茲矣。雖僻在海隅，而禮樂制度、刑政教化，纖悉無乎不備。」（頁11）
[47] 陳文達等，《鳳山縣志》，卷2，〈規制志〉，頁11。
[48] 陳文達等，《臺灣縣志》（臺北：臺灣銀行，1961年），〈凡例〉，頁9。

㈡宣揚國家教化的成績

　　清代初期，由於改朝換代、政權轉移的特殊背景，再加上臺灣移墾社會具有重商趨利、族群衝突與文教不興的特質，[49]促使地方官紳藉由文教事業的振興，積極地從事端風正俗與安定地方的整頓，以遂行大清帝國有效統治的理念。如臺灣府海防總捕同知王禮於康熙五十八年（1719）為《鳳山縣志》題序中提到，臺灣遠在重洋，原本未奉聖朝教化。自康熙中期始隸職方，建置一府三縣的行政體制，「各設有司以理之，選教職以訓之，特命憲副以統之，再置總戎以鎮之，幾與內地之郡邑無異」。[50]康熙晚期《臺灣縣志》卷二〈建置志〉的序言，亦強調臺灣歸附大清版圖之後的文明進展云：

> 臺灣自歸版圖，聲教覃敷，風徽漸被，運會日躋於盛矣！創制顯庸，要以垂之久遠而勿替。繕其城郭、分其都鄙、均其里居，設庠序、立學校，使之鄉里世守、死徙有恆，各得其所、各樂其業，將秀者習於詩書，樸者安於耕鑿，熙熙皞皞之風，無難再見於今日矣。[51]

　　「人材之興，由於學校。科名者，學校之所為光。」[52]治臺官員面對臺灣這個曾經失落於帝國統治之外的海天新世界，有鑑於科舉制度與學校育才攸關地方開化的重要性，除了落實具體的文教設施以求端風正俗及化「番」為民，在學術文化的建構上亦多所用心。如康熙五十六年（1717）刊陳夢林等《諸羅縣志》卷五〈學校志〉序言所云：

49　蔡淵洯，〈清代臺灣的移墾社會〉，收於國立臺灣師範大學歷史學系主編，《認識臺灣歷史論文集》（臺北：國立臺灣師範大學歷史學系，1997年），頁45-67。

50　陳文達等，《鳳山縣志》，王序，頁9。

51　陳文達等，《臺灣縣志》，卷2，頁69。

52　高拱乾等，《臺灣府志》（臺北：臺灣銀行，1960年），〈凡例〉，頁15。

柳柳州有言：「孔子之道，與王化為遠近」；豈不諒
哉！昔者，子蓋嘗欲乘桴浮於海，越二千餘年而其言竟
驗。斷髮文身之區，化為庠序、衣冠、禮樂之地；番
社子弟，並設館延師而教之學，盛矣！子曰：「如有王
者，必世而後仁。」今天子御極五十餘載，仁漸義摩，
殆為過之；宮墻巍煥，章縫彬彬，不亦宜乎？[53]

乾隆七年（1742）刊劉良璧等《重修福建臺灣府志》卷十一
〈學校〉的開場白，於字裡行間稱頌當時臺灣各地民「番」教化有成
且績效顯著，致使島嶼文明漸趨昌盛云：

國家菁莪造士，文治光昌；薄海人風，蒸興蔚起。臺雖
海表，作育數十年，沐浴涵濡，駸駸乎海東鄒魯矣。而
猶以重洋之險，士子遠涉維艱，特增解額、興書院；恩
波浩瀚與聲教同流，島嶼文明將日盛焉。況乎里社有
學，耕夫且習弦歌；番社有學，異類尚知文字。豈特俊
秀農民猶與升太學，屯營飛騎亦肄業授經已哉！[54]

此後，乾隆十二年（1747）刊范咸等《重修臺灣府志》卷八
〈學校〉序言中解說學校志的修纂初衷，也表露出類似的意念云：

我國家菁莪造士，聲教覃敷；薄海人文，蒸蒸蔚起。臺
雖外島，作育數十年，沐浴涵濡，駸駸乎海東鄒魯矣。
廷議謂重洋之險，士子遠涉維艱，聖恩特增解額；並允

53　陳夢林等，《諸羅縣志》（臺北：臺灣銀行，1962年），卷5，頁67。
54　劉良璧等，《重修福建臺灣府志》，卷11，頁329。

學臣所請，建立書院。恩波浩蕩與聲教同流，島嶼文明
因之日盛。而且番社有學，文身者亦習絃歌。豈特在野
之俊秀有德、有造已哉！[55]

　　在修志官紳的心目中，地方志書「學校」門類的書寫內涵，既可
傳承國家教化的理念，亦可記錄地方興學的軌跡，兼具應然的規劃與
實然的刻劃，足可爲來者之借鑑。如乾隆前期《重修臺灣縣志》卷五
〈學校志〉開宗明義所云：

世多稱崑崙之水，匯東南溟，故道脈溯洙泗而演閩天，
其來舊矣。臺灣遠處海東，涵濡聖澤，歷有年所，廣賢
書之額，詳教育之方，宜士氣之蒸蒸迺上哉。夫草昧開
而文明著，規模備而景行殷。徵茲天運，觀乎人文，海
濱鄒魯之風可挹也。[56]

　　乾隆二十九年（1764）刊王瑛曾等《重修鳳山縣志》之〈凡
例〉中亦強調，各郡縣志學校、選舉、典禮、職官等門類的撰述，
「茲逐項薈萃，尋源究委，以討故實；俾邊海士人知歷代沿革之不
同，識國朝損益之盡善耳」。[57]

　　到了清代後期，伴隨著漢族移民的墾殖與國家力量的伸展，官方
透過廟學（學宮、文廟）與書院、義學、社學等文教設施的運作，漸
使臺灣各地從原先的移墾社會轉型爲文治社會。如此趨勢，也反映在
方志學校門類的書寫內容中。如道光十六年（1836）刊周璽等《彰
化縣志》卷四〈學校志〉宣稱：

---

[55]　范咸等，《重修臺灣府志》（臺北：臺灣銀行，1961年），卷8，頁271。

[56]　王必昌等，《重修臺灣縣志》，卷5，頁17。

[57]　王瑛曾等，《重修鳳山縣志》（臺北：臺灣銀行，1962年），〈凡例〉，頁8。

彰化之建學，始於雍正甲辰，距今甫百年，人文蒸蒸日
盛，捷南宮，登詞林者，踵相接；而崇實學，敦實行，
亦不乏人。立學雖後他邑，文風則甲一郡。豈非聖天子
聲教覃敷，不疾而速者歟。官斯士者，躬行倡率，以明
倫為先。馴至家絃戶誦，仁讓風行，比隆於海濱鄒魯何
難哉！[58]

淡水廳轄區（臺灣北路）在清代前期被視為文教發展的邊陲地
帶，到了清代後期，由於漢移民產經開發有成的緣故，文教氣象亦
煥然一新，比諸其他區域並不遜色。同治十年（1871）刊陳培桂等
《淡水廳志》卷四〈學校志〉開場白即謂：

地方風俗之美、人才之盛，皆視學校為轉移。……舊稿
謂淡廳設學最後，而人才風俗遠出他邑上；豈山水盤
互、將發其靈秀以彰國家德化之覃敷與？吾知他日文物
冠裳，必不減於海濱鄒魯矣。[59]

光緒十一年（1885）九月，清廷下詔將福建巡撫改為臺灣巡
撫；至光緒十四年（1888）正月，閩臺分治，臺灣正式建省，[60]於中
部臺灣府轄下新設苗栗縣。光緒二十年（1894）沈茂蔭等《苗栗縣
志》卷九〈學校志〉中回顧當地過往興學脈絡之際，亦展望文教蔚起
的未來願景，期盼主政者能用心耕耘：

---

58 周璽等，《彰化縣志》（臺北：臺灣銀行，1962年），卷4，頁113。

59 陳培桂等，《淡水廳志》（臺北：臺灣銀行，1963年），卷5，頁117。

60 許雪姬，《滿大人最後的二十年──洋務運動與建省》（臺北：自立晚報社文化出版部，
1993年），頁35-36、44-47。

苗邑舊隸淡廳，闢土近二百年，設學亦數十；或文物聲
明蒸然日上，人才風俗蔚然可觀。今甫分治，學宮、書
院雖未遽觀厥成，訓課、興章尚仍相沿其例。蒞茲土
者，誠能實心創建、加意栽培，由此學校興而風化美、
師道立則善人多，將來英奇蔚起、俗尚雍熙，是所厚望
者爾。[61]

　　綜合以上的論證，清代臺灣方志學校門類的撰述旨趣，主要是作
為大一統帝國教化理念的宣示，一方面呈現治臺官員主導各項文教設
施的政績，一方面提供主政者發展地方文教事業的藍圖，藉以貫徹統
治階層的意識形態及其導民化俗的教育初衷。在現實的呼應之際，亦
著重於理想的建置。諸如此類的撰述旨趣，也落實在各志書學校門相
關類目的架構安排上。

四、門類架構的分析

　　在傳統官修方志的書寫架構中，無非是基於主政者觀風察俗和有
效統治的立場，設計出一套體例門目，以便於修志人員能順理成章地
將某一時期特定區域的人事物資料，按類分門地擺進其所認知的適當
位置，最終建構出此種官治色彩濃厚的知識系統。清代臺灣方志透
過分門別類的方式，勾勒出修志官紳的文化視野下清代臺灣社會的政
經情勢、風土民情與教化軌跡，同時也傳達了統治階層所關心的焦
點。

　　清代臺灣方志的綱目形式，根據學者高志彬的研究，可區分為分
志體、史論體、門目體、三寶體、正史體、三書體等六種，其中以分
志體為主流。至於各志書編纂體型或義例書法的別異多樣，主要是

61　沈茂蔭等，《苗栗縣志》（臺北：臺灣銀行，1963年），卷9，頁137。

「緣於修志者對志書性質的認定與功能的期許，及受修志者對知識體系的認知所影響」。[62]返觀「學校」門類的出現，也隨著各志書的體例運用而有相應的安排，其間多為傳承之作，或亦有開創之舉。茲就清代臺灣府級與縣、廳級志書以及各地采訪冊中關於學校門類的架構設計，分述如下。

㈠府志系統

在府志方面，康熙前期首任知府蔣毓英等《臺灣府志》卷六列有〈學校〉，內載臺灣府學及社學，與歲時、規制（含城郭、衙署）、廟宇、市廛等類目並列。在此之後，康熙三十五年（1696）刊高拱乾等《臺灣府志》將學校、社學、書院、學田等類目置於卷二〈規制志〉中，與官治行政建置（城池、衙署）、地方公共設施與坊里、市鎮等類目並列。康熙五十七年（1718）刊周元文等《重修臺灣府志》襲用高志的體例架構，另於社學、學田之後分別增列義學、義學田等子目，以記錄康熙四十年代以後臺灣一府三縣新置的文教設施。[63]

在康熙時期府志纂修人員的心目中，文教組織的創設與成效，實為國家力量伸入地方社會的統治基礎，並得以彰顯朝廷化育邊域的盛世規模，如其序言所云：

> 車書一統矣！提封何啻萬里，海外亦壯金湯。自是而出政有所、育才有地、積貯有備、祈報有時，封洫錯於塗，井廬秩於伍，旌節交於衢路，帆檣來於遠近，以至廢疾得遂養，澤骨有深仁。視諸中土郡邑大政，無不具舉而罔遺也。則規維其新，制隆於古。[64]

---

62 高志彬，〈臺灣方志之纂修及其體例流變述略〉，頁194-196。
63 周元文等，《重修臺灣府志》（臺北：臺灣銀行，1960年），卷2，頁35-37。
64 高拱乾等，《臺灣府志》（臺北：臺灣銀行，1960年），卷2，〈規制志〉，頁27；周元文等，《重修臺灣府志》，卷2，〈規制志〉，頁29。

　　在乾隆初期劉良璧等《重修福建臺灣府志》問世之前，「學校」主要爲康熙時期之府志歸入規制門的類目中；相形之下，劉志則於〈凡例〉中指出，修志人員基於「學校，所以培養風教。臺雖島域，學則因地異名，視內郡有加；書院之設，尤屬曠典。若夫校士、臨民，義無偏重，斯『公署』立焉；宜各列爲一編」，[65]故該書將先前府志〈規制志〉中的學校類目析出，於卷十一專列〈學校〉門，並附書院、社學，其內容較先前府志益爲豐富。另一方面，該〈凡例〉中又以「臺初學校未興，故舊志以選舉附人物之後。今別爲一編，重科名也。若夫稟地靈而爲人秀稱三不朽，豈易言哉！間有取者，亦善善從長爾」，[66]故於卷十六專列〈選舉〉門，記錄臺郡歷年科考進士、舉人、貢生、例貢、武進士、武舉等。

　　乾隆十二年刊范咸等《重修臺灣府志》、乾隆三十九年（1774）刊余文儀等《續修臺灣府志》除了承續劉志的做法，各於該書卷八專列〈學校〉門，另將原先劉志〈選舉〉門的內容編入卷十二〈人物〉中，復以「閩省鄉試，臺郡分額取中，所以培養海外人才者備極隆至。餘若粵人之附居者，亦增入學名額，尤爲特典」，[67]二書有鑑於前志未錄，特於卷八〈學校〉中詳列其始末，標明臺灣府暨臺灣、鳳山、諸羅、彰化各縣儒學歷年入學定額，以彰顯地方興學的成效。

　　在清代前期所編纂的各版府志之中，若是將放入規制志的學校門與獨立成篇的學校門加以比對，可以看出前者的實體內容較爲精簡，多僅止於文教設施建置沿革的描述；後者則相對豐富，或附上各府縣學歷年入學定額（泮額）、文廟祭儀與書院學規等紀錄，此舉大致爲後來的縣廳志所取法。

[65] 劉良璧等，《重修福建臺灣府志》，〈凡例〉，頁25。

[66] 劉良璧等，《重修福建臺灣府志》，〈凡例〉，頁26。

[67] 范咸等，《重修臺灣府志》，〈凡例〉，頁14；余文儀等，《續修臺灣府志》（臺北：臺灣銀行，1962年），〈凡例〉，頁10。

(二)縣廳志系統

在縣廳志方面，康熙後期陳夢林等《諸羅縣志》之〈凡例〉中強調，纂修者秉持史學經世的本意，爲使海外人士「知歷代沿革之不同、本朝損益之盡善，不以爲天下之通制邑乘可略而不載也」；而志書中祀典、學校、賦役、選舉等門類，實爲「經國大猷，竟委尋源，非會稡群書莫得其概。邑治鮮藏書之家，故於此數者各討故實，撮其要於篇首」，並以「學校之設，非同尋常規制云爾」，[68]故不採用先前府志（高志）的編纂成例，特將〈學校志〉獨立於〈規制志〉之外，內含學宮、義學、社學等類目。對於這項創舉，學者陳捷先評論如下：「陳夢林等在所著志書中另立〈學校〉一志目，可能是康熙末年臺灣地區人文發展較前加盛，不得不新立專目來說明了。」[69]筆者認爲，志書架構的調整以呼應現實狀況的考量固爲重點，然前述陳夢林個人經世資治的史學理念，應該也是其中主要的關鍵。

相形之下，同於康熙晚期刊行的陳文達等《臺灣縣志》、《鳳山縣志》兩部縣志，則仿照先前府志的體例做法，將「學校」等相關的類目，分別置於卷二〈建置志〉、〈規制志〉之中。

十八世紀中後期，伴隨著官治力量的擴張與漢人勢力的進墾，臺灣西部各地的文教發展漸有起色，各類文教設施陸續創置的同時，[70]

68　陳夢林等，《諸羅縣志》，〈凡例〉，頁7。

69　陳捷先，《清代臺灣方志研究》，頁73。

70　關於清代各時期臺灣文教設施的創置沿革及其教學概況，可參見莊吉發，〈從現藏檔案資料看清代臺灣的文教措施〉，《臺灣文獻》，51卷4期，2000年12月，頁15-31；張勝彥，〈清代臺灣書院制度初探〉，《食貨月刊》，復刊6卷3-4期，1976年6-7月，頁95-107、144-154；王啓宗，《臺灣的書院》（臺中：臺灣省政府新聞處，1987年）；孫準植，〈清代臺灣之義學〉，《國史館館刊》，復刊第15期，1993年12月，頁27-44；葉憲峻，〈清代臺灣儒學教育設施〉，《臺中師院學報》，第13期，1999年6月，頁187-203；葉憲峻，〈清代臺灣的社學與義學〉，《臺中師院學報》，18卷2期，2004年12月，頁45-69；葉憲峻，〈清代臺灣儒學與孔廟之設置〉，《社會科教育研究》，第13期，2008年12月，頁185-206；陳名實，《閩臺儒學源流》，頁159-189。

各方志的體例篇幅亦隨之豐富多樣。乾隆前期，王必昌等《重修臺灣縣志》之〈凡例〉中提到：「化民成俗，端必由學。泮林芹藻，采及粵生；書院膏油，惠此多士；均綴宮墻之次，以彰文教之隆」；又以「孔子萬世師表；崇德報功，獨隆於學校矣。其諸通祀、義祀，別為秩祀志」，[71]故該書卷五〈學校志〉列學宮、書籍、泮額、書院社學、學田等類目，並列崇祀。乾隆中期，王瑛曾等《重修鳳山縣志》之〈凡例〉中以「舊志分綱別目，繁簡不稱」，故該書增刪先前府志內容而重新調整體例，首〈輿地〉以定疆界，次〈規制〉以詳建置，次〈風土〉以紀土俗；又於〈田賦〉之後，次以〈典禮〉、〈學校〉，「見既富者方穀」，[72]故該書卷六列〈學校志〉，內含學宮（附入學額數）、書院（附土番社學）與學田等類目。

　　到了十九世紀，臺灣各地的文教事業愈形進展，反映在各志書的門類架構益為細膩，以便能包羅更多的內容元素，呈現出與時俱進的學術趨勢，以及因時地而制宜的編纂方式。如道光年間謝金鑾等《續修臺灣縣志》採取「三寶體」的綱目門類，計分地志、政志、學志、軍志，共計四正篇，遺蹟、寺觀、遺事等為外編，著述、奏疏、檄文等為藝文。其中，卷三〈學志〉列學宮、崇祀、泮額、藏書、祭器、書院、學田、社學、教官、選舉、封贈、世襲、行誼（文學附）、軍功、列女、坊表、耆耋，其類目洋洋大觀。臺灣縣作為當時政教首善之區的附廓縣，自清初以來久為全臺的學藝中心，[73]該縣志學校門類的內容包羅萬象，且篇幅之多、分目之細，堪為清代臺灣方志之最，亦屬情理之至。各類目設立的緣由及其書寫內容的考量，據其〈凡例〉所云，儒學之內定制當立者凡有四祠，包括：一、官斯土者有惠政應祀名宦祠，二、本地搢紳有賢者應祀鄉賢

71　王必昌等，《重修臺灣縣志》，〈凡例〉，頁17。
72　王瑛曾等，《重修鳳山縣志》，〈凡例〉，頁7。
73　蔡淵洯，〈清代臺灣的學術發展〉，收於許俊雅總編輯，《第一屆臺灣本土文化學術研討會論文集》（臺北：國立臺灣師範大學文學院，1994年），頁555-556。

祠，三、本地士大夫行誼卓絕者應祀忠義孝悌祠，四、婦女貞節者
應祀節孝祠。[74]此外，編纂者又以「書院山長，其品行學術，於士風
大有關係；賢者大傳，無以爲勸。海東、崇文未有專志，茲據士林
所稱，當爲立傳者一人，列之學志，以爲權輿」。[75]至於耆耇類目的
由來，主要是顧慮到「民人壽至百歲，例與旌表建坊，以爲昇平人
瑞，收於志書可也。舊志立耆壽一門，凡八十以上，無論男女皆書
之，濫矣。但既經記載，未忍悉捐，取其事實略有可稱者存之」。[76]

　　《續修臺灣縣志》卷三〈學志〉之類目設計，相對於其他清代臺
灣方志的獨到性，在於編纂者主張「學也者，學所以爲人之事也；則
無貴賤智愚，皆率由乎教之內」，教學的目的不該只是藉文章博取科
名利祿而已，修己治人之術的培養，人格行誼典範的見習，更應受到
重視，故該篇序言中期勉「爲教官者，尚能本身教爲言教，以端風化
之原歟？……書其事略，俾後之論世者有考焉」。[77]

　　道光中期，周璽等《彰化縣志》參照先前《府志》和《諸羅縣
志》成例，於卷四〈學校志〉列學宮、崇祀、祭禮、泮額、書籍、書
院（社學附）等類目。編纂者於〈例言〉中宣稱其體例所本，尤甚推
崇《諸羅縣志》中關於學校門類的安排云：

> 茲編一本郡志、諸羅志作則，而折衷其間，仍分十二
> 門，而以封域冠其首。其規制、秩官，以次序列焉。惟
> 郡志秩官之後，即列賦役，而典禮、學校繼之。諸羅
> 志秩官之後，繼以祀典、學校，而賦役後之。以崇儒重
> 道，推尊文廟學宮之例而論，諸羅志較爲得體。[78]

---

[74] 謝金鑾等，《續修臺灣縣志》（臺北：臺灣銀行，1963年），〈凡例〉，頁14-15。

[75] 謝金鑾等，《續修臺灣縣志》，〈凡例〉，頁15。

[76] 謝金鑾等，《續修臺灣縣志》，〈凡例〉，頁15。

[77] 謝金鑾等，《續修臺灣縣志》，卷3，頁145。

[78] 周璽等，《彰化縣志》，〈例言〉，頁5。

　　志書中藉由門類的安排，以發揚統治者「崇儒重道」的教化理念，亦爲後來的《噶瑪蘭廳志》所承繼。纂修者陳淑均於道光二十年（1840）的自序中，提到其發凡起例的原則，將過往臺灣志書專列的〈典禮〉一門，區分爲〈禮制〉、〈祀典〉二門，「以別神、人」；另援引《吾學錄》及《大清會典》、新修《大清通禮》、《學政全書》等書體例內容，於卷四（上）〈學校〉之前，增列〈風教〉一門，內含宣講聖諭、鄉飲、旌表、政術等類目，在內容上相較於《府志》所錄雍正五年（1727）前制，「時式尤宜、規條尤晰。其中有載明某書者，係錄其原文。間有節去一二字句，則因廳不附府，從省、郡通行之禮，隳括其文，以免歧繁」。諸如此類的安排設計，多有別出心裁之處。據修志人員的現身說法，「蓋此志爲一廳專書，其體例又自有別也」。[79]再者，編纂者復考慮到：

> 蘭中既有拔萃之英、解額之雋，則應補〈選舉〉。童生既歸廳開考，雖專學未設，而應試有場，暫且統於〈書院〉條內。以〈選舉〉附〈學校〉，兆開先也；以〈政術〉附〈風教〉、以〈戎政〉附〈武備〉，探化原也。他日蘭中名宦、鄉賢英流輩出，如果確有可傳，分編另載，則此所附三門，或釐之、或削之，概以俟諸後賢。[80]

　　該志書卷四（上）所列〈學校〉一門，內含書院、學規、主講、應試、選舉等類目，表達出編纂者對於噶瑪蘭地區文教事業開展的未來期待。

　　類似的體例架構，特別是注重學校與風教之間的關聯性，如同治後期《淡水廳志》之〈凡例〉中強調：「淡廳新闢，民俗尚須濯

---

[79] 陳淑均等，《噶瑪蘭廳志》（臺北：臺灣銀行，1963年），自序，頁10。
[80] 陳淑均等，《噶瑪蘭廳志》，自序，頁10。

磨，海外文籍流布又少，故於學校、禮制之間，《會典》所載，不厭詳備：凡欲以擴士民之知識、正里社之沿習也」，[81]故於卷五〈學校志〉首列規訓，次列學宮、祀事之後，再記學額、書院、義塾、社學。該志書採正史體，門目上計分圖、志、表、傳、考五類，[82]與先前其他臺灣方志有所不同，在學校門之類目安排亦可看出纂修者的匠心獨運。清末《苗栗縣志》多仿自《淡水廳志》的體型義例，該書卷九〈學校志〉沿用學額、規訓、義塾（社學義塾）等子目，並將淡志〈學校志·書院〉中原有的租息、章程等項抽出，單獨成目。又因當時苗栗縣設治未久，學宮尚未建置的情形下，故該卷並未採用淡志中的學宮、祀事等子目，自是因應現實情況所做出的體例考量。[83]

　　清末林豪等《澎湖廳志》亦因境內廟學未設，惟有先前於乾隆三十一年（1766）由澎湖廳通判胡建偉（1718～1796）創建的文石書院，故在志書體例上別具心裁。該書卷四特立〈文事〉門，將學校、書院、選舉等類目附於其下。其「學校」內文專記歷年澎湖童生應臺灣縣、府等試之制及入學名額配置，文末更舉出論者所謂應即仿照臺灣道徐宗幹（1796～1866）定額，「取進五名、別立廳學，亦未為過。而建文廟明倫堂於媽宮，以肅仰瞻而生觀感，亦始非教化之先資也」，期待當地來日興學以育才的積極作為。再者，該學校條目之後並附「賓興試館」項，記載地方官紳對於應試學子的各項補助，為澎湖所特有。[84]

　　清代後期，由於日本藉口牡丹社事件進犯臺灣的刺激，清廷於光緒元年（1875）在臺灣南端琅嶠地區設置恆春縣，行政區域的重新規劃助長了漢文化勢力的擴張。清末屠繼善等《恆春縣志》基於「第學校為人材薈萃之區，四民觀摩所資，今雖未建黌宮、未設學

81　陳培桂等，《淡水廳志》，〈凡例〉，頁9。
82　陳培桂等，《淡水廳志》，〈凡例〉，頁9。
83　沈茂蔭等，《苗栗縣志》，卷9，〈學校志〉，頁137-151。
84　林豪等，《澎湖廳志》（臺北：臺灣銀行，1963年），卷4，頁107-134。

官，究與義塾訓蒙鄉里者不同，存其名以示餼羊之意；而義塾亦為近日要政，故非分紀不可」的教化考量，[85]雖然當時恆春縣境尚無學宮、書院之設，但修志官紳遵依過往志書成例，仍於志書卷十二列〈學校〉，另於卷十列〈義塾〉，期勉來者興學設教，致力於當地文明的提升。

　　茲就前述清代各時期縣、廳志學校門的類目安排及其變遷情形，綜論如下：

　　第一，在康熙時期的縣志中，不論是將學校門獨立成篇的《諸羅縣志》，或是將學校門置入建置志、規制志的臺、鳳二志，概以文教設施的建置沿革、產業（學田）收入、聖賢論贊、聖諭條約與生員額數等紀錄為主，各志書的實體內容比重差別不大，唯獨在諸羅志中附有作者按語與長篇議論，闡述其對縣境興學設教的看法，為該書特色之一。

　　第二，清代中後期的縣、廳志，自《重修臺灣縣志》以降，除了硬體設施的修建沿革之外，通常在體例架構上增列崇祀、書籍、泮額等類目，漸形細膩多樣，敘述重點較偏向於教學內涵、錄取員額、教育人員、祀典運作等軟體部分，更具有彰顯地方文教成績與教化功能的作用，其中以《續修臺灣縣志》的類目最為顯著。

(三)采訪冊系統

　　臺灣於光緒十四年建省之後，至光緒十八年（1892），因臺北知府陳文騄、淡水縣令葉意深等人會稟撫憲纂修通志之議，始開局籌劃省通志的修纂事宜。[86]九月，通志局總監薛紹元等人訂頒〈修志事宜〉十四條，其中第九條提到：

> 地方修造，宜紀其興廢也。凡城池、衙署、學宮，孰為創建、孰為重修？均宜詳其姓名、年月。其倉庫、書

85　屠繼善等，《恆春縣志》（臺北：臺灣銀行，1960年），〈凡例〉，頁10。
86　盧德嘉等，《鳳山縣采訪冊》（臺北：臺灣銀行，1960年），〈采訪案由〉，頁7-11。

院、義學、水圳及廟宇、寺觀、橋梁、古墳，驛站並遊
觀名勝之區，均須備錄；倘已頹廢者，亦著於冊。[87]

　　前述條目中關於文教設施之硬體修造沿革的原則說明，即構成省
通志學校門類的基本內容。通志總局爲纂修通志之需，通令各屬設局
先行輯搜採訪冊，再分修州、廳、縣志，最後統整各志以完成通志的
編修工作。現存陳朝龍等《新竹縣采訪冊》、倪贊元等《雲林縣采訪
冊》、盧德嘉等《鳳山縣采訪冊》、胡傳等《臺東州采訪冊》，即爲
這一時期地方官紳因應通志編纂而輯成的志書稿。[88]

　　在這四部採訪冊之中，《新竹縣采訪冊》卷四列書院（試院
附）、義塾、社學等類目，與祠廟、寺觀並列於同卷。[89]《雲林縣采
訪冊》的體例以境域十五堡爲綱目，書院（試院附）、義塾、社學等
目即分見於各堡內文中。[90]《臺東州采訪冊》則於〈廨署〉門下附記
轄區八處義塾，並於學校、書院條目下標記「未設」，於社學條目下
標記「無」，[91]適切地反映當時東臺灣地區官治文教未興的情景。另
外，《鳳山縣采訪冊》丁部〈規制〉列學宮、學額、學田、書院、義
學、社學等目，與城池、街市、廨署、倉廠、營汛、鋪遞、礮臺、
險隘、番屯、番社、義冢、錢糧、祠廟等目並列。[92]相較於其他採訪
冊，該書學校門類的體例架構更爲完備，內容亦較爲豐富，可見編採
者的用心，抑或鳳山地區官治文教發展年久日深而相對成熟使然。

　　前述各部采訪冊，主要根據當地文教設施的過去與現況來規劃門

87　引自盧德嘉等，《鳳山縣采訪冊》，〈采訪案由〉，頁13。
88　方豪，〈清代後期臺灣方志的編纂工作〉，收於李東華主編，《方豪晚年論文輯》（臺北：
　　輔仁大學出版社，2010年），頁637-641。
89　陳朝龍等，《新竹縣采訪冊》（臺北：國立臺灣歷史博物館，2011年），卷4，頁188-202。
90　倪贊元等，《雲林縣采訪冊》（臺北：臺灣銀行，1959年）。
91　胡傳等，《臺東州采訪冊》（臺北：臺灣銀行，1960年），頁13-15。
92　盧德嘉等，《鳳山縣采訪冊》，丁部，頁154-164。

目架構及其內容取向，頗具因時地而制宜的意味。

　　整體而言，方志體例分門別類、以類相從，清修各部臺灣方志的體例架構容有些許差異，如周璽等《彰化縣志》之〈例言〉中所謂：「志之體例，各有不同。或以邑里、山川、事物、詞章，作四大部；或以天、地、人、物，作四大部；又或以土地、人民、政事，作三大部。……義例固各有短長，要皆綱維在握，語不外散」，[93]在綱舉目張、鉅細靡遺的理想原則下，纂修者可以根據自己對於「學校」內涵的認知，秉持因時地而制宜的原則，來決定其中所應包括的類目及其內容，《諸羅縣志》、《續修臺灣縣志》、《噶瑪蘭廳志》、《澎湖廳志》堪為個中顯例。即使如清末的《恆春縣志》與其他多部采訪冊，亦可看出類似的傾向。

　　另外值得注意的是，縱使各志書學校門類的所在位置及其書寫內涵互有別異，但其資治教化的撰述旨趣，則始終一以貫之。換句話說，修志官紳隨機調整學校門目的體型架構，追根究柢，也是基於如何能更有效地反映地方教化與文明蔚興的目的，除了具體表彰當政者的治績，並可提供來者施政的借鏡。

表3-1　清代臺灣方志學校門類架構簡表

名　　稱	修纂者	年　　代	學校門目部分
府志部分			
臺灣府志	蔣毓英等	約1688年完稿	卷六〈學校〉
臺灣府志	高拱乾等	1696年刊	卷二〈規制志〉列學校、社學、書院、學田
重修臺灣府志	周元文等	1718年刊	卷二〈規制志〉列學校、社學、書院、學田

名　稱	修纂者	年　代	學校門目部分
重修福建臺灣府志	劉良璧等	1742年刊	卷十一〈學校〉（書院、社學附）
重修臺灣府志	范咸等	1747年刊	卷八〈學校〉列學宮、書院、社學、土番社學、學田
續修臺灣府志	余文儀等	1774年刊	卷八〈學校〉列學宮、書院、社學、土番社學、學田
縣廳志部分			
諸羅縣志	陳夢林等	1717年刊	卷五〈學校志〉列學宮、義學、社學
臺灣縣志	陳文達等	1720年刊	卷二〈建置志〉列學校、書院、義學、社學、學田
鳳山縣志	陳文達等	1720年刊	卷二〈規制志〉列學宮、義學、社學、文廟田、學田、義學田
重修臺灣縣志	王必昌等	1752年刊	卷五〈學校志〉列學宮、崇祀、書籍、洋額、書院社學、學田
重修鳳山縣志	王瑛曾等	1764年刊	卷六〈學校志〉列學宮（附入學額數）、書院（附土番社學）、學田
續修臺灣縣志	謝金鑾等	1821年鄭兼才補刻本、1850年薛錫熊增補本	卷三〈學志〉列學宮、崇祀、洋額、藏書、祭器、書院、學田、社學、教官、選舉、封贈、世襲、行誼（文學附）、軍功、列女、坊表、耆考
彰化縣志	周璽等	1836年刊	卷四〈學校志〉列學宮、崇祀、祭禮、洋額、書籍、書院（社學附）
噶瑪蘭廳志	陳淑均等	1852年刊	卷四〈學校〉列書院、學規、主講、應試、選舉

名 稱	修纂者	年 代	學校門目部分
淡水廳志	陳培桂等	1871年刊	卷五〈學校志〉列規制、學宮、祀事、學額、書院、義塾、社學
澎湖廳志	林豪等	1894年刊	卷四〈文事〉列學校（附賓興試館）、書院、選舉
苗栗縣志	沈茂蔭等	1894年修	卷九〈學校志〉列學額、規訓、章程、租息、義塾
恆春縣志	屠繼善等	1894年修	卷十二〈學校〉
采訪冊部分			
新竹縣采訪冊	陳朝龍等	1894年修	卷四列書院（試院附）、義塾、社學
雲林縣采訪冊	倪贊元等	1894年修	書院（試院附）、義塾、社學等目分見於各堡
鳳山縣采訪冊	盧德嘉等	1894年修	丁部〈規制〉列學宮、學額、學田、書院、義學、社學
臺東州采訪冊	胡傳等	1894年修	〈廨署〉下附義塾

＊資料來源：據清代臺灣各志書門目。

五、論述取向的檢視

　　清代臺灣方志各體例門類的成立，主要是為了因應官方的資治效用而有所偏重，期能為經綸世務者提供一有利的施政藍圖，滿足其上行下效與化民成俗的整治意念。另一方面，統治階層的意識形態或是修志官紳的價值系統，也直接滲透到各志書分門別類的設計考量及其論述內涵中，反映他們如何針對臺灣島域的風土民情進行整編，塑造出一套理想秩序的規範，以提供主政者移風易俗的參考依據。此舉亦可視為當時握有書寫權力的修志官紳，試圖將「臺灣」加以「知識化」的可能與方式，藉以建構出一套可以被認知的學術系統，以及一種可以被掌控的客體對象。

　　本文先前根據各清代臺灣方志學校門類的凡例綱目安排，解說其成立的理論基礎以及纂修者的撰述旨趣。在此將進而從實際的內容書寫，剖析其間的共相（常）與殊相（變），藉以檢視官方支配性的意識形態和價值理念如何展現於學校門類的論述取向，並考察修志官紳如何透過該門類的書寫脈絡，來形塑臺灣本地人文發展之應然與實然的知識內涵，當中主要表現在：文教設施規模的重視、地方人才培育的關注、儒學教化典範的形塑，茲依序分述如下。

(一)文教設施規模的重視

　　「化民成俗，教學為先」，[94]清帝國治臺官員興學育才的憑藉，須仰賴文教硬體設施的關建及其教學功能的發揮。

　　學宮文廟為官方建置的文教硬體設施，在傳統社會中擔負起宣達國家禮教政令暨培育學子德性才學的職責。有清一代，臺灣各地興設的府縣廳儒學，成為國家育賢儲才以應科考的機構，並傳承了中國古代於地方官學中設置孔廟（文廟）的「廟學合一」制度。[95]由於學校攸關地方人才的培育與儒家文化的傳播，復因清代臺灣廟學往往於廳縣設治之後數年始行設置，[96]以至於推促地方設學興教的呼聲，不時於方志學校門類的內文論述之中浮現。

　　康熙前期，首任臺灣知府蔣毓英鑑於臺灣初隸大清版圖，文教未興，一府三縣的學校硬體設施多承襲明鄭舊制，故於首部《臺灣府志》卷六〈學校〉中呼籲，臺灣府學「不過偽時草創，實非興朝郡學之觀瞻也」，即使「分巡道周與郡守蔣捐俸修整，然因仍舊址，尚須重建拓闢」；至於「臺、鳳、諸三邑文廟，文治攸關，亟宜建

---

[94]　王必昌等，《重修臺灣縣志》，卷5，頁150。

[95]　尹章義，〈臺灣－福建－京師──「科舉社群」對於臺灣開發以及臺灣與大陸關係之影響〉，收於氏著，《臺灣開發史研究》，頁527-583；葉憲峻，〈清代臺灣儒學與孔廟之設置〉，頁185-206。

[96]　黃秀政，〈清代臺灣的書院──以中華文化的傳播與地方才俊的培育為中心〉，收於氏著，《臺灣史研究》（臺北：臺灣學生書局，1995年增訂再版），頁105-106、136-138。

造」。[97]以上記載，具體呈現當時治臺官員對於廟學設置的關切。康熙中期，巡道王之麟蒞任之後，鑑於境域文廟棟宇朽壞，明倫堂與其他設施缺然不備，於是積極主導廟學整修與增建工程。《重修臺灣縣志》卷五〈學校志·學宮〉記載此事云：「由是夫子廟、啓聖祠巍然，東西兩廡及明倫堂、櫺星諸地翼然。廟貌改觀，將所以揚文教之盛，壯海外之規，均於是乎在矣。若夫培人心以厚風俗，又烏敢忘爲治之先務哉。」[98]

　　自此而後，廟學設施逐漸在臺灣南北各行政區域內創置。其中，作爲附廓縣的臺灣縣在清代前期爲全臺文教行政中心，臺灣府、縣廟學皆座落於這處首善之區，堪爲當時全臺首要學府。至於毗鄰臺灣縣的南路鳳山縣與北路諸羅縣，文教發展也緊接於臺灣縣的步伐而漸入佳境。中部彰化縣自雍正元年（1723）析諸羅縣北部正式設治，再加上其後北路淡水廳的設治，伴隨著乾隆時期以來漢移民的陸續進墾，從此人文蔚起，逐漸形成北臺的另一文教重心。從南到北，清代臺灣各地儒學的設置情形，直接反映在各方志學校門類的敘述脈絡之中。

　　治臺官員本著傳統士大夫「萬般皆下品，惟有讀書高」的價值意識，將文教發展的成果視爲其任內具體的政績。影響所及，各類文教設施自創建以後，歷次修建、整建、增建及擴建的歷史沿革、硬體規模、主事人員與學田經費等，遂成爲清代時期臺灣各級志書學校門類主要的書寫內涵。

　　再者，相較於中國大陸文教發展悠久的漢人社會，清代臺灣民間藏書極度缺乏且流通、保存不易，早期島內南北各地文教設施不足，藏書亦鮮。[99]乾隆前期《重修臺灣縣志》卷五〈學校志·書籍〉引府學袁弘仁藏書記即謂：

97　蔣毓英等，《臺灣府志》，卷6，頁68。

98　王必昌等，《重修臺灣縣志》，卷5，頁137-138。

99　楊永智，〈清代臺灣藏書考略〉，《東海中文學報》，第16期，2004年7月，頁297-324。

> 竊見臺地遙隔海天，人材蔚起，而博洽尚鮮其人。揆厥
> 所由，蓋各庠向無藏書，即書肆亦罕售購；雖有聰敏之
> 質，欲求淹貫，庸可得乎？爰置古今載籍六百餘本貯之
> 廨中，以資諸生借覽；令優生二人掌之，俾永久勿失。
> 然而寒氈力絀，未能多蓄，第以是為權輿也。四庫五車
> 之富，端有望於後之君子。[100]

　　可見清代前期文教發展所面臨到的難題及其解決的方案，而在
「海外鮮藏書之家，典章無據」的情形下，[101]學校機構逐漸累積的書
籍，自可為各地學子提供相關的研讀資料，緩解寒士無力購書或乏書
可讀的窘境，有助於文教事業的普及與提升，[102]此事往往也獲得修志
官紳的重視，成為學校門類記錄的要項。

　　除了臺灣府學及鳳山縣、諸羅縣、彰化縣、淡水廳等廟學之外，
自清初以來，分布於臺灣各地同為官方教化機制的書院、義學、社學
等設施，其在方志學校門類中的論述取向，亦可作如是觀。

　　以官方或私人設置的書院為例，其主要功能在於延聘宿儒教授
生徒為學處世的道理，以補充府縣廳學校「課而不教」的不足，並
培養生童應舉赴試所須具備的基本學識，因此成為科舉制度的輔
助機構，擁有近似科考補習班的功能。[103]其中，蛤仔難地區（今宜
蘭）於嘉慶十七年（1812）正式設置噶瑪蘭廳，同年臺灣知府楊廷
理（1747～1813）創建仰山書院，當地漢人文教社會的建立與士紳
階層的形成較臺灣西部地區為晚。在咸豐二年（1852）刊陳淑均等

---

[100] 王必昌等，《重修臺灣縣志》，卷5，頁156。

[101] 王瑛曾等，《重修鳳山縣志》，〈凡例〉，頁8。

[102] 黃秀政，〈清代臺灣的書院——以中華文化的傳播與地方才俊的培育為中心〉，頁122-
124。

[103] 張勝彥，〈清代臺灣書院制度初探（下）〉，頁147-153；黃秀政，〈清代臺灣的書院——
以中華文化的傳播與地方才俊的培育為中心〉，頁105-143。

《噶瑪蘭廳志》卷四（上）〈學校〉的開場白中，即呼籲地方官府及早興建廟學，配合先前仰山書院的運作，以加速推動當地的文教發展云：

> 庠序以培養乎人才也，而書院即以輔成乎庠序，其為功較近而捷焉。蘭之廳制，一視澎湖，而初猶附試於淡水；則以人文必盛，乃建專學，非故緩也，蓋有待也。夫明去漢二千餘載，而後邱文莊、海忠介崛起於瓊州，況蘭泱泱表海，佳氣蜿蜒，將必有涵泳聖涯、蔚山川而開風氣、衍閩學而配孔庭者近在目前；講院特其嚆矢耳。[104]

在行政區域內的學宮文廟設置之前，地方文教事業的推展，有賴於書院功能的發揮。類似的情形，亦出現於清末僅有文石書院而未有學宮之設的澎湖地區。如光緒二十年刊林豪等《澎湖廳志》卷四〈文事略〉開場白云：

> 澎雖未立學宮，而歲科兩試，由廳扃門校藝，錄送提學道，例給衣巾，則亦略如中學之制矣。至於書院培養人才，以輔儒學之不逮，而在澎所關為獨重。今則師生膏火、束脩及祭祀、賓興經費亦已裕如；雖其款項猶歸官辦，而苟措理有人，亦何難徐求經久之方，以善持其後哉！究之既履其地，當顧其名；修舉振興，是所望於留心文教者。[105]

---

[104] 陳淑均等，《噶瑪蘭廳志》，卷4（上），頁139。

[105] 林豪等，《澎湖廳志》，卷4，頁107。該卷末所附〈文事略總論〉亦指出：「澎海偏隅，學

　　修志官紳對於地方興學的期待，於前引二文之中表露無遺。而此種心態，亦直接轉化爲各志書學校門類對於文教設施的硬體規模、設置沿革及其藏書質量的重視，期以強化文教事業的蔚興與促成地方科甲的鼎盛，並可爲治臺官員的政績增添光彩。

　　大致說來，清代前期，文教硬體設施的鋪陳爲清修臺志學校門類的書寫重點；到了清代中後期，學校門類的論述主軸，除了文教設施的例行紀錄之外，另逐漸強化對歷任治臺官員文教政績與教育理念的頌揚，通篇內容動輒附錄其主政期間相關作爲的文論碑記以資彰顯，以《重修臺灣縣志》、《續修臺灣縣志》最爲明顯。此種現象，亦表現在地方人才培育成效的闡述以及儒學教化典範的形塑等方面，可見於以下各節的論述。

　　另一方面，由於文教設施的興修對於地方教育文化事業的影響深遠，修志官紳在描述其設置沿革與空間格局之際，偶亦重視風水形勢的刻劃和其相關的福蔭效應，能否有效地輔助莘莘學子爭取到中舉入仕且名利雙收的目標。不論學宮文廟的興修也好，或是書院文祠的關設也罷，概可於志書的某些紀錄中看到傳統堪輿觀念的色彩。以鳳山縣學爲例，據高拱乾等《臺灣府志》卷二〈規制志‧學校〉的記載，該學宮的風水形勢極爲明顯云：「後爲啓聖祠。學前有天然泮池，荷花芬馥，香聞數里。鳳山拱峙、屏山插耳，龜山、蛇山旋繞擁護，形家以爲人文勝地。」[106]此外，《鳳山縣志》卷二〈規制志‧學宮〉中亦說明縣邑學宮，「前有蓮池潭，爲天然泮池；潭水澄清，荷香數里。鳳山對峙，案如列榜。打鼓、半屏插於左右，龜山、蛇山旋繞擁護，眞人文勝地，形家以爲甲於四學」。[107]《重修鳳山縣志》卷

宮未建，幸胡勉亭別駕，設有書院，以嘉惠多士；則多士所藉以講習討論者，恃有書院院長一席耳。……而澎湖寒士，地阻則負笈為難；家累則遜志為難；藏書不多之見聞未廣，則博學而詳說之為難。故必勞之來之、輔之翼之，厚其餼稟，助其膏火，而且多聚書籍，俾有志向上者，得時聚院中，綜覽古今，相觀而善。」（頁133-134）

[106] 高拱乾等，《臺灣府志》，卷2，頁32。

[107] 陳文達等，《鳳山縣志》，卷2，頁14。

六〈學校志〉中同樣記載縣境學宮文廟，「前有蓮潭，天然泮池。鳳山對峙，屏山左拱，龜山、鼓山右輔，形家稱為人文勝地」。[108]《續修臺灣府志》卷八〈學校·學宮〉中亦陳述鳳山縣儒學，「前有天然泮池，荷花芬馥，香聞數里。鳳山拱峙、屏山插耳，龜山、蛇山繞護；形家以為人文勝地」。[109]從前舉各方志相似度頗高的論述可見，鳳山縣宮廟的所在位置依山傍水，風水格局奇佳無比，不僅修志官紳引以自豪，並且受到堪輿形家的極力推崇。

另據《諸羅縣志》卷五〈學校志〉的記載，同樣設立於清代初期的諸羅縣宮廟，嗣後在新修選址之際，也曾有過一段風水因緣。康熙四十三年（1703）秋，鳳山知縣宋永清署諸羅縣事，奉文移歸諸羅山縣治。宋永清鑑於先前康熙二十五年（1686）舊設善化里西保（目加溜灣，今臺南縣善化鎮）的宮廟年久失修，遂與縣邑諸生集議以度地新建。為此，宋永清曾親自「周城內外卜吉三處，聽諸生自擇其尤，定基於城之西門外」。[110]縣學位置，正面迎對玉案山，其名稱恰與理想的風水格局中龍穴前方的「案山」同名。《諸羅縣志》卷一〈封域志·山川〉中云：「玉案山（舊名玉枕），位踞離明，方幅蒼翠，是學宮之對山也，橫鋪如青玉之案。」[111]從堪輿學的角度，諸羅縣學擁有相當不錯的風水格局。

在道光年間《續修臺灣縣志》卷三〈學志·崇祀〉文末附載的一段評論中，修纂者肯定乾隆初期巡臺御史楊二酉振興地方文教的貢獻，然而卻抨擊其「篤於風水之說，建秀峰塔於南，命祀文昌於小南門城樓之上，祀魁星於大南門城樓之上，謂可協五行而應星宿，遂使文明之象，冷落闃闠，夜聽巡鉦戍鼓之聲，與廝卒為伍」。有鑑於

[108] 王瑛曾等，《重修鳳山縣志》，卷6，頁157。
[109] 余文儀等，《續修臺灣府志》，卷8，頁341。
[110] 陳夢林等，《諸羅縣志》，卷5，頁67-69。
[111] 陳夢林等，《諸羅縣志》，卷1，頁8。

此，他們認爲楊二酉的卜吉擇向之說，「殆堪輿家之陋者」。[112]這段出現於方志學校門中針對文昌祠風水之說的強烈批評，反倒是映現出當時治臺官員奉行堪輿學理以調整聖學空間格局的實態。

　　修志官紳將風水論述置入方志學校門類的主要用意，無非是想藉由堪輿之說來強化文教空間「地靈人傑」的神聖性，以激勵學子士氣，貫徹統治階層的政治意識與教化初衷。

(二)地方人才培育的關注

　　文教設施的設置及其教學功能的發揮，既能實現官方的教化理念，同時也具有培育地方人才的實際效應。如康熙後期巡臺御史黃叔璥（1680～1758）指出：「惟學校之設，所以長育人材，教孝教忠也。」[113]而其中，入學額數的提升與科考中試的名額，自能標示出臺地文教發展的具體成績，[114]亦可作爲在臺官員的實質政績，於是成爲學校門類的書寫重點。如乾隆前期《重修福建臺灣府志》卷十一〈學校〉記載臺灣府儒學泮額云：

> 康熙二十五年，總督王命新、巡撫張仲舉題請歲進文、武童各二十名，科進文童二十名；廩膳二十名，增廣如之；歲貢，照以廩生食餼淺深爲先後，一年貢一人。雍正元年，特恩加泮額一次，多進七名。乾隆元年，特恩加泮額一次，名數如前。[115]

---

[112] 謝金鑾等，《續修臺灣縣志》，卷3，頁162。

[113] 王必昌等，《重修臺灣縣志》，卷5，頁149。

[114] 關於清代各時期臺灣府縣廳學學額與科舉應考名額的設定及調整情形，除了方志的相關記載之外，另可參見莊吉發，〈從現藏檔案資料看清代臺灣的文教措施〉，頁16-21；王惠琛，〈清代臺灣科舉制度的研究〉，臺南：國立成功大學歷史語言研究所碩士論文，1990年，頁37-63、76-85。

[115] 劉良璧等，《重修福建臺灣府志》，卷11，頁329-330。

　　除了府學之外，該卷中另有乾隆元年（1736）以前臺灣、鳳山、諸羅、彰化四縣儒學泮額的紀錄。[116]又如乾隆前期范咸等《重修臺灣府志》卷八〈學校‧學宮〉中承接《重修福建臺灣府志》所記乾隆元年以前府學泮額的內容，更續補此後歷年入學定額的調整情形。[117]再者，如康熙後期《諸羅縣志》卷五〈學校志‧學宮〉記清初諸羅縣生員、廩生、增廣生、武生、社學生、贊禮生、樂舞生等名額。[118]《臺灣縣志》卷二〈建置志‧學校〉記臺灣縣廩膳生、增廣生、武生、贊禮生、樂舞生、奉祀生、社學生等名額。[119]至於《鳳山縣志》卷二〈規制志‧學宮〉所記生員名額內容，與前舉二志書大同小異。[120]

　　清代後期，如《淡水廳志》卷五〈學校志‧學額〉中敘述乾隆至同治初期淡水廳轄境入學定額的歷次調整概況。[121]《苗栗縣志》卷九〈學校志〉首列學額類目，在回溯淡水廳、臺北府新竹縣時期的學額沿革之後，最後說明光緒年間臺灣府苗栗縣的學額情形云：

> 十五年，苗栗分治；十六年，前爵撫劉銘傳奏准：臺灣
> 府閩籍府學文學額十名，加廣額四名，廩、增各二十

---

[116] 劉良璧等，《重修福建臺灣府志》，卷11，頁330-331。

[117] 「乾隆五年，巡視臺灣御史兼提督學政楊二酉奏准：粵民流寓在臺年久入籍者，臺屬四邑均有戶冊可稽；緣係隔省流寓，恐占閩童地步，是以攻擊維嚴。現在粵童堪以應試者計七百餘名，准其另編為新字號應試。其取進額數照小學例，四邑通校，共取進八名，附入府學。嗣後有續出應試者，總以八名為額。俟歲、科數次之後，取進人數漸多，再將應試廩、增並出貢之處，題請定議。至鄉試，不便附入臺字號，應暫附閩省生員內鄉試；俟數滿百名，再行題請另編字號，取中一名。乾隆八年，巡視臺灣兼理學政熊學鵬奏准：臺郡孤懸海外，鄉試額中舉人二名。其錄送科舉，許於定例二百名之外，酌量寬餘錄送；亦不得將文理荒疏之人，普收送考。」范咸等，《重修臺灣府志》，卷8，頁272。

[118] 陳夢林等，《諸羅縣志》，卷5，頁77-79。

[119] 陳文達等，《臺灣縣志》，卷2，頁79-82。

[120] 陳文達等，《鳳山縣志》，卷2，頁16-20。

[121] 陳培桂等，《淡水廳志》，卷5，頁135-136。

名，三年兩貢；武學額七名，加廣額三名，歸府屬閩籍通考撥取。縣學文學額二名、武學額二名，廩、增各二名，六年一貢。其粵籍府學文學額三名、武學額二名、廩、增各四名，四年一貢，歸府屬粵籍通考撥取。番籍學，縣、府考俱附閩籍榜末；文、武童學額，係由閩籍府學撥充。[122]

　　至於科考名錄方面，舉要如《續修臺灣縣志》卷三〈學志‧選舉〉記載縣境舉人、副榜、恩貢、拔貢、歲貢、例貢、武進士、武舉等名錄。[123]《噶瑪蘭廳志》卷四〈學校‧選舉〉記載當地舉人、貢生等名錄。[124]《澎湖廳志》卷四〈文事‧選舉〉記載當地進士、舉人、欽賜舉人、拔貢、歲貢等名錄。[125]

　　此種撰述模式延續到了清朝統治末期，如《恆春縣志》卷十二〈學校〉將恆籍廩附生的名單（包括盧夢箕、李錫疇、邱輔康、夏汝霖、沈增穀等五人）置於該卷最後，與過往志書成例不符。編纂者於案語中強調其基於因時地而制宜的觀念，亦秉持官方倡行文教的理念，故有如此的做法云：「各處志例，科甲以下不載。恆邑地僻番山，草昧初開，不能不寬以待之。俾廩、附各生，同得書名之寵，藉爲咕嗶海澨者勸。」[126]《恆春縣志》的這項安排，也讓我們見識到修志官紳如何重視當地學子功名成就的態度。

　　從以上的敘述可見，學校門類的內容概要反映清代臺灣文教發展的軌跡及其風貌，爲特定時空臺地文風的蔚起、硬體的設立、學額的

---

122 沈茂蔭等，《苗栗縣志》，卷9，頁137-138。
123 謝金鑾等，《續修臺灣縣志》，卷3，頁188-211。
124 陳淑均等，《噶瑪蘭廳志》，卷4，頁159-160。
125 林豪等，《澎湖廳志》，卷4，頁125-127。
126 屠繼善等，《恆春縣志》，卷12，頁228-229。

調整以及科舉制度的運作，提供了各種質性與量化的素材，有助於我們掌握各地文教設施、學習環境、人員配置、錄取名額之沿革損益等相關訊息。[127]最後，在貫徹官方「崇儒重道」政策的前提之下，儒學傳統經世思想與教化理念的傳達，亦成為其中的書寫重點。

㈢儒學教化典範的形塑

在傳統中國「廟學合一」的教育體制建置之下，學校不僅為知識傳授的教育場域，也是學子濡染儒家禮教規範、習知為人處世道理及砥礪經世濟民志業的聖學空間。《重修臺灣縣志》卷五〈學校志·學宮〉引巡道陳璸所云：「夫建廟修學，正誼明道之大端也。……顧吾黨之士，篤信斯理。處而讀書，務為端人正士；出而筮仕，務為循吏良臣。庶不負茲地山川之鍾靈，而為聖賢所擯棄。」[128]《彰化縣志》卷四〈學校志〉開場白亦謂：「自古興賢育才，教學為先。學者也，所以明人倫也。人倫明於上，小民親於下。堯舜之所以治，孔孟之所以教，不外乎此。」[129]

在清代臺灣方志學校門類的內文中，往往摘錄孔孟儒門先賢論贊、皇帝訓飭士子文錄、聖諭教條等，以灌輸統治者的教化意旨，透過儒家倫理道德觀念的宣揚，規範民間社會的行為法則，達成思想控制與安定秩序的政治目的。[130]又其載錄各書院名儒與官員所定

---

[127] 關於這類史料運用的質性詮釋與量化分析，可參見前引黃秀政〈清代臺灣的書院——以中華文化的傳播與地方才俊的培育為中心〉、張勝彥〈清代臺灣書院制度初探〉、孫準植〈清代臺灣之義學〉、葉憲峻〈清代臺灣的社學與義學〉、葉憲峻〈清代臺灣儒學與孔廟之設置〉、尹章義〈臺灣─福建─京師──「科舉社群」對於臺灣開發以及臺灣與大陸關係之影響〉、謝浩〈科舉制度在臺述略──以文科為限〉、王惠琛〈清代臺灣科舉制度的研究〉等文。

[128] 王必昌等，《重修臺灣縣志》，卷5，頁148。

[129] 周璽等，《彰化縣志》，卷4，頁113。

[130] 關於清朝皇帝聖諭的規範意圖、意識控制及其在臺灣的宣講情形，參見王爾敏，〈清廷《聖諭廣訓》之頒行及民間之宣講拾遺〉，收於氏著，《明清社會文化生態》（臺北：臺灣商務印書館，1997年），頁3-36；戴寶村，〈聖諭教條與清代社會〉，《國立臺灣師範大學歷史

學規、學約全文，如分巡臺灣兵備道劉良璧的〈海東書院學規〉
六則（1740）、臺灣道兼提督學政覺羅四明的〈勘定海東書院學
規〉八則（1759）、澎湖廳通判胡建偉的〈文石書院學約十條〉
（1766）、彰化知縣楊桂森的〈白沙書院學規〉九則（1811）、澎
湖文石書院山長林豪的〈續擬學約八條〉（1868）等，以傳達儒學
倫常規範，激勵學子向學之心，端正社會不良風俗。[131]或是記錄歷朝
學子的行誼事蹟，形塑儒家知識分子的理想典範，以收見賢思齊之
效，趨向「內聖外王」的學養境界。誠如《諸羅縣志》之〈凡例〉中
所云：

> 學宮勒御製至聖先師贊、四賢贊，《郡志》列諸〈藝
> 文〉，似屬非體。今合學宮興建始未、御製訓飭士子
> 文、聖諭、條約、鄉飲、養老、考校諸生、義學、社
> 學，另為學校一卷，以昭聖天子尊師崇儒之曠典、教育
> 士子之盛心；亦以見學校之設，非同尋常規制云爾。[132]

　　該志書卷五〈學校志·學宮〉於宸翰（康熙御書「萬世師表」
匾、至聖先師孔子贊、四賢贊、御製訓飭士子文）、條約（順治臥碑
文、六諭、康熙上諭十六條、鄉約全書、學宮下馬牌）、養老等子目
之後，有如下的一段附記，清楚地流露出類似的意念：

學報》，第13期，1985年6月，頁303-324；伊能嘉矩，《臺灣文化志》（東京：刀江書院，
1928年），中卷，第5篇第6章，頁181-188。

[131] 關於清代臺灣書院學規的朱子學傳承及其儒學精神與教化意涵，參見黃秀政，〈清代臺灣
的書院——以中華文化的傳播與地方才俊的培育為中心〉，頁118-119；劉振維，〈論清代
臺灣書院學規的精神及其對現代教育的啟示〉，《哲學與文化》，35卷9期，2008年9月，頁
107-127。

[132] 陳夢林等，《諸羅縣志》，〈凡例〉，頁7。

右所載御製諸篇，輝煌聖廟，昭示儒林。學者能考諸身
心，奉為模楷，沉潛玩索而有得焉；則所知所行，日進
於高明光大而無難矣。至於刊立臥碑、宣講聖諭及養老
各條，皆所以發群蒙、開聾瞶，化民成俗，有關學校之
大者；故並載之，以補「郡志」之闕。[133]

　　再以《噶瑪蘭廳志》為例，該書卷三（下）〈風教〉於「宣講聖
諭」類目下，記錄清世祖六諭臥碑文、聖祖聖諭十六條、世宗聖諭
廣訓、高宗訓飭士子文；於「鄉飲」類目下，引據《學政全書》、
《通禮》、《會典》等典籍，分記儀注、行禮人數、服色、坐次
（並圖）、作樂、歌詩等禮制；於「旌表」類目下，記載節婦貞
女、殉難官民、名宦鄉賢、樂善好施、累世同居、耆壽同堂、一產三
男等，以表彰儒家傳統人際倫常的典型。[134]編纂者的撰述用意，正如
該卷開宗明義所云：

彰善癉惡，風聲克樹。建國君民，教學為先。聖謨洋
洋，人眾暐暐，讀州長之法，歡鄉飲之笙，有不移風者
有幾，有不率教者誰歟？所賴良有司躬親倡導，過化存
神，俾士女各矢其忠貞，老贏共躋於仁壽，則家絃而戶
誦，講讓而型仁。海濱鄒魯之稱，其來端必有自矣。[135]

　　除此之外，帝制中國結合統治者治統與儒家道統的孔廟制度運
作，和其兼具權力、學術與信仰的相關祭儀活動，[136]亦受到修志官紳

---

[133] 陳夢林等，《諸羅縣志》，卷5，頁77。

[134] 陳淑均等，《噶瑪蘭廳志》，卷3（下），頁119-130。

[135] 陳淑均等，《噶瑪蘭廳志》，卷3（下），頁119。

[136] 關於傳統中國孔廟制度及其祭祀禮儀的權力意涵，參見黃進興，《優入聖域：權力、信仰與

的重視，而將之放入學校門類的內容中，以呼應國家治道一統且政教合一的教化政策，並收潛移默化的禮教功效。如乾隆前期范咸等《重修臺灣府志》卷八〈學校・學宮〉附記文廟祭儀，包括祭期、齋戒、省牲、宰牲、視祭器、治祭物、獻官員數、執事人數、陳設、崇聖祠致祭儀注、文廟致祭儀注、文廟神主位次、崇聖祠神主位次等，[137]洋溢著神道設教的意象。

　　針對方志中載錄廟學祭儀的事例，清代方志學家章學誠（1738～1801）有相當正面的肯定。在〈答甄秀才論修志第二書〉一文中，他提出「典章宜歸詳悉」的原則云：

> 學校祭祀，一切開載會典者，苟州縣所常舉行，豈可因
> 而不載？會典簡帙浩繁，購閱非易。使散在州縣各志，
> 則人人可觀，豈非盛事？況州縣舉行之典，不過多費梨
> 棗十餘枚耳。今志多刪不載，未知所謂。[138]

　　返觀清代臺灣方志學校門類的內容，多有鋪陳學校祭祀儀禮的情形，其內容主要轉錄自《大清會典》的記載，特別在清代中後期益為明顯，而其論述取向亦多與「祀典」、「典禮」或「典秩」門類的書寫內涵相為呼應，[139]或是將這些內容歸入前述門類中。例如，在體例編纂部分取法自章氏方志學理論的《淡水廳志》，於卷五〈學校

正當性》（臺北：允晨文化實業公司，1994年），頁125-311。

[137] 范咸等，《重修臺灣府志》，卷8，頁276-287。

[138] 章學誠撰，葉瑛注，《文史通義校注》（臺北：漢京文化事業公司，1986年），卷8，〈外篇三〉，頁827-828。

[139] 學者王爾敏先生於〈地方史乘保存與纂輯〉一文中總論舊有方志的典禮門云：「此與一方人文教養有關，使地方人士能習見各種禮制，並無關於迷信。地方崇祀，凡列入方志者，被正式看成一種祀典，尤其列為政府所主持的先賢、鄉賢、烈士、節婦以及前代循吏、名師、名醫、高僧的紀念。」（頁173）

志〉序言即表明類似的意向云：

> 淡廳初闢，土雖沃衍，民多雜處；革故鼎新，責在賢
> 吏。百十年來，建設學宮、加廣學額，輔以書院，勤以
> 訓課，人才奮興，俗尚丕變。猶慮僻處海隅，聞見未
> 廣，故於朝廷訓士之規、《會典》禮儀所在，敬為錄
> 要，用便觀摩。[140]

　　清代臺灣修志官紳多數認同志書中廟學祀儀的教化功能，然其
間也不乏持保留甚至是否定態度者，《澎湖廳志》總纂林豪的主張
可為代表。林豪於光緒十九年（1893）的廳志初稿〈凡例〉中，
提出「澎湖不設專學，未立學宮，僅有書院之文昌祠，春秋致祭，
禮儀亦從簡便。茲於廟祀併入規制之內，而不立典禮一門，以省門
目」。[141]針對過往志書中大量載錄祀儀典制的作法，強調修志專業
性的林豪頗有微詞，其見解恰與前引章學誠的理念呈現出鮮明的對
比：

> 地志之成，每非一手，故所厭於志書者，或全抄《會
> 典》、部頒《儀注》為典禮門，或全錄案牘，有如冊
> 檔，一胥史可勝其任。又若泛稕堆砌，誠有如《縣志》
> 所譏者。[142]

---

[140] 陳培桂等，《淡水廳志》，卷5，頁117。《淡水廳志》受到章學誠的影響，見該書〈凡
　　例〉，頁9。

[141] 林豪，林文龍點校，《澎湖廳志稿》（南投：臺灣省文獻委員會，1998年），〈凡例〉，
　　頁9。

[142] 林豪著，林文龍點校，《澎湖廳志稿》，〈凡例〉，頁14。

　　林豪既有此定見，無怪乎他於〈淡水廳志訂謬〉中，極力批評前述陳培桂的書寫體例云：「學校、典禮兩門，亦教化所關，不可少也；但宜擇其要者錄之。乃必取《會典》、《通禮》及《吾學錄》所載，抄寫連篇湊成卷數，何益？」[143]

　　在形塑傳統儒學典範以規訓學子成聖成賢的前提下，修志官紳或亦重視廟學內部空間之歷代儒家從祀先賢神位及其相關祭禮典制的鋪陳。如《重修臺灣縣志》卷五〈學校志·崇祀〉記載正廟（至聖先師孔子）及其東配、西配、東哲、西哲、東廡、西廡諸聖賢，崇聖祠及其東配、西配、東廡、西廡諸聖賢。[144]《重修鳳山縣志》卷六〈學校志·學宮〉記載文廟與崇聖祠安設神位、祭祀陳設、致祭儀注（附樂章、舞譜）等。[145]《彰化縣志》卷四〈學校志〉的崇祀類目中，列有聖廟歷代崇祀、諸儒歷代廟祀、先師廟神位序次等內容；同卷祭禮類目中，列有文廟祭孔儀禮、祭期、樂章、部頒祝文式、禮器、樂器等內容。[146]《淡水廳志》卷五〈學校志·祀事·樂器〉文末所附按語，亦表達出此種意念云：

> 淡學開闢未久，禮樂器本尚缺然。同治五年同知嚴金清撥出王任內罰款番銀二千圓，諭飭訓導鄭秉經，親赴粵東購買祭器、樂器，並添置襴衫。以潘春蔭頗嫻琴瑟音樂，諭令教導樂舞各生，遂使海外泮宮，媲隆上國，亦益事也。[147]

　　從外部形制空間的建置，到內部典秩設備的布置，我們處處可以

---

[143] 引見陳培桂等，《淡水廳志》，頁468。
[144] 王必昌等，《重修臺灣縣志》，卷5，頁151-155。
[145] 王瑛曾等，《重修鳳山縣志》，卷6，頁157-173。
[146] 周璽等，《彰化縣志》，卷4，頁115-141。
[147] 陳培桂等，《淡水廳志》，卷5，頁134。

感受到儒學禮教的符號與官治教化的元素，不時地浮現於學校門類的字裡行間，成爲一種神聖化的主流論述。

　　學校教育體系、科舉考試制度與官方修志事業，同爲促進清代臺灣學術發展的要素；[148]而此三種要素，恰好在方志學校門類的書寫脈絡中，獲得了學術性的呼應與辯證性的連結。

六、結論

　　清代臺灣方志學校門類的成立緣由及其綱目選擇的原則，我們可以從撰述者的凡例所云、自序所言、議論所述聯貫到實際的體例門目，窺知其中所蘊含的理論基礎，再從實際的書寫內容來分析其間的意向性。就知識學的脈絡而言，清代臺灣修志官紳透過學校門類的知識建構，來形塑臺灣島域人文發展的理想模式，致力爲這處海天孤島立下一符合儒家聖學標準的學術樣板，以此作爲國家權力收編臺灣島域及規範地方社會的文明象徵，並滿足統治階層上行下效的整治意圖。乾隆中期《重修鳳山縣志》卷六〈學校志〉的開宗明義，堪爲清代治臺官員透過教學機制來樹立儒學禮教樣板的極佳註腳：

> 鳳濱海隅，介在南徼；學宮形勝，甲於全臺，宜士之蒸蒸向化哉。顧紛童奔服，聞風慕義，新自濯磨，象取蒙泉；則凡所以養之者，尤宜培護也。今天子樂育為心，栽培彌至，增解額、設義塾；下至村社、番童，延師訓誨。凡所施恩者，較中土有加焉；所謂因其成勢而利導之者也。雕題黑齒，咸被聲教；絃誦之聲，遍於村社。柳柳州有言：孔子之道，與王化為遠近。豈不諒哉！[149]

---

148 蔡淵洯，〈清代臺灣的學術發展〉，頁563-565。
149 王瑛曾等，《重修鳳山縣志》，卷6，頁157。

就清朝政府的立場,將皇朝典章制度與教育機制移植到臺灣島內,藉由方志書寫的知識建構,刻劃出當地道一風同的教化軌跡與學術風貌,無非也是將其納入大清版圖的一種宣示及作為。[150]

體例門類的設計既是修志的前提,也是一部史志裁定取捨及其得失成效的先決條件,聯繫著纂修者匠心獨到的才識卓見與自成經緯的理論依據。研究主體藉由對研究客體所進行的分類,既制約著人們看待特定事物的方式,也規範了我們對於外在世界的認識。而修志者的資治宗旨與才學識見,則直接影響各志書凡例門目的安排與內容論述的取向,並形成各志書門類之中心/邊陲、主流/非主流的價值區分。其中,學校門類提供覽閱者得以掌握臺灣各地興學的時空背景、硬體設施的設置沿革、教育人員的編制情形、官紳教學的理念、科舉制度的運作、員生名額的調整、文教設施的功能及其在臺灣社會文化轉型過程中的角色、文教發展與社會變遷的互動等相關訊息,[151]攸關主政者教化成效與治臺政績,在清代官修臺灣方志的分門別類之中,通常占有中心與主流的位置。

如從學術文化史的角度來考察清代臺灣方志學校門類的知識建構,或有助於我們進一步反思或理解以下的課題:

第一,在這項知識系統中掌握話語權、詮釋權的修志人員所形塑的價值取向,包括現實的呼應與理想的建置,如何與作為論述客體的邊區社會文化產生互動的情形。從中既能看出修志官紳對於臺灣文教發展的見解,也可以洞察臺灣各地從移墾社會轉向文治社會的過程中,反映在學校門類中的變化,及其相對於中國其他地區方志學校門

---

[150] 此種現象,或可呼應近代史學者李國祁先生所提出的「內地化」,或是臺灣史學者尹章義先生所提出的「儒漢化」。參見李國祁,〈清代臺灣社會的轉型〉,收於國立臺灣師範大學歷史學系主編,《認識臺灣歷史論文集》,頁111-148;尹章義,〈臺灣—福建—京師——「科舉社群」對於臺灣開發以及臺灣與大陸關係之影響〉,頁527-583。

[151] 關於方志學校門類的內容作為清代臺灣教育史料的系統分類及其運用,可參見莊金德,《清代臺灣教育史料彙編》(臺中:臺灣省文獻委員會,1963年),3冊。

類的特殊性與差異性。

　　第二，修志官紳採取因時地而制宜的原則來調整志書門類的安排，以呈現清代臺灣移墾社會的文化特質；或於論述中刻意強化臺灣社會趨向「內地化」或「儒漢化」的演變情況與轉化過程，批斥各種與統治者的價值系統扞格不入的人文現象。透過精心設計的方志門類，不僅作為一種書寫體例，亦可成為一種思想文化的武裝工具，隨機對臺灣島域進行收編與鏟除的整頓工作。

　　第三，修志官紳藉由官方意識形態的書寫策略，運用方志門類的知識建構來作為教化的方針，以宣導治臺官員有效統治的政策考量，落實其因勢利導與端風正俗的整治意圖，便能達成大一統帝國同風共俗的資治效用。

　　通觀清代臺灣方志學校門類的知識建構，概有因應現實問題或依附於帝國統治需要而成立的傾向，具體展現出清朝官紳如何運用方志的書寫策略，以傳承及落實帝國的教化理念。此類做法，與許博凱剖析清代修志官紳透過方志書寫來收編臺灣的歷史與空間，進而展演出一套帝國文化的邏輯，[152]頗有異曲同工之妙。透過本篇的研究，期能對清代臺灣方志的知識系統，特別是志書之中分門別類的理論基礎及其論述取向，有更為深刻且整體的理解與掌握。在探索此項知識體系的權力運作與社會現實的互動關係之際，既可建構出一套以特定時區的方志門類作為考察單元的研究模式，亦可提供另一種看待清代臺灣方志書寫內容的學術視界。[153]

　　日本殖民統治時期，在近代西方學術的影響之下，[154]清代臺灣傳

---

[152] 許博凱，〈帝國文化邏輯的展演──清代臺灣方志之空間書寫與地理政治〉（新竹：國立清華大學臺灣文學研究所，2007年）。

[153] 本篇主要聚焦於清代臺灣修志官紳如何建構學校門類的知識系統，掌握他們鋪陳當時臺灣文教發展的概念網絡，因此，文中儘量不以現代的角度來評價該體例門類對於當前臺灣方志編纂的適用性，也鮮少討論學校門類的史料價值及其運用等相關課題。

[154] 關於日本殖民統治時期臺灣方志的編纂成果與體例特點，可參見王世慶，〈日據時期臺灣官撰地方史志的探討〉，《漢學研究》，3卷2期，1985年12月，頁317-348；高志彬，〈臺灣方志之纂修及其體例流變述略〉，頁189-190、196-198。

統志書中的「學校」門類正式轉化爲「教育」篇章的體例，其著述內涵也逐漸從初期新舊學制兼容並蓄的成分，轉向以近代新式學制的建立與教育活動的發展爲主體。再者，由於纂修理論、體裁運用與價值意識的差異，臺日籍修志人員除了針對「教育」的體例運用、撰述方式與論述取向而有所調整，某些時候也對於過往志書中「學校」、「典制」之類的書寫成例提出商榷或批判。關於這個部分，有待後續加以深入探討。

肆

崇德報功與神道設教：
清代臺灣方志祀典門
類的知識建構

一、前言

　　自十七世紀後期以來，臺灣島域各處逐漸被納入大清帝國版圖，不僅成為外來政治者所支配的地理空間，也成為中國方志傳統所收編的文化場域。方志作為一種統治權力的象徵，在書寫策略上首要確定行政範圍的空間位置、山川形勢、沿革概要、聚落分布、田賦餉稅以及各類硬體建置，以明示地方官員施展治理措施的基本藍圖。在此之後，除了透過學校門類以傳達主政者落實國家教化及激勵學風的意念與作為（參見本書第三篇），另以祀典（典秩、典禮）門類來彰顯帝國統治者崇德報功和神道設教的理想與實際，共同構成所謂「自封域、規制至於藝文、雜記，其間典禮之周、學校之設、武備之嚴，與夫山川之險易、戶口之繁衍、賦役之殊科、生番熟番之頑馴強弱不同，人情風俗、土物產貨，按志以稽，如指諸掌」的地方志知識系統。[1]

　　從知識學的脈絡解析清代臺灣方志各門類的體例傳承及其書寫內容，為筆者近年來從事臺灣方志學研究的主要門徑。此種研究思路主要得力於西方學者孔恩（Thomas S. Kuhn, 1922～1996）的科學典範論以及傅柯（Michel Foucault, 1926～1984）的知識／權力論。[2]本文擬持續從修志理念與知識分類的角度，來考察祀典（典秩、典禮）門類在清代臺灣方志系統中成立的理論基礎、論述取向與呈現風貌。

　　過往學界關於清代臺灣方志祀典門類的研究，如張崑振考究清代臺灣方志所載官祀建築的類型緣由、祭祀對象及其時代意義，主要是透過方志史料來建構相關的歷史事實與文化現象。[3]賴恆毅引據清

---

[1]　范咸等，《重修臺灣府志》（臺北：臺灣銀行，1961年），明福序，頁5-6。

[2]　Thomas S. Kuhn, *The Structure of Scientific Revolutions,* 2nd ed. (Chicago: The University of Chicago Press, 1970). Michel Foucault, *Power/Knowledge: Selected Interviews and Other Writings 1972-1977,* edited and translated by Colin Gordon (Brighton: The Harvester Press, 1980).

[3]　張崑振，〈清代臺灣方志所載官祀建築之時代意義〉，《臺灣文獻》，56卷2期，2005年6月，頁1-22。

代臺灣方志典禮、祀典門類關於清代各項禮制的紀錄，從中分析帝國統治者將儀典的空間建構、教化秩序與道統意識置入臺灣社會的意向。[4]至於將方志的分門別類視爲不同的知識範疇所從事的專題研究，如林開世以《噶瑪蘭廳志》爲例，探究方志的知識策略及其政治文化效果，檢視該書各卷門類的內容特質與撰述意圖，針對卷三〈禮制〉、〈祀典〉與〈風教〉的分析，指出其內文多是引述《大清通禮》、《大清會典》、《學政全書》等官書的規定，以此「作爲未來實施的根據或者理想」，並比較三者之間收錄內容的差異性。[5]趙俊祥考察清代臺灣方志之古蹟文本的歷史脈絡與時代意義，連帶也論及官民信仰建築壇廟、祠宇、寺觀、寺廟等所在門類位置的差異，和其反映修志文人秉持儒教正祀觀念對於民間信仰所產生的偏見。[6]許博凱於〈帝國文化邏輯的展演──清代臺灣方志之空間書寫與地理政治〉中剖析清代修志官紳如何透過方志書寫來收編臺灣的歷史與空間，進而展演出一套帝國文化的邏輯。該文第三章第二節聚焦於清代臺灣方志的祀典書寫，如何反映出修志官紳對於祀典傳統和其相關資源的認知，以及清帝國嘗試將儒學禮教秩序置入地方社會的意圖。[7]

　　在前舉先行研究的論述基礎上，本文擬以祀典門類作爲專題分析的對象，根據清代臺灣各府、縣、廳志之祀典（典秩、典禮）門類的凡例綱目與書寫內涵，從知識建構與政治教化的層面，來考察祀典門類在清代臺灣方志系統中的編纂形式和呈現方式，剖析其間官方支配性的意識形態與價值理念如何展現於各志書分門別類的書寫脈絡

---

[4]　賴恆毅，《清代臺灣地理空間書寫之文化詮釋》（臺北：稻鄉出版社，2014年），頁138-157。

[5]　林開世，〈方志的呈現與再現──以《噶瑪蘭廳志》爲例〉，《新史學》，18卷2期，2007年6月，頁34、38-40。

[6]　趙俊祥，〈臺灣古蹟的歷史形成過程──以清代志書「古蹟」爲探討〉（桃園：國立中央大學歷史研究所碩士論文，2003年），頁99、157-164、220-225。

[7]　許博凱，〈帝國文化邏輯的展演──清代臺灣方志之空間書寫與地理政治〉（新竹：國立清華大學臺灣文學研究所，2007年），頁71-78。

中。全文首先從歷史文化的角度，回溯中國傳統方志之祀典門類的學
術淵源；其次依序從撰述旨趣、體例門目、論述取向等層面，解析清
代臺灣方志祀典門類的知識架構。

二、祀典門類的淵源

> 「國之大事在祀，致力於神，垂諸往訓，惟是聖人，教
> 澤無窮。故禮行於文廟，特稱隆重；其在群神之享，要
> 皆為民請命也。……祀必以時，明德薦馨，非神之所式
> 憑歟？」[8]

　　自宋代以降，中國傳統「方志」的編纂取向，逐漸轉換先前偏重
於地理內涵的圖經、圖志形式，發展成史地並重且專記地方行政區域
之史事沿革及人物風俗的方志書體。[9]而在圖經、圖志傳統的門目設
計之中，緣自於統治者對於國家官祀正統、崇德報功與黜邪輔正理念
的重視，祠廟或是祠祀之類的門目作為史著書寫的體例，也被放入傳
統方志門類的知識系統之中，成為一套相沿成習的慣例。
　　祀典或典禮門類在地方志書中的成立，其前身應與祠廟或祠祀
門類有相當密切的關聯性。祠廟門類先已出現於唐宋時期的圖經專
著，而在南宋時期問世的方志亦可見其端倪。[10]如南宋名儒范成大

8　蔣廷銓纂修，《上杭縣志》，收於國家圖書館分館編，《清代孤本方志選（第一輯）》（北
　　京：線裝書局，2001年據清康熙26年刻本影印），頁289。

9　高志彬，〈臺灣方志之纂修及其體例流變述略〉，《臺灣文獻》，49卷3期，1998年9月，頁
　　187-188；王德恆，《中國方志學》（鄭州：大象出版社，1997年），頁98-100；林天蔚，
　　《地方文獻研究與分論》（北京：北京圖書館出版社，2006年），頁14-21。

10　倉修良，《方志學通論（增訂本）》（上海：華東師範大學出版社，2013年），頁184-
　　211。

（1126～1193）纂修《（紹熙）吳郡志》（1192）三十八門之中，於卷十二至十三專列〈祠廟〉。[11]謝公應、邊實纂修《（咸淳）玉峰續志》（1272）亦專列祠廟。[12]方萬里、羅濬纂《（寶慶）四明志》（1227）卷十一〈敘祠〉列神廟、宮觀、寺院等類目，其序言中指出該卷理應表彰的對象與取材的原則，傳承《禮記·祭法》中「法施於民則祀之，以死勤事則祀之，以勞定國則祀之，能禦大災則祀之，能捍大患則祀之」的正祀標準，在標舉「聖人之制，祭祀也」的前提之下，對於民俗崇信佛道和奉祀祖祠的心態頗有微詞：「後世俗或因其所畏，慕釋老氏，各奉其所祖祠宇，繁矣！推建置之意，而反其忠信誠愨之心，其可乎？」[13]

　　類似的纂修意旨，如南宋楊潛等《（紹熙）雲間志》（1193）卷中〈祠廟〉之序言云：「邑之廟祀不一，其尤昭著者，國之功臣，邑之先哲，或死於民社之寄，與夫山川、林谷、丘陵之能出雲爲風雨者，亦當矣。」[14]項公澤等《（淳祐）玉峰志》（1251）卷下〈祠廟〉之序言亦云：「有功德於則當祀之，而有禱輒應，能福一方者，雖爵號未正，而血食滋久，……不敢不載。」[15]後世地方志書中祠廟門類之作，大抵不脫如斯初衷。此外，如馬光祖、周應合纂修《（景定）建康志》（1261）卷四十四至四十六專列〈祠祀志〉，記古郊廟、社稷、祠廟、宮觀、寺院等項目。由於建康（今江蘇南京）爲宋室南遷之後中央首都所在地，故其中除了祠廟類目之外，更增添與國家行政最高階序之祠祀機制的相關類目。也因此，該志題序中說明祠祀志的內容要點，亦宣揚一種「偏安」政權所標榜的正統意涵云：

11　中華書局編輯部編，《宋元方志叢刊》（北京：中華書局，1990年），第1冊，頁713-720。
12　中華書局編輯部編，《宋元方志叢刊》，第1冊，頁1108-1109。
13　中華書局編輯部編，《宋元方志叢刊》，第5冊，頁5127。
14　中華書局編輯部編，《宋元方志叢刊》，第1冊，頁28。
15　中華書局編輯部編，《宋元方志叢刊》，第1冊，頁1088。

> 功德之祀，著於禮經，神示之居，掌於宗伯，詎可忽。
> 諸建康山川之靈甲於東南，由古以來，郊社於此者，皆
> 興君；廟食其閒者，多忠臣。若琳宮梵宇，又多僊士高
> 僧之跡，見於古今名流之所記詠者，亙不誣也，因而書
> 之，是亦社稷宗廟，罔不祇肅山川，鬼神亦莫不寧之，
> 意祠祀志所以作也。諸不在祀典，非有賜額者不書。[16]

　　文中所謂「諸不在祀典，非有賜額者不書」，也就是未經朝廷賜
予封號或題額認證而列於祀典者，即不編入祠祀志，顯示該門類選材
立論的基本原則。[17]而這項原則，即為後世方志祠祀、祀典門類的內
容書寫所依循的主要規範。

　　到了元代的地方志書，仍舊傳承宋代以來祠廟、祠祀門類的體
例安排與設計理念。如史能之纂修《（咸淳）毗陵志》（1268）卷
十四〈祠廟〉列社稷壇（風雨壇附）、諸廟等類目，概以「社稷，
生民之本也。故郡國首重嚴事外，是則表厲風俗，捍禦災害，其得

---

[16] 中華書局編輯部編，《宋元方志叢刊》，第2冊，頁1797。類似的體例設計與纂修理念，另可參見潛說友纂修《（咸淳）臨安志》（1268）卷3〈行在所錄‧郊廟〉列郊丘、明堂、太廟、景靈宮、齋宮、太社太稷壇、九宮貴神壇、藉田先農壇、高禖壇、海神壇等目，於卷71至74〈志‧祠祀〉列土神、山川諸祠、節義、仕賢、寓賢、古神祠、土俗諸祠、東京舊祠、外郡行祠、諸縣神祠等目。中華書局編輯部編，《宋元方志叢刊》，第4冊，頁3372-3379、3994-4026。

[17] 廟額賜封制度始於唐代，至宋代成為判別祠廟為正信或淫祠的主要標準；朝廷亦隨機運用封號、賜額而得以編入國家祀典的政策，來有效地操控、禁抑或吸收地方祠廟與民間信仰。參見Valerie Hansen, *Changing Gods in Medieval China, 1127-1276*（Princeton: Princeton University Press, 1990），pp. 79-104；沈宗憲，〈國家祀典與左道妖異——宋代信仰與政治關係之研究〉（臺北：國立臺灣師範大學歷史研究所博士論文，2000年）；皮慶生，《宋代民眾祠神信仰研究》（上海：上海古籍出版社，2008年），頁272-317；黃純怡，〈國家政策與左道禁令——宋代政府對民間宗教的控制〉，《興大歷史學報》，第16期，2005年6月，頁171-198；金相範，〈宋代祠廟政策的變化與地域社會——以福州地域為中心〉，《臺灣師大歷史學報》，第46期，2011年12月，頁141-168。

廟祀茲土也，亦宜」。[18]單慶等纂修《（至元）嘉禾志》（1288）卷十二列祠廟，與宮觀類目並列。[19]馮福京等《（大德）昌國州圖志》（1298）卷七〈敘祠〉列寺院、宮觀、廟宇，其序言扼要地點出祠祀志成立的要旨云：「明有禮樂，幽有鬼神，尚矣。故五等諸侯，皆得配境內山川之神，此祠祀之所由作也。」[20]又如馬澤、袁桷等纂修《（延祐）四明志》（1320）卷十五〈祠祀考〉列社稷壇、城隍、本路在城神廟、鄞縣神廟、奉化州神廟、昌國州神廟、慈溪縣神廟、定海縣神廟、象山縣神廟。編纂者於序言中強調祠祀之作的現實考量云：「祭法立五祀，謂法施於民、死勤事、勞定國、禦大災、捍大患，則祀之。繇是祠祀日繁，自無而有，神之情也。故神無形而有用，事神之說，盡是矣。」[21]王元恭等《（至正）四明續志》（1342）卷十〈祠祀〉分列社稷、城隍、神廟等目，其序言亦揭櫫該門類所重祭法祀典的禮教所本。[22]

　　有明一代，地方修志蔚成風氣，成志質量粲然可觀，纂修理論益為深入，凡例訂立漸獲重視，國家力量亦積極地介入方志編纂的形式與內容。[23]明成祖永樂十年（1412），頒訂〈修志凡例〉十七則，通令各省遵依，以求統一規格，提升志書品質。其中即有針對「祠廟」的內容、取材及格式等纂修規定。[24]永樂十六年（1418），新頒〈纂修志書凡例〉二十一則，針對先前〈修志凡例〉加以修訂調整，其中一則提到：「祠廟，如文廟詳錄其創建、祭器、樂器、碑

18　中華書局編輯部編，《宋元方志叢刊》，第3冊，頁3071-3079。
19　中華書局編輯部編，《宋元方志叢刊》，第5冊，頁4491-4498。
20　中華書局編輯部編，《宋元方志叢刊》，第6冊，頁6098-6106。
21　中華書局編輯部編，《宋元方志叢刊》，第6冊，頁6347-6360。
22　中華書局編輯部編，《宋元方志叢刊》，第7冊，頁6561-6569。
23　王德恆，《中國方志學》，頁70、106-113；倉修良，《方志學通論（增訂本）》，頁223-243。
24　馬楚堅，〈略論明人之修志主張〉，收於國立中興大學歷史學系主編，《第三屆史學史國際研討會論文集》（臺中：青峰出版社，1991年），頁422-423、432-434。

記，悉錄無遺。其他祠廟，亦敘創建，因何而立。封敕、制誥、碑記之類，並收錄之。」[25]自此而後，各省府州縣修志多遵循這項凡例規範；[26]從全國總志《一統志》到各省通志以及府、州、縣級地方志書的綱目架構專列祠廟或是祠祀、祀典門類，也逐漸成為慣例。而在內容書寫上，概以其建置地點、歷史沿革、祭祀神祇與相關祭儀概況為主體。

　　茲以明代前期福建地區方志為例，如《（弘治）將樂縣志》卷六列壇壝、祠廟、宮室等目，纂修者於壇壝類目的序言中，即標榜一種事神為民且歸本於儒學禮教的統治理念云：

> 凡仕於國家者，不外乎治民事神，分而言之，雖有二，合而言之，事神皆所以為民也。……是祀社稷，以其能生五穀焉；祀風雲雷雨山川，以其能潤澤萬物，而財用所自出焉；祀城隍，以其有保障捍禦之功焉，此皆所以為民也。至於邑厲之祭，《左傳》謂鬼有所歸，乃為不厲；其無所歸，或為人害，故祀之，則亦焉徃而非為民者哉！然是數者，雖皆為民而立，而其要則以一誠為本。我國家制祭祀之禮，……無非所以立吾誠而已。先儒謂有其誠則有其神，此之謂歟。[27]

　　至於在該卷〈祠廟〉類目的序言中，則強調修志者應謹記太祖高皇帝端正天下祀典制度的用意，力辟自元代以來地方上各類非所祭

---

[25] 吳宗器纂修，楊鵷增修，《莘縣志》，收於《天一閣藏明代方志選刊》（臺北：新文豐出版公司，1985年據明正德原刻、嘉靖增刻本影印），頁723。

[26] 馬楚堅，〈略論明人之修志主張〉，頁433-447。

[27] 引見何士麟修，李敏纂，《將樂縣志》，收於《天一閣藏明代方志選刊續編》（上海：上海書店，1990年據明弘治刊本影印），頁259-260。

而祭之、不當祀而祀之的「胡化」淫祠，以達成驅邪崇正的目的。[28]
此種訴求，特別是歸諸明初制定國家祀典制度、明定祭祀規範並意圖
排擠或查禁民間神祠淫祀的傾向，甚至於界隔出正祀／淫祠的分類規
準，在後來的明代方志之中屢見不鮮。[29]以上所述，明確地表達出地
方志書立祠祀門目的撰述初衷，以及何者得以寫入的選材標準。另外
值得注意的是，有別於宋元時期方志中祠廟和寺觀通常置於同卷或前
後門類的做法，該志書則將寺觀放入卷九，與古蹟、丘墓、祥異等類
目並列，與祠廟門類的位置有所差距，其間隱約也透露出一種儒者官
紳對於「非吾儒之道」且帶有惑世誣民色彩的佛道信仰所抱持的價值
意識。[30]

　　通觀明代前期以降的福建地區方志，祠廟與寺觀之間的關係大致
產生了兩種模式，一是維持兩者並列同卷的做法，如《（嘉靖）汀
州府志》將祠廟與樓臺、寺觀同置於卷九，但仍不忘宣稱若乃緇黃
（僧道）之廬，「雖非正道，蔓延古昔，又非一日，亦姑存之，尚俟
繼昌黎而出者矣」。字裡行間，夾帶著一種基於儒者辟佛黜道的立
場所呈現的負面觀感。[31]一是祠廟與寺觀在方志門類的安排上漸行漸
遠，此舉在後來明清時期的方志中益形普遍，甚至於將佛道寺觀編入
志書之末雜事、雜記或外志門類的情況也愈趨明顯。整體上，與明初
洪武改制以來基於朱子學的禮教立場進而批判民間信仰與否定佛、道

28　何士麟修，李敏纂，《將樂縣志》，頁265-266。

29　關於明太祖朱元璋整理與確定祀典制度的用意、做法與影響，可參見濱島敦俊，《總管信
　　仰：近世江南農村社會と民間信仰》（東京：研文出版，2001年），第4章，〈明朝の祭祀
　　政策と鄉村社會〉，頁114-142；小島毅，《中國近世における　の言說》（東京：東京大
　　學出版會，1996年），第6章，〈洪武改制と明代の地方志〉，頁107-129。

30　何士麟修，李敏纂，《將樂縣志》，頁356-358。

31　邵有道修，何雲等編，《汀州府志》，收於《天一閣藏明代方志選刊續編》，頁449-450。
　　類似的意向，另可參見閔文振纂修，《（嘉靖）寧德縣志》，收於《天一閣藏明代方志選刊
　　續編》，頁788-789。

教的官方祭祀政策是一致的。[32]

　　另一方面，在明代中後期的地方志書中，與祀典門類近似但以禮儀為名的門類逐漸出現，其用意主要在於尊崇國家禮教倫理以資地方輔政。如《（嘉靖）清流縣志》卷五〈禮儀〉之序言所謂：「禮所以辨上下、定民志，政莫大焉。……我朝洪武禮制頒於郡縣，行於臣民。斯禮也，尊尊也，親親也，賢賢也，靡不備具，實治道之所關也。爰列時典，用昭盛制云。」[33]《（嘉靖）漳平縣志》卷七專列〈禮儀〉，內含開讀、慶賀、救護、祭祀、厲祭、鞭春、鄉飲、行香等目。纂修者於該卷敘言中亦強調禮制規範有助於資政輔治，故為方志編纂所重云：

> 今通行之制，尊王也，報本也，導風也，所以為禮也。茲邑例行之典，一遵洪武禮制，人少意專，沿習之成，亦見人文之宣著；數陳義隱，周旋之外，當悟天理之流行，於此有啓發之機焉。故雖天下同文，不可無誌。[34]

　　禮儀或與祠廟、壇壝類目並列，如前舉《（嘉靖）清流縣志》；或與祠廟、壇社分屬不同門類，如前舉《（嘉靖）漳平縣志》。再者，結合禮儀與祠廟（祠祀）內含的祀典門類，也在明代後期逐漸取代先前志書中以祠廟（祠祀）為名的門目設計，甚至於將祠廟（祠祀）收編為祀典門的類目。如《（正德）順昌縣志》於〈凡例〉中宣稱：「祀典者，事神之道也，明乎此，治人其如視諸掌乎」；而於卷二專列〈祀典〉，內含壇壝、祠廟。該卷序言中宣稱崇德報功、光

32　濱島敦俊，《總管信仰：近世江南農村社會と民間信仰》，頁113。

33　陳桂芳編，《清流縣志》，收於《天一閣藏明代方志選刊續編》，頁171-172。

34　曾汝檀修，朱召纂，《漳平縣志》，收於《天一閣藏明代方志選刊續編》，頁1097-1106。

前啟後俾求率民以道的用意。[35]與此同時，纂修者秉持「釋老二教之無益於人國、無補於生民也，儒先論之已詳」、「仙釋之事，非吾儒所當道」的意念，而將寺觀（仙釋附）置於卷八，與物產、祥異並列，[36]其相對於祀典門類的邊陲性，如斯可見一斑。此外，《（萬曆）福寧州志》卷四〈祀典志〉列文廟、壇壝、祠廟，祠廟亦為祀典門的類目之一。其序言表達出纂修者心目中輕重主從與抉擇去取的標準，也說明了文廟、壇壝祀典與祠廟並立的理論依據云：

> 文廟、壇壝之祀，與天地並，弗可易也。孔子曰：吾於
> 甘棠而得宗廟之敬也，夫以一命之吏民祠之，又與文
> 廟、壇壝並典，顧弗重歟。惟是占仕籍者，功德在民，
> 尸祝固宜也。自非然者，令當宋文正能無忝其碑乎。若
> 夫為民捍災，布利如一二神祠，有其舉之，亦不廢也。
> 志祀典。[37]

有清一代，延續明代的修志風氣，數量更加提升，增修次數相對頻繁，體例內容愈形完備，編纂理論益為詳審，堪為傳統中國地方修志事業的極盛期。[38]在撰述旨趣與編纂體例方面，一概重視輔治的功能、教化的作用與徵實的原則，載錄各項崇德報功之祠廟、祀典或典禮設施的沿革損益。不僅《一統志》中列有祠廟門目，[39]諸如祀典、

35　馬性魯修，《順昌縣志》，收於《天一閣藏明代方志選刊續編》，頁694、785-788。

36　馬性魯修，《順昌縣志》，頁1061-1072。

37　殷之輅、朱梅等纂修，《福寧州志》（北京：書目文獻出版社，1990年據日本尊經閣文庫藏明萬曆44年刻本影印），頁65-72。同樣地，寺觀亦被放入該志書卷15〈雜事志上〉，與宅墓、古蹟、仙梵等類目並列（頁385-403）。

38　來新夏，《中國地方志》（臺北：臺灣商務印書館，1995年），頁73-85；倉修良，《方志學通論（增訂本）》，頁244-262。

39　國立中央圖書館臺灣分館特藏資料編纂委員會編，《臺灣文獻書目解題‧第一種方志類（一）》（臺北：國立中央圖書館臺灣分館，1987年），頁10-13。

秩禮、典禮、禮儀之類的門目，同樣也通行於省、府、州、廳、縣等
各級地方行政區域志書。而在體例設計上，大多趨向於結合國朝禮
制、文廟儀禮、壇壝典秩與祠廟祭祀的形式和內容。

　　茲以清代康熙時期福建地區方志為例，專列祀典門的志書，如
《建寧縣志》卷六〈祀典志〉，內含「與政通一」的丁祭、壇祀、
祠饗等目。[40]《福清縣志》卷四〈祀典〉，內含壇壝、廟祠兩類目，
前者記社稷壇、風雲雷雨山川壇、厲壇，後者記「廟食茲土，祀典
紀焉，若生而有功於名，死則民思而祀之，不忘之也」等地方諸廟
祠。[41]《歸化縣志》卷五〈祀典〉，內含文廟、壇壝並附各祠廟。就
該卷序言所述，可見修志官紳將之並列同卷的構思所在：

> 國家大典，莫重於祭。先師德配天地，道冠古今，二祭
> 薦馨，萬冊然。誕生至聖，義隆報本，禮並重也。諸如
> 配饗從祀，均有羽翼之功；名宦鄉賢，又多風化之力，
> 以及壇壝各祠，沛澤攸弘，忠孝節烈，流芳不朽，皆得
> 以饗其祀焉。作祀典誌。[42]

　　專列典秩門的志書，如《上杭縣志》卷四〈典秩志〉，除了祀
禮、壇壝、祠廟等目，另將學制（社學附）列為首目。[43]編纂者特於
〈凡例〉中說明其間的考量云：「舊志不以文廟混列祠廟中，崇聖道
也。今統諸典秩，則祠廟有當並載者，然特以文廟為尊，凡事關學

---

[40] 周憬、陳于逵修，陳恂纂，《建寧縣志》，收於國家圖書館分館編，《清代孤本方志選（第
　　二輯）》（北京：線裝書局，2001年據清康熙11年刻本影印），頁279-292。

[41] 李傳甲修，郭文祥纂，《福清縣志》，收於國家圖書館分館編，《清代孤本方志選（第二
　　輯）》（北京：線裝書局，2001年據清康熙11年刻本影印），頁347-356。

[42] 湯傳　等纂修，《歸化縣志》，收於國家圖書館分館編，《清代孤本方志選（第一輯）》
　　（北京：線裝書局，2001年據清康熙37年刻本影印），頁175-189。

[43] 蔣廷銓纂修，《上杭縣志》，頁289-332。

宮，悉覈明詳紀，用垂久遠。」[44]

　　專列典禮門的志書，如《永春縣志》卷六〈典禮志〉內含聖祭、祭祀、規儀，其卷頭小引道出典禮志的重要性云：「國之大事在祀，凡以爲民也，祀先聖以教民也，祀神祇以庇民也，故先王重之，推極祭義咸秩，無文祀秩，而後神人通、教化洽、百姓寧。」至於寺巖一目（含境內各廟、寺、祠、觀、庵、巖、堂、宮、室等）則如明代後期地方志書常見的門類運用方式，將之歸入「事無繫屬，言無統紀」的卷十〈雜志〉中，與古蹟、丘墓、祥異、僊釋等類目並列。[45]《長泰縣志》卷五〈典禮志〉，專記「先王以辨上下、和神人」的祀典、儀禮、射儀等目；另將壇廟、寺院置於卷二〈建置志〉，將巖刹、祠宇置於卷十〈雜志〉。[46]

　　專列秩禮門的志書，如《僊遊縣志》之〈凡例〉中揭櫫「治國莫重於禮，補入秩禮，重國本也」的意旨，於卷五〈秩禮志〉記慶賀禮、開讀禮、救護禮、鞭春禮、上任禮、祀文廟、社稷壇、風雲雷雨山川壇、邑厲壇、城隍廟、鄉飲酒禮。[47]《光澤縣志》卷三〈秩禮志〉內含先師、啓聖、名宦、鄉賢、社稷、山川（城隍附）、邑厲、土地、慶賀、鞭春、開讀、救護、上任、鄉飲、習射等子目，另將壇廟歸入卷二〈建置志〉，與城池、公署、學校、武署、驛舖、坊表、津梁等輔治色彩濃厚的主流類目並列；寺觀（庵院附）則歸入附卷〈雜事志〉，與古蹟、丘墓、方技、祥異、叢談等相對邊陲的類目

44　蔣廷銓纂修，《上杭縣志》，頁82。

45　鄭功勳修，宋祖墀纂，《永春縣志》，收於國家圖書館分館編，《清代孤本方志選（第一輯）》（北京：線裝書局，2001年據清康熙23年刻本影印），頁437-463、747-767。

46　王珏修，葉先登等纂，《長泰縣志》，收於國家圖書館分館編，《清代孤本方志選（第一輯）》（北京：線裝書局，2001年據清康熙26年刻本影印），頁96-105、225-236、706-707。

47　盧學儔、郭彥俊修纂，《僊遊縣志》，收於國家圖書館分館編，《清代孤本方志選（第一輯）》（北京：線裝書局，2001年據清康熙19年刻本影印），頁42、143-146。

並列。[48]前述類目的安排模式，在清代臺灣方志中亦可看到相類似的做法。

此外，如《大田縣志》卷五列祀典，與學校、卹政、兵防等目並列。[49]《清流縣志》將禮儀與學校同列於卷三，另於卷四列壇壝、廟祠。[50]

不論是單獨為門，或為細目而與其他類目並列，清初福建地區方志祀典、典禮門類的體例格式，亦出現於同時期的臺灣各府、縣志書。除了崇德報功與神道設教的初衷之外，亦有藉以黜邪輔正、勸俗興治的目的。關於這一點，康熙朝《僊遊縣志》之〈凡例〉中即明白表示：「神社、佛庵載在宋志甚多，明弘治志暨以淫祠削之，今遵其所削，而錄其有功德於民者，依祭法正祀典也。」[51]中國傳統方志祀典（典秩、典禮）門類的修纂旨趣與撰述成例，也由清代臺灣修志官紳所承襲，成為這段時期臺灣方志相沿一貫的書寫傳統。

三、撰述旨趣的解讀

「傳曰：國之大事，在祀與戎。自天子命祀而外，下至於州縣，凡有守土之責者，莫不竭虔盡敬，率乃典常，以修歲祀，孔惠孔時，罔或忒焉。禮曰：祭則福。蓋言祭而誠則受厥福也。又曰：淫祀無福。若濫祭則亦何福

48　金鳴鳳等纂，《光澤縣志》，收於國家圖書館分館編，《清代孤本方志選（第一輯）》（北京：線裝書局，2001年據清康熙33年增修本影印），頁117-170、345-368、649-682。

49　葉振甲修，周世卜續修，《大田縣志》，收於國家圖書館分館編，《清代孤本方志選（第二輯）》（北京：線裝書局，2001年據清康熙32年增刻本影印），頁289-313。

50　王士俊修，王霖纂，《清流縣志》，收於國家圖書館分館編，《清代孤本方志選（第二輯）》（北京：線裝書局，2001年據清康熙41年刻本影印），頁305-418。

51　盧學傳、郭彥俊修纂，《僊遊縣志》，頁44。

之有？」[52]

　　清康熙二十二年（1683）春，帝國朝廷通令全國各地纂輯志書，以備一統志編修之文獻取材，各直省及府州廳縣主政官員紛紛投入修志事業。[53]次年（1684）四月，清朝政府正式將臺灣劃入帝國行政版圖，設置臺灣府暨諸羅、鳳山、臺灣三縣。由於「臺灣既入版圖，例得附載」，[54]首任臺灣知府蔣毓英奉命纂輯臺志，經由他所主修的《臺灣府志》一書，首開清代官修臺灣志書的紀錄，並為後繼的臺灣修志事業所承續。[55]該書於卷七首列〈祀典〉，其後有〈戶口〉、〈田土〉、〈賦稅〉等目。此後，在各官修臺志中所專列的祀典、典秩或典禮門類，不論是獨立成門，或是與其他類目並列，皆成為修志官紳標榜皇清正統理念與傳承儒學禮教思想的學術場域，其撰述旨趣概要地表現在敬天祀神以展典制、崇德報功以廣教化、神道設教以禮化俗等環節上。

㈠敬天祀神以展典制

　　「國之大事，在祀與戎」，傳統中國帝王的祭祀活動代表王權與神權的緊密結合，由於茲事體大，統治階層因而非常重視祭典內容的各項規範，形成了國家合法正祀的傳承。據學者王健文的研究，自秦漢大一統帝國建立之初，即建構出「崇明祀、禁淫祠」的祀典制度，以規範郊祀宗廟祭祀並整頓地方巫鬼風俗，完成了天地鬼神崇拜與現實世界倫理秩序的重整，從統一信仰的基礎作為帝國行政的輔

52　胡建偉等，《澎湖紀略》（臺北：臺灣銀行，1961年），卷2，〈地理紀‧廟祀〉，頁36。
53　國立中央圖書館臺灣分館特藏資料編纂委員會編，《臺灣文獻書目解題‧第一種方志類（一）》，頁3、10、25-26、185-186。
54　李麒光，〈臺灣志序〉，引見蔣毓英等，《臺灣府志》（南投：臺灣省文獻委員會，1993年），頁138。
55　陳捷先，《清代臺灣方志研究》（臺北：臺灣學生書局，1996年），頁15-21。

助。[56]伴隨著帝制中國的歷史進展，祀典體系的理念與實務也不斷地依循統治的需求而進行調整，適時地發揮其輔佐國家政務暨擴張文化版圖的效能。

十七世紀後期，臺灣正式被納入大清帝國版圖，對於清初蒞臺的地方官員而言，如何讓原本「遠在荒陬，古聲教所不及」的臺灣蛻變成「海外之中華」，無非是他們施政的重要目標之一。若能「學校祀典，秩然以舉；人物藝文，蔚然以興」，自然可以「壯皇圖而光史冊」，成為他們任內的光榮政績。[57]而國家祠祀典制的建置與遵循，正彰顯大清正統皇權在這處海天孤島上的樹立，並具有端正邊區社會人文秩序的教化意涵。透過各類祀典祭儀的展演，當可遂行傳統中華帝國從中央落實到地方之「治教合一」的統治原則。[58]如康熙中後期高拱乾等《臺灣府志》、周元文等《重修臺灣府志》卷六〈典秩志〉序言所云：

> 國之大事，展祀為先。今聖天子躬行釋奠，綴兆加殊等焉；為民祝釐，珪幣增異數焉。臺雖越在海徼，生值禮明、樂備之世，每亦泮壁有光儀、山川無廢職；以及明農先嗇、禦患捍災，陰有其神而陽崇其報乎！是用諏日無敢後時。[59]

56 王健文，〈整齊鄉俗與鬼神世界的統一：帝制中國初期的信仰秩序〉，《成大歷史學報》，第39號，2010年12月，頁1-40。

57 陳文達等，《臺灣縣志》（臺北：臺灣銀行，1961年），施世驃序，頁1。

58 關於傳統中國「治教合一」的理論與實務，以及祀典制度與現實政權的互倚關係，參見黃進興，《優入聖域：權力、信仰與正當性》（臺北：允晨文化實業公司，1994年），頁87-216。

59 高拱乾等，《臺灣府志》（臺北：臺灣銀行，1960年），卷6，頁163。周元文等，《重修臺灣府志》（臺北：臺灣銀行，1960年），卷6，頁211。

此種理念屢見於清代前期的臺灣方志。康熙五十六年（1717）刊陳夢林等《諸羅縣志》之〈凡例〉中指出祀典與學校、賦役、選舉同為「經國大猷」，強調纂修者詳加記錄的必要性。[60]康熙五十九年（1720）刊陳文達等《鳳山縣志》之〈凡例〉中亦宣稱祀典為經國大謨，「今天下車書統一，九州之內奉為憲章，罔有或殊。邑治為新造之邦，苟有缺略，無以昭聖天子崇文之治；故特編為一卷，志之必詳，使荒徼人士咸仰而遵行之」。[61]文中揭示主政者應給予海疆新天地明確的典禮規範，以使過往未受皇朝德化的臺地百姓得以循規蹈矩，進而開啓文明的境界。類似的主張，可見於同時期陳文達等《臺灣縣志》卷六〈典禮志〉序言所云：

> 朝廷以辨尊卑，享祀以昭誠敬。至於飲射類禡、秋報春祈，臺雖海邦，厥有常典。故勿謂帝京萬里也，瞻龍亭而天威不遠；毋曰聖道彌濬也，溯婆水而淵源可尋。[62]

祀典門類於清代臺灣官修志書中的呈現，也讓地方官員任內得依循典章，以便於「國之大事，在祀與戎」的相關行事；再加上臺灣初入大清版圖的時代背景與禮教未彰的現實情況，促使治臺官員擬透過官方祀典儀禮的展演事宜，進一步發揮其振興禮教以及端風正俗的社會功能，作為任職臺疆的重要治績，此為修志官紳用心致力的重點所在。

同樣地，乾隆七年（1742）刊劉良璧等《重修福建臺灣府志》於〈凡例〉中以「典禮」前志未詳，「茲集禮文、禮器及樂章，悉本《會典》內釐定成式，駸駸乎祀事孔明矣」。[63]乾隆二十九年

---

[60] 陳夢林等，《諸羅縣志》（臺北：臺灣銀行，1962年），〈凡例〉，頁7。
[61] 陳文達等，《鳳山縣志》（臺北：臺灣銀行，1961年），〈凡例〉，頁15。
[62] 陳文達等，《臺灣縣志》（臺北：臺灣銀行，1961年），卷6，頁151。
[63] 劉良璧等，《重修福建臺灣府志》（臺北：臺灣銀行，1961年），〈凡例〉，頁25。

（1764）刊王瑛曾等《重修鳳山縣志》之〈凡例〉中強調，各郡縣志典禮與學校、選舉、職官等門類一般，「雖經國大猷，實天下通制」。纂修者顧及海外鮮藏書之家，而縉紳士大夫亦不知顧名思義，「茲逐項薈萃，尋源究委，以討故實；俾邊海士人知歷代沿革之不同，識國朝損益之盡善耳」。[64]

嘉慶中期，噶瑪蘭地區官府設治開闢之初，地方官員即主張應建造壇廟以妥神靈，「查開闢地方，凡祀典應祀神明，皆應建廟供奉以光典禮，俾小民祈報，亦得藉抒誠敬」。[65]在咸豐二年（1852）刊陳淑均等《噶瑪蘭廳志》卷三上〈禮制〉序言中指出：「禮，經國家、定社稷；措之則正，施之則行。雖因時制宜，惟民從乂；而惇典秩敘，自我有庸。凡朝廷勒為典章，頒為令甲，遵而守之，率而行之。」[66]到了清代後期，如同治十年（1871）刊陳培桂等《淡水廳志》卷六〈典禮志〉序言中秉持「禮，所以經國家，定民志」的前提，強調淡水廳相對於臺地其他縣域而言開闢未久，故將所有奉行儀注依據《大清會典》錄要於篇，此舉當有助於「凡守土之官，必循朝廷典章，敬謹將事；而後山川社稷感召和甘，田園穀蔬歲登大有，以至疫癘不興、閭閻安業，皆惇庸秩敘之故也」。[67]祀典項目於方志中的展示，讓地方官員遵照敬天祀神的帝國禮制，在海天島域中建立起理想性的禮教社會，並為地方百姓謀取神明福佑以求保境安寧的效驗。我們從光緒二十年（1894）沈茂蔭等《苗栗縣志》卷十〈典禮志〉的序言中，亦可洞察如此用心：

　　《禮》有云：「禮者，天之經也、地之義也、國之幹

64　王瑛曾等，《重修鳳山縣志》（臺北：臺灣銀行，1962年），〈凡例〉，頁8。

65　柯培元等，《噶瑪蘭志略》（臺北：臺灣銀行，1961年），卷13，頁137。

66　陳淑均等，《噶瑪蘭廳志》，卷3上，頁91。

67　陳培桂等著，詹雅能點校，《淡水廳志》（臺北：行政院文化建設委員會，2006年），卷6，頁229。

也、政之與也」；又曰：「安上治民，莫善於禮」：是
禮之為義大矣哉！故凡守土之官，皆當循朝廷典禮，奉
行不怠。敬天祀神，必本乎天秩、天敘；安上全下，悉
協乎人紀、人綱。然後社稷安而疫癘不作，風雨調而禾
麥有秋。則以隆禮，由禮之所感召者神也。[68]

　　歸本於儒學禮教為治理核心，依循祀典禮制以維繫地方秩序，敬
天祀神以保障國泰民安，無非是清代臺灣修志官紳書寫祀典門類之際
所共同持有的價值意識。

㈡崇德報功以廣教化

　　祀典門類的書寫旨趣，除了遵循國朝禮制與彰顯聖德典章之外，
另有慎重祀典內涵以崇德報功的用意。修志官紳宣揚皇朝以禮教為至
高無上的價值判準，從道德理念落實到實際行動，期能發揮出上行下
效、見賢思齊的教化效益，臻於一統帝國同風共俗的理想境界，而不
僅止於祭祀的形式而已，此舉對於清初新入版圖的臺灣島域更是別具
意義。如乾隆初期《重修福建臺灣府志》卷九〈典禮〉序言所云：

　　　我皇上建中立極，酌古宜今，典章隆備，翕然中外；況
　　　復肆類懷柔，明禋昭假，無一不詳且盡哉。夫禮以定民
　　　志，有車書一統之容，而敬寓焉，非徒肅觀瞻也；祀以
　　　事神致福，有崇德報功之義，而誠感焉，非徒薦馨香
　　　也。臺雖島區，民社攸司，王章具舉，可弗講歟？[69]

　　乾隆十二年（1747）刊范咸等《重修臺灣府志》卷七〈典禮〉

---

[68]　沈茂蔭等，《苗栗縣志》（臺北：臺灣銀行，1963年），卷10，頁153。
[69]　劉良璧等，《重修福建臺灣府志》，卷9，〈凡例〉，頁247。

的序言，亦傳達出類似的意念云：

> 國家車書同軌，禮樂昭明，祀事備矣。我皇上建中立
> 極，震疊加以懷柔，島嶼亦河嶽之餘也。夫禮以定民
> 志，合道德風俗之同，而敬寓焉，非徒肅觀瞻也；祀以
> 專神致福，有崇德報功之義，而誠感焉，非徒薦馨香
> 也。敬共執事，其可忽諸？[70]

　　而在具體做法上，基於崇德報功而能在臺灣島域廣播皇朝禮教的
理念，祀典門類中名宦、鄉賢的紀錄相當受到修志官紳的重視。如康
熙中期高拱乾等《臺灣府志》卷六〈典秩志〉於文廟項下列名宦、鄉
賢祠儀注以及名宦、鄉賢祠兩祝文，其後說明：「臺郡自入版圖，
循良之績、前後輝映；德造之彥，鵲起蟬聯。而名宦、鄉賢之祀，
闕焉未舉。姑存其典，以俟後之君子焉。」[71]到了周元文等《重修臺
灣府志》卷六〈典秩志〉則因應現實狀況，改寫成「而名宦、鄉賢之
祠，至五十年，知府周元文始建焉」，[72]以申明其任內治績。

　　在縣志方面，如康熙末期《鳳山縣志》卷三〈祀典志〉列文廟、
壇、廟、祠。其中，名宦祠與鄉賢祠在康熙中後期尚未建置，但因修
志官紳考慮到「至於名宦、鄉賢，雖以新闢之區，不能無待；而鉅典
所彰，不可缺焉而不存也」。[73]該書〈凡例〉亦強調方志中記載此類
功德行誼模範的重要性云：

70　范咸等，《重修臺灣府志》，卷7，頁245。
71　高拱乾等，《臺灣府志》，卷6，頁179-180。該書〈凡例〉也提到同樣的考量云：「名宦、
　　鄉賢，原以酬庸尚德。臺雖新造，後先君子，人念甘棠。但名位方隆，功勳未竟；欲崇畏
　　壘，俟以他時。」（頁15）
72　周元文等，《重修臺灣府志》，卷6，頁227-228。
73　陳文達等，《鳳山縣志》，卷3，頁35。

名宦、鄉賢，所以崇德報功，亦以示獎勸至意。邑治新闢未久，後之官斯土者，保無有循良著績躋於前代者乎？賢士大夫，保無有立德、立功足稱不朽者乎？故附其目於「祀典」之後，寧詳毋闕；亦以昭盛世從祀之典也。[74]

　　文中顯示出治臺官員或修志官紳認為此舉對於新隸版圖且漢人開闢未久的臺灣島域，如就激勵臺地學子廣行儒學教化的層面來說，具有相當程度的迫切性。同時期，《臺灣縣志》之〈凡例〉中揭櫫名宦、鄉賢「所以表循良、勵清修也」的理念，進一步說明當時的現實情況，以及未來臺地的祠祀建置應當有所增進的部分，以期勉來者見賢思齊云：「臺之鄉賢雖未有聞，而名宦如陳璸者，朝廷稱為天下第一清官，又云國家祥瑞。今既祀之府學名宦祠中，而邑治二祠虛懸以待。後之君子，尚其勉諸。」[75]

　　除了名宦、鄉賢兩祠之外，在清代中後期臺灣方志祀典門類所出現的其他各類祠祀記載，當中往往寄寓某種潛移默化的撰述意旨，亦可作如是觀。例如，道光十六年（1836）刊周璽等《彰化縣志》卷五〈祀典志〉序言中揭示「臺雖僻處海外，其祀典豈或殊哉」的前提，進而點出各項祠祀祭儀的功能，包括設學官奉祀先聖先師以報教育人才之本，「使四民知所矜式」；設文祠以奉祀文昌帝君，設武廟以奉祀關聖帝君，陸地則城隍有祀，海洋則天后有祀，以其「功德在民，聲靈赫濯矣」。另有后土之神（社）、百穀之長（稷），始傳種

---

[74] 陳文達等，《鳳山縣志》，〈凡例〉，頁15。

[75] 陳文達等，《臺灣縣志》，〈凡例〉，頁9。該書卷6〈典禮制〉於名宦祠條下記云：「祠雖設在縣學，然名宦從未有祀者。通邑士民擬祀前令沈朝聘、陳璸；然陳已同總督范公祀在郡庠，而沈尚缺焉未舉，不免為海外一歉事云。」於鄉賢祠條下記云：「鄉賢，古所謂『鄉先生沒而祭於社』者也。新造之邑，鄉賢雖尚有待，然以山高水深之區，安知不有名賢輩出，如丘文莊、海忠介其人者。異日蟬聯鵲起，企予望之。」（頁172）

植之書的先農、先嗇，實贊鴻鈞之化的風伯、雨師，能造福蒼生的名山、大川、龍神、火帝，以及能禦大災、能捍大患、以死靖難者，盡可為祭祀對象，「非藉以祈福，凡以隆美報也」。[76]在修志官紳的心目中，祭祀的目的在於崇德報功以示感恩回報，而不在追尋一己之福分；表彰禮教典範而為世人有所景仰效法，摒除俗世祈福求報的私利意識，堪為國朝祀典正道，也正是他們汲汲於臺灣方志中傳承祀典法門的初衷之一。

(三)神道設教以禮化俗

　　清代臺灣方志中祠祀、祀典或典秩門類的成立，也在於傳達地方主政者藉由神道（聖道）設教以禮化俗的用心。在官方祀典儀禮獲得宣揚的同時，修志官紳對於儒學文廟之外各類祠祀的遵禮與否亦極為關注，以確定其不違祀典禮制的規範，俾能樹立神道設教的正軌。如康熙後期《鳳山縣志》卷三〈祀典志〉序言所云：

> 歷代之祀各有定制，而國朝之典為加詳；大合樂祀春秋，詔天下大小武臣俱入廟陪祭。其尊禮聖哲、宣贊文治，超百王而特盛者也。朱子闡明聖道，開萬世之愚蒙，功為不少；升之十哲之位，典尤隆焉。他如壇壝、廟祠，亦各祭所當祭；毋僭毋瀆，用協典則。豈曰諂鬼神而不務民義乎？[77]

　　乾隆十七年（1752）刊王必昌等《重修臺灣縣志》卷六〈祠宇志〉的序言除了揭示「秩祀有典，以報功也」、「夫通祀既行，義祀爰舉」的前提，也於文末提示「若梵宮禪剎，亦附見焉。雖果報之

---

[76] 周璽等，《彰化縣志》（臺北：臺灣銀行，1962年），卷5，頁151。

[77] 陳文達等，《鳳山縣志》，卷3，頁35。

言，儒者弗道；而神道設教，或亦未可盡廢也」，肯定其間的可行性。[78]咸豐年間《噶瑪蘭廳志》卷三中〈祀典〉的序言，更將傳統中國神道設教的意義與功能，清楚地表達出來：

> 古者名山大川，祭因其地；省方觀教，道設以神。能禦
> 大菑、捍大患者，聖王皆制祭祀，不獨平九州者祀為
> 社、殖百穀者祀為稷已也。顧宗伯所掌，治統神人，而
> 春秋家作探原之論，則曰：「民為神主，神依人行。」
> 於是乎班朝、涖官，會、通既行其典禮，而神祇上下，
> 明德別薦以馨香。[79]

　　清代後期福州侯官舉人楊浚（1830～1890）於〈新修淡水廳志序・凡例〉中，也提到類似的理念云：「臺人尚鬼，祠廟所祀，多非普天共奉者，除淫祀屏削不載，其相沿已久者，亦因俗存之，寓神道設教意也。」[80]淫祀又稱淫祠，典出《禮記・曲禮》所云：「非其所祭而祭之，名曰淫祀。淫祀無福。」又如《禮記集說》卷十四記孔子曰：「非其鬼而祭之，諂也，其淫祀之謂歟？在人則為諂，於禮則為淫。」就國家統治者的立場而言，濫設的祠廟通稱為淫祀邪祠，泛指民間祭祀各種非官方祀典登錄的「不正」鬼神。[81]由此可見，在清代臺灣方志中出現的這類名詞，通常帶有鮮明的價值判斷。而修志官紳致力於此門類中宣揚神道設教的意圖，亦在於從祀典正統的立場樹立一種辨別正祀／淫祠的道德判準，作為主政者整頓信仰與興教化民的憑藉。

78　王必昌等，《重修臺灣縣志》（臺北：臺灣銀行，1961年），卷6，頁163。

79　陳淑均等，《噶瑪蘭廳志》，卷3中，頁97。

80　陳培桂等著，詹雅能點校，《淡水廳志》，頁613。

81　曾景來，《臺灣宗教と迷信陋習》（臺北：臺灣宗教研究會，1939年），頁422。

　　除了前述敬天祀神以展典制、崇德報功以廣教化、神道設教以禮化俗三項初衷之外，祀典門類在清代臺灣方志的成立及其書寫內容，往往也顯示出十七世紀後期始入大清版圖的臺灣島域在修志官紳心目中的相對特殊性，特別是其與學校教育措施的相輔相成，可以針對臺地邊區社會發揮出某種端風正俗的教化功能。同治後期《淡水廳志》之〈凡例〉中標舉分志與總志不同的原則之際，有如是說：「淡廳新闢，民俗尚須濯磨，海外文籍流布又少，故於學校、禮制之間，《會典》所載，不厭詳備。凡欲以擴士民之知識、正里社之沿習也。」[82]

　　相形之下，清代臺灣修志官紳也存有某些不贊同志書中詳載祀典儀注的呼聲。例如，林豪即對於前述陳培桂的主張和做法頗不以為然；在《淡水廳志訂謬》中，他質疑：「學校、典禮兩門，亦教化所關，不可少也，但宜擇其要者錄之。乃必取《會典》、《通禮》及《吾學錄》所載，抄寫連篇湊成卷數，何益？」[83]林豪於光緒十九年（1893）的《澎湖廳志稿》所附〈凡例〉中，再度與陳培桂大唱反調云：「地志之成，每非一手，故所厭於志書者，或全抄《會典》、部頒《儀注》為典禮門，或全錄案牘，有如冊檔，一胥吏可勝其任。」[84]林豪的疾言厲色，主要是不滿陳培桂改定版的《淡水廳志》，一味地抄襲過往禮書與會典儀式成例，難免通篇累贅而不堪入目。當然，同治中期曾參與廳志稿纂輯作業的林豪，他的批評似乎亦有明顯「因人而設」的針對性。[85]類似的說法，如道光年間鄭用錫《淡水廳志稿》之〈凡例〉中云：「淡廳雖增有學宮及山川、社稷等壇廟，然祀典儀注，各處皆同。他如風土人情，天時地利，有係通臺

82　陳培桂等著，詹雅能點校，《淡水廳志》，〈凡例〉，頁33。

83　引見陳培桂等著，詹雅能點校，《淡水廳志》，頁591。

84　林豪著，林文龍點校，《澎湖廳志稿》（南投：臺灣省文獻委員會，1998年），頁14。

85　關於林豪與陳培桂纂修《淡水廳志》的過程及其學術方面的意氣之爭，可參見潘是輝，《林豪的史學思想及其實踐》（金門：金門縣文化局，2010年），頁175-238。

合一者，概不具載。」[86]而前舉楊浚的〈新修淡水廳志序・凡例〉中也提到：「王者治定制禮，功成作樂，則典禮尚焉。然未免剿說雷同，今節要存之。」[87]

　　事出有因，凡存在自有其合理性。從鄭用錫、楊浚到林豪的反祀典儀注論述，讓我們從另一個角度見識到該門類的成立緣由及其書寫取向在清代臺灣方志中的普遍性，也啓發了我們重新思考清代多數的修志官紳爲何要不憚其煩地重複這些典制成文的居心。借鏡英國史學家詹京斯（Keith Jenkins）的說法，歷史書寫「經常被那些受到各種權力關係影響的人重新製作和重新安排，因爲支配的人和被支配的人，也有他們對過去的看法，企圖藉此使他們的做法成爲正統」。[88]可見的是，臺地官紳嘗試透過方志書寫，致力於傳承官治正統意識形態與神道設教的用意，更進而落實在各志書祀典（典秩、典禮）門類中相關項目的架構安排上。

四、體例門目的分析

> 「禮樂陶淑，百年後興；惇典秩敍，措正施行。束躬為法，維繫匪輕；爰修俎豆，嶽瀆效靈。蠻貊格化，同薦椒馨；有功捍衛，亦奉儀型。一鄉忠孝，更國之禎；於何勵俗，曰苦節貞。誌典禮，祠祀附之。」[89]

---

[86] 鄭用錫纂輯，林文龍點校，《淡水廳志稿》（南投：臺灣省文獻委員會，1998年），〈凡例〉，頁2。

[87] 引自陳培桂等著，詹雅能點校，《淡水廳志》，頁612。

[88] Keith Jenkins, *Re-thinking History*（London: Routledge, 1991），pp. 17-18. 譯文據賈士蘅譯，《歷史的再思考》（臺北：麥田出版公司，1996年），頁74-75。

[89] 楊浚，〈新修淡水廳志序・小引〉，引自陳培桂等著，詹雅能點校，《淡水廳志》，頁617。

　　清代臺灣方志透過分門別類的知識系統，勾勒出修志官紳的文化視野下清代臺灣的政經情勢、風土民情與教化軌跡，同時也傳達了統治階層所關心的現實課題。根據學者高志彬的研究，清代臺灣方志的綱目形式可區分爲分志體、史論體、門目體、三寶體、正史體、三書體等，其中以分志體爲主流。至於各志書編纂體型或義例書法的別異多樣，主要是「緣於修志者對志書性質的認定與功能的期許，及受修志者對知識體系的認知所影響」。[90]祀典（典秩、典禮）門類在清代臺灣各官修志書的出現，也隨著纂修者的發凡起例而有相對應的架構安排，其間多爲傳承之作，或亦有調整之舉，在門類項目名稱上偶有出入，反映出不同的纂修者對於祀典或典禮內涵的特殊考量。

　　整體而言，清代臺灣方志祀典、典秩或典禮門類的知識系統，主要涉及以下兩個層面：

　　一類爲針對各種特定時刻如皇帝壽誕、迎接詔書、迎春耕耤、日月薄蝕所舉行的儀式，以及攸關地方基層教化所舉辦的鄉飲酒禮、鄉約宣講等活動，在清修臺灣方志中通常以〈典禮〉、〈禮儀〉或〈禮制〉爲門類名稱，多係引述《大清會典》等官書所錄禮制儀典。

　　一類爲針對官方准許的天神、地祇、人鬼等神靈所形成的祠祀祭典，以及祭祀文廟先師的釋奠禮儀，在清修臺灣方志中通常以〈祀典〉、〈典秩〉、〈祠祀〉、〈祠宇〉或〈祠廟〉爲門類名稱。

　　清代的祀典制度，主要承續明朝規章而有所因革損益。根據光緒朝《大清會典》的記載，清代官方祀典分爲大祀、中祀與群祀三種等級，其祭祀等級和規模以大祀最爲崇高，包括古禮圜丘、方澤、祈穀、雩祀、太廟、社稷等代表國家政權正當性的崇祀對象與祭典儀式，由皇帝親詣行禮；中祀包括日、月、歷代帝王、先師孔子、關帝、文昌帝君、先農、先蠶、天神、地祇等，或由皇帝親祭，或遣官

告祭；群祀則包括先醫、北極佑聖眞君、東嶽、都城隍、火神、龍
神、惠濟祠、河神廟、后土、司工、窰神、倉神、門神以及賢良、昭
忠、雙忠等祠，概遣官承祭行禮。[91]藉由太廟郊壇等大祀和其他祭祀
活動的持續性，以顯示出大清帝國政權的正統性。各項祀典規範蔚爲
皇朝禮制運作的正軌，也構成清代臺灣方志祀典門類書寫的軸心。

　　清代臺灣府級與縣、廳級兩類志書中關於祀典門類的體例設計，
約略可區分爲以祀典或典秩爲綱目、以典禮爲主而祠祀爲副、祠祀與
典禮各立門類、其他特殊的類目設計等四大類別，茲分述如下。

(一)以祀典或典秩為綱目

　　康熙時期，首任臺灣知府蔣毓英等《臺灣府志》未立祀典專門，
而將其置於卷七，與戶口、田土、賦稅並列；[92]在〈祀典〉類目下分
述至聖先師之祭、風雲雷雨山川社稷城隍之祭、旗纛之祭、郡邑厲
祭。[93]其後，高拱乾等《臺灣府志》卷六〈典秩志〉列文廟、壇、
廟、祠；周元文等《重修臺灣府志》卷六〈典秩志〉於文廟、壇、
廟、祠之後，增列康熙四十七年舉行的鄉飲大賓。

　　在縣志部分，如康熙後期《諸羅縣志》卷四〈祀典志〉列文廟、
壇祭，而將國朝學宮勒御製至聖先師贊、四賢贊以及御製訓飭士子
文、聖諭、條約、鄉飲、養老等典禮類目併入卷五〈學校志〉，
「以昭聖天子尊師崇儒之曠典、教育士子之盛心；亦以見學校之
設，非同尋常規制云爾」。[94]康熙末期《鳳山縣志》卷三〈祀典志〉
列文廟、壇、廟、祠。其中，名宦祠與鄉賢祠在康熙中後期尚未建

91　崑岡等撰，《欽定大清會典‧事例》（臺北：新文豐出版公司，1976年據清光緒25年刻本影
　　印），卷415，〈禮部三‧祭統一〉，頁634b-635b。另參見趙爾巽等，《清史稿》（北京：
　　中華書局，1977年點校本），卷82，〈吉禮一〉，頁2483-2486。

92　學者陳捷先指出此為「蔣志不夠完備的地方」，在分類目上「不妥與不倫不類的地方」之
　　一。陳捷先，《清代臺灣方志研究》，頁31。

93　蔣毓英等，《臺灣府志》，頁101-103。

94　陳夢林等，《諸羅縣志》，〈凡例〉，頁7。

置，但因修志官紳考慮到「至於名宦、鄉賢，雖以新闢之區，不能無待；而鉅典所彰，不可缺焉而不存也」，[95]也就是強調一種祀典制度理想化的完備性。

清代中期，如道光年間《彰化縣志》卷五〈祀典志〉列壇祭、祠廟（寺觀附），而將文廟學宮之崇祀、祭禮置於卷四〈學校志〉，近似於先前《諸羅縣志》的做法，主要是考量到部分祀典與廟學祭儀之間相為呼應之處。

㈡以典禮為主而祠祀為副

康熙末期《臺灣縣志》卷六〈典禮志〉列朝賀（萬壽亭附）、祭祀、公式、鄉飲、講約（附養老），其〈凡例〉中強調：「典禮係闔邑觀瞻，臺灣屬在海外，更宜加詳。故特標朝賀、詔令、公式、儀禮，以表一代之盛」，透露出清初治臺官員對於臺灣島域禮教未興的焦慮感，以及趁勢移植帝國典章制度於海外臺疆的急迫性。相形之下，「至於廟宇雖極壯麗，而非有司致祭者，概列之寺廟」。[96]而該卷的祭祀類目，包含文廟、啟聖祠、朱文公祠、城隍、社稷壇、山川壇、厲壇、土地祠、旗纛、名宦祠、鄉賢祠等，概列屬國朝祀典的範疇。

乾隆前期，劉良璧等《重修福建臺灣府志》卷九〈典禮〉記慶賀禮、接詔禮、迎春禮、耕耤禮、救護禮、鄉飲酒禮、鄉約講讀聖諭、祭社稷禮、祭山川禮、祀先師禮、祭關帝禮、祭龍神禮、祭厲壇禮、祭旗纛禮，最後附祠祀。此後，范咸等《重修臺灣府志》、余文儀等《續修臺灣府志》大致承續劉志的作法而略有調整，於全書卷七〈典禮〉列慶賀、接詔、迎春、耕耤、祭社稷、救護、鄉飲酒、鄉約，最後附祠祀；而將劉志中祀先師禮改題文廟祭儀，置於卷八〈學校·學宮〉，將原劉志祭關帝禮、祭龍神禮、祭厲壇禮、祭旗纛

---

95 陳文達等，《鳳山縣志》，頁35。
96 陳文達等，《臺灣縣志》，〈凡例〉，頁10。

禮各改題爲儀注，置於祠祀最後。縣志方面，《重修鳳山縣志》卷五
〈典禮志〉列公式、壇廟，其公式類目序言指出：「按公式一冊，各
縣通行儀節，無關博雅。惟是邑僻處海隅，凡大典所在，無甚典籍
可據；即《會典》一書，藏書家亦罕購焉。爰據成例紀載，識者鑑
之」，[97]顯示纂修者對於此類目所載禮制儀節攸關地方文治教化的認
知。

　　清代後期，同治年間《淡水廳志》卷六〈典禮志〉首列慶賀、接
詔、迎春、耕耤、祭社稷、厲祭、救護日月、鄉飲酒、鄉約等儀節
類目，而以祠祀、祠廟居後；光緒年間《苗栗縣志》援依《淡水廳
志》的慣例，於卷十〈典禮志〉列慶賀、接詔、迎春、耕耤、祭社
稷、厲祭、救護日月、鄉飲酒、鄉約、祠祀、祠廟等類目。值得注意
的是，《淡水廳志》所立典禮門類架構，亦爲十九世紀至二十世紀初
期《新竹縣志》、《苑裡志》、《樹杞林志》等北臺志書所援用，[98]
可見其對於當時北臺修志傳統的影響。

(三)祠祀與典禮各立門類

　　祠祀與典禮門類各立專卷的情形，如乾隆前期《重修臺灣縣志》
卷六〈祠宇志〉列壇、廟、祠（附寺宇），卷七〈禮儀志〉列公
式、祭祀，另將學宮文廟崇祀併入卷五〈學校志〉。蓋其〈凡例〉中
強調：「孔子萬世師表；崇德報功，獨隆於學校矣。其諸通祀、義
祀，別爲秩祀志。附以梵宮、社廟而弗削者，邑俗尚鬼，欲悉數其來
歷，俾民聽不惑耳」，[99]亦不脫標榜儒學官祀正信以端正風俗民情的
教化考量。

---

[97] 王瑛曾等，《重修鳳山縣志》，卷5，頁131。
[98] 鄭鵬雲、曾逢辰，《新竹縣志初稿》（臺北：臺灣銀行，1959年），卷3，〈典禮志〉，頁100-128。蔡振豐，《苑裡志》（臺北：臺灣銀行，1959年），卷下，〈典禮志〉，頁57-63。林百川、林學源，《樹杞林志》（臺北：臺灣銀行，1960年），〈典禮志〉，頁59-66。
[99] 王必昌等，《重修臺灣縣志》，〈凡例〉，頁17-18。

　　咸豐年間《噶瑪蘭廳志》卷三上〈禮制〉列慶賀、迎詔、迎春、耕耤、朔望行香、救護日月，卷三中〈祀典〉列祀事提要、社稷壇、先農壇、神祇壇、火神廟、祭旗纛、城隍廟、厲祭、關帝廟、文昌廟、天后廟、蘭中祠宇。據纂修者於道光二十年（1840）續訂〈例言〉提到其發凡起例的原則，當中強調典禮一門二分爲禮制、祀典，「以別神、人」，[100]亦即祀典對象主要爲祭祀神明的官方儀典，禮制則含括主政者特定時刻與各項例行公事的儀式規範。另外，於卷三下〈風教〉列宣講聖諭、鄉飲、旌表、政術（附），主要涉及地方教化的各項措施。如果對照其他清代臺灣方志典禮門類的細目內容，《噶瑪蘭廳志》約略是以神人之別、祭儀有無與官民差異，區分禮制、祀典以及風教，爲其獨到之處。

㈣其他特殊的類目設計

　　道光年間《續修臺灣縣志》採取「三寶體」的綱目門類，計分地志、政志、學志、軍志，共計四正篇，遺蹟、寺觀、遺事等爲外編，著述、奏疏、檄文等爲藝文。在卷二〈政志〉列朝賀（萬壽宮）、壇廟，與戶口、田賦、雜餉、耗羨、經費、衙署、倉庫、公廨、義所、屯田、郵傳、祥異賑卹、縣官、憲紀等類目並列，另將學宮文廟崇祀併入卷三〈學志〉，而不專列典禮、禮儀或祀典、典秩門。再者，如將朝賀（萬壽宮）、壇廟的內文對比於清代中後期其他臺灣志書，亦相形簡略。據其〈凡例〉中宣稱：「志書常套，抄錄部頒儀注，列爲禮儀一門，未免蹈襲雷同；故是編從省。」[101]

　　光緒年間《澎湖廳志》亦無專列祀典門，纂修者林豪以「澎湖壤地褊小，無學宮之制、無倉廩府庫之儲，百凡規爲，多從簡略，則地勢使然也」，僅於該書卷二〈規制〉立祠廟類目。[102]林豪於〈祠廟〉序言中強調澎湖當地「雖無山川、社稷、風雲雷雨諸壇與夫文廟春秋

---

[100] 陳淑均等，《噶瑪蘭廳志》，自序，頁10。

[101] 謝金鑾等，《續修臺灣縣志》（臺北：臺灣銀行，1963年），〈凡例〉，頁13。

[102] 林豪等，《澎湖廳志》（臺北：臺灣銀行，1963年），卷2，頁51。

釋菜之禮，而奉文致祭，載在典禮者，歲時肇舉，斯亦守土者之所有事也」。而於〈祠廟〉之中另有迎春條目。林豪又因顧及澎地十三澳各有叢祠，「士庶奉為香火者，率皆土神，則亦仍之」，故以叢祠類目附於其後。[103]如此的門目安排，深具「因地制宜」的現實考量。而實際上，林豪於原先《澎湖廳志稿》所附〈凡例〉中即點出：「澎湖不設專學，未立學宮，僅有書院之文昌祠，春秋致祭，禮儀亦從簡便。茲於廟祀併入規制之內，而不立典禮一門，以省門目。」[104]此外，清末屠繼善等《恆春縣志》中，亦僅於卷十一列〈祠廟〉。

　　大致說來，清代臺灣修志官紳透過祀典之類的門目以貫徹統治階層的價值理念及其神道設教的初衷，兼具現實性的呼應與理想化的建置。[105]在不同時期官修臺灣方志中所列祀典、典秩、典禮或祠宇、禮儀等門類，在名稱與相應的內容元素方面容有差別，但其撰述用意和書寫成規卻大同小異。不論是獨立成門，或是與其他類目並列，各志之間的同異取捨，概出自於修志官紳因時地而制宜的體例考量，以利於將相關類目資料置入其所認知的適當位置，具體形塑出這項官治意識形態並結合儒學禮教觀念的知識系統。祀典門類架構的移植與建

103　林豪等，《澎湖廳志》，卷2，頁56。上述林豪的見解，應係承續自乾隆中期胡建偉等《澎湖紀略》卷2〈地理紀・廟祀〉序言所云：「澎湖自歸版圖以後，即設有專官以鎮斯土，以主斯祀。雖無山川、社稷、風雲雷雨諸壇與夫文廟春秋釋菜之禮，而奉文致祭，載在國典者，歲時肇舉，斯亦守土者之所有事也。至於一十三澳，澳各有廟，士庶奉為香火者，率皆土神，因地以祭；均無敗俗傷化，與閩神、五帝二事相似為淫惡之祀，在所必禁也，則亦仍之而已。」胡建偉等，《澎湖紀略》，頁37。

104　林豪著，林文龍點校，《澎湖廳志稿》，頁9。

105　關於方志祀典、典禮門類的理想化建置及其用意，學者林開世於〈方志的體例與章法的權力意義：傳統與現代間的斷裂〉一文中有段極為貼切的陳述：「臺灣的方志有很多分類都只是列名而已，例如通典，事實上是沒有這些東西的，所以不是在反映事實，而是在講一個理想。尤其是禮儀類的部分，像我所研究的《噶瑪蘭廳志》裡的禮制、祀典、風教，裡面的內容是從《大清會典》抄下來的，因為在那時候那些東西幾乎都尚未存在，甚至連孔廟、文廟都還沒有。這種做法就是要將它放在方志裡成為一個範疇，本身可以成為被人去吸收、去塑造的現實。這是分類本身所具有的力量，透過命名來塑造和吸引現實。」《國史館館訊》，第2期，2009年6月，頁14。

構，既勾勒出理臺官員從事地方治理的文明願景，同時也在官治政統與儒學道統的基礎上，宣示清朝政府將原屬「化外之地」的臺灣島域轉變爲「王化之區」的應然與實然。

表4-1　清代臺灣方志祀典（典禮）門類架構簡表

名　　稱	修纂者	年　代	祀典（典禮）門目部分
府志部分			
臺灣府志	蔣毓英等	約1688年完稿	卷七〈祀典〉
臺灣府志	高拱乾等	1696年刊	卷六〈典秩〉列文廟、壇、廟、祠
重修臺灣府志	周元文等	1718年刊	卷六〈典秩〉列文廟、壇、廟、祠、鄉飲大賓
重修福建臺灣府志	劉良璧等	1742年刊	卷九〈典禮〉附祠祀
重修臺灣府志	范咸等	1747年刊	卷七〈典禮〉列慶賀、接詔、迎春、耕耤、祭社稷、救護、鄉飲酒、鄉約、祠祀
續修臺灣府志	余文儀等	1774年刊	卷七〈典禮〉列慶賀、接詔、迎春、耕耤、祭社稷、救護、鄉飲酒、鄉約、祠祀
縣廳志部分			
諸羅縣志	陳夢林等	1717年刊	卷四〈祀典志〉列文廟、壇祭
臺灣縣志	陳文達等	1720年刊	卷六〈典禮志〉列朝賀（萬壽亭附）、祭祀、公式、鄉飲、講約（附養老）
鳳山縣志	陳文達等	1720年刊	卷三〈祀典〉列文廟、壇、廟、祠
重修臺灣縣志	王必昌等	1752年刊	卷六〈祠宇志〉列壇、廟、祠（附寺宇），卷七〈禮儀志〉列公式、祭祀

名　稱	修纂者	年　代	祀典（典禮）門目部分
重修鳳山縣志	王瑛曾等	1764年刊	卷五〈典禮志〉列公式、壇廟
續修臺灣縣志	謝金鑾等	1821年鄭兼才補刻本、1850年薛錫熊增補本	卷二〈政志〉列朝賀、壇廟
彰化縣志	周璽等	1836年刊	卷五〈祀典志〉列壇祭、祠廟（寺觀附）
噶瑪蘭廳志	陳淑均等	1852年刊	卷三上〈禮制〉列慶賀、迎詔、迎春、耕耤、朔望行香、救護日月，卷三中〈祀典〉列祀事提要、社稷壇、先農壇、神祇壇、火神廟、祭旗纛、城隍廟、厲祭、關帝廟、文昌廟、天后廟、蘭中祠宇，卷三下〈風教〉列宣講聖諭、鄉飲、旌表、政術（附）
淡水廳志	陳培桂等	1871年刊	卷六〈典禮志〉列慶賀、接詔、迎春、耕耤、祭社稷、厲祭、救護日月、鄉飲酒、鄉約、祠祀、祠廟
澎湖廳志	林豪等	1894年刊	卷二〈規制〉列祠廟（附叢祠）
苗栗縣志	沈茂蔭等	1894年修	卷十〈典禮志〉列慶賀、接詔、迎春、耕耤、祭社稷、厲祭、救護日月、鄉飲酒、鄉約、祠祀、祠廟
恆春縣志	屠繼善等	1894年修	卷十一〈祠廟〉

＊資料來源：據清代臺灣各志書門目。

五、論述取向的檢視

　　清代臺灣方志各體例門類的成立，主要是爲了因應官方的資治效用而有所側重，期能爲經綸世務者提供一有利的施政藍圖，滿足其上行下效與化民成俗的整治意念。另一方面，統治階層的意識形態或是修志官紳的價值系統，也直接滲透到各志書分門別類的設計考量及其論述內涵中，反映出他們如何針對臺灣島域的風土民情進行整編與規範，塑造出一套符合官治政統意念與儒學道統意識的理想秩序，以提供主政者施展治術教化的參照依據。

　　本篇先已根據各清代臺灣方志祀典（典制、典禮）門類的凡例綱目安排，解說其成立的理論基礎以及纂修者的撰述旨趣；本章將進而從實際的文本內容，檢視官方支配性的意識形態和價值理念如何展現於祀典門類的論述取向，剖析當中游移於理想與現實之間的共相和殊相，並考察修志官紳如何透過該門類的書寫脈絡，來形塑從「化外」轉型爲「王化」的臺灣本土人文秩序應然與實然的知識內涵，其間主要表現在：帝國正統與皇朝禮制的宣揚、儒學道統與歷代聖哲的表彰，以及官方祀典與民間崇祀的辨別，茲依序分述如下。

㈠帝國正統與皇朝禮制的宣揚

　　對於清代蒞臺官員與修志官紳而言，同質化的國家祀典制度與禮儀規範所具備的神聖性、權威性及其在地方社會的落實，得以彰顯皇朝統治的正統性，宣示臺灣島域納入帝國版圖並接受「王化」的實情，具體呈現出「六合同風，九州共貫」的大一統天下秩序觀。此種正統理念自朝廷中央貫徹到地方社會，亦表現於各類群祀的認定與其建制方面，「若夫直省禦災捍患有功德於民者，則錫封號，建專祠，所在有司秩祀如典」，[106]形成了一套主政者對於民間信仰的統治機制，也因此成爲清代臺灣方志祀典門類的重要內容。

---

[106] 趙爾巽等，《清史稿》，卷84，〈吉禮三〉，頁2546。

　　其次，就清朝政府的文化政策而言，尊崇儒學思想的地方官紳也可透過國家祭祀儀典的展現，宣揚帝國政權奉天承運的神聖性與皇朝禮制道德秩序的優越性，以達成神道設教、文明開化與輔佐政務的標的。[107]諸如此類的意識形態，也轉化成清修臺灣方志祀典門類的主流論述。如康熙後期《臺灣縣志》卷六〈典禮志〉最後論曰：「禮之重於天下也，朝廷有禮，則尊卑序；饗祀有禮，則誠敬昭；上下周旋，褐襲燕會有禮，則不數不瀆而齒讓行。蓋伊古以來，莫之有易也。」[108]乾隆前期《重修臺灣縣志》卷七〈禮儀志〉序言亦云：「車書一統，文教昌隆。瀛壖島嶼之鄉，禮陶樂淑，猗歟休哉！聖天子建中和於上，名公卿佐修明於下，有司遵成式設誠而致行之，所以協民志、同風俗者在是焉。」[109]有鑑於此，該文中依序陳述萬壽聖節、千秋令節、元旦多至、詔書頒發、迎春儀、耕耤禮、救護日月、祈雨、鄉飲酒禮、鄉約等傳統儀節公式，以及文廟與各壇廟歲時祭祀禮制，從禮教規範的理想層面以及慶典儀式的莊嚴隆重，形塑出大一統帝國的文化權威象徵。該卷最後所附專論，亦清楚地傳達地方志書中鋪陳禮儀（典禮）內容的核心理路云：

> 上天下澤，而禮制肇焉。教訓正俗，非禮不備。禱祠祭祀，供給鬼神，非禮不誠不莊。是禮也，制之朝廷，達之郡邑，敬天勤民，崇德報功，理明格幽之至意具焉。夫禮，有意有文，修其文而遺其意，則是儀之云也，其如煌煌鉅典何哉！主之以忠信，將之以寅清，用仰佐文

[107] John Robert Shepherd, *Statecraft and Political Economy on the Taiwan Frontier, 1600-1800* （Stanford: Stanford University Press, 1993）, pp. 208-209.

[108] 陳文達等，《臺灣縣志》，卷6，頁175。

[109] 王必昌等，《重修臺灣縣志》，卷7，頁205-240。

　　明之盛治，是在君子。[110]

　　此外，乾隆中期《重修鳳山縣志》卷五〈典禮志‧公式〉中詳述慶賀儀、接詔儀、迎春儀、耕耤儀、救護儀、鄉飲酒禮、鄉約儀等各縣通行的禮制儀節內容，無非是秉持「禮以經邦國、和神人，上自朝廷燕饗、下至閭閻會飲，明自秩宗慶典、幽及壇壝祭祀，無能一日去諸禮也」的意念，更是基於天下車書一統的思維，故爰據成式彙錄之，「並將歷代祀典，討論源流，以資博考。庶使萬古不磨之典，雖在遐方絕域，猶有持循而不敢廢焉爾」。[111]呈現在該卷行文之中的意向性，幾乎是清代臺灣方志涉及祀典儀節的論述取向所具有的共通性。

　　方志祀典、典禮門類記錄國家力量伸入地方基層以實現「治教合一」的各種方式，從國家禮制擴及到社會實踐的層面，所謂「行於庶人者」，[112]則傳統中國鄉飲酒禮與鄉約宣講，亦為治臺官員向地方紳民灌輸官方意識形態與儒家倫理道德的重要教化機制。清朝順治初年起，按例於每歲正月十五日、十月初一日舉辦鄉飲酒禮，由京府與各直省府、州、廳、縣主政者敦請當地年高德劭的鄉紳齊聚儒學明倫堂，透過燕飲禮儀的進行，傳達敬老尊賢、盡忠孝悌的倫常觀念，以收潛移默化、敦厚風俗的實效。[113]此項禮制獲得清代治臺官員的奉行，並載入方志內文以「典禮」為主的門類範疇之中。

　　康熙後期周元文等《重修臺灣府志》卷六〈典秩志〉記載康熙四十七年於府學明倫堂舉行鄉飲大賓的成員（賓、饌、介、主）、

110 王必昌等，《重修臺灣縣志》，卷7，頁240。

111 王瑛曾等，《重修鳳山縣志》，卷5，頁131-139。

112 趙爾巽等，《清史稿》，卷88，〈嘉禮一〉，頁2615。

113 賴恆毅，《清代臺灣地理空間書寫之文化詮釋》，頁148-153；許博凱，〈帝國文化邏輯的展演──清代臺灣方志之空間書寫與地理政治〉，頁74-78。

儀注與儀式過程。[114]乾隆時期《重修福建臺灣府志》卷九〈典禮〉、《重修臺灣府志》卷七〈典禮〉、《續修臺灣府志》卷七〈典禮〉亦率由舊章記載鄉飲酒禮細節，以示敦崇禮教。[115]縣廳志方面，康熙末期《臺灣縣志》卷六〈典禮〉中簡述鄉飲酒禮云：「順治二年，詔各省、府、州、縣每歲正月十五日、十月初一日，於儒學舉行鄉飲酒禮。設賓、僎、介、主，讀律誥，安几席，歌詩三章以燕樂之；申朝廷之法，敘長幼之節，酒七巡。禮畢，知縣率賓望北謝恩，賓乃退。」[116]在此之後，乾隆前期《重修臺灣縣志》卷七〈禮儀志・公式〉、《重修鳳山縣志》卷五〈典禮志・公式〉以及清代後期《噶瑪蘭廳志》卷三下〈風教〉、《淡水廳志》卷六〈典禮志〉、《苗栗縣志》卷十〈典禮志〉中記載鄉飲酒禮的內容雖然稍微豐富，[117]但不過為各府縣廳通行會典儀節，千篇一律，徒具形式。到了清代後期，該禮制逐漸出現「廢焉不舉」、「此典盡廢」的情況，[118]存在於斯時方志中的相關記載，可謂理想性的表達多過於現實性的反映。

再者，前引各方志於鄉飲酒禮前後所記鄉約（講約、宣講聖諭）類目內文，主要是涉及清代前期歷朝皇帝頒定的諭令規約，包括順治朝〈御製臥碑文〉、〈六諭〉（孝順父母、尊敬長上、和睦鄉里、教訓子孫、各安生理、莫作非為）、康熙朝〈上諭十六條〉（敦孝悌以重人倫、篤宗族以昭雍睦、和鄉黨以息爭訟、重農桑以足衣食、尚節儉以惜財用、隆學校以端士習、黜異端以崇正學、講法律以儆愚

---

[114] 周元文等，《重修臺灣府志》，頁233-235。

[115] 劉良璧等，《重修福建臺灣府志》，頁254-156；范咸等，《重修臺灣府志》，頁255-257；余文儀等，《續修臺灣府志》，頁321-323。

[116] 陳文達等，《臺灣縣志》，頁173。

[117] 王必昌等，《重修臺灣縣志》，頁209-211；王瑛曾等，《重修鳳山縣志》，頁136-138；陳淑均等，《噶瑪蘭廳志》，頁121-126；陳培桂等，《淡水廳志》，頁147-148；沈茂蔭等，《苗栗縣志》，頁157-158。

[118] 蔡振豐，《苑裡志》，卷下，〈典禮志〉，頁62；林百川、林學源，《樹杞林志》，〈典禮志〉，頁63。

頑、明禮讓以厚風俗、務本業以定民志、訓子弟以禁非爲、息誣告以
全善良、誡逃匿以免株連、完錢糧以省催科、聯保甲以弭盜賊、解
忿以重身命）、雍正朝《聖諭廣訓》十六章、乾隆朝〈欽頒太學訓飭
士子文〉等，[119]其內容不外乎儒家傳統忠孝節義、知書達禮的行爲準
則與循規蹈矩、守望相助的處事道理，例由地方官員責成鄉約人等以
口頭宣講的方式，每月定期於儒學明倫堂或鄉約公所等處傳達給鄉紳
兵民人等，或令生童誦讀聖諭廣訓，明文約束地方各業人士日常生
活必須切實遵從的行爲規範，以使家喻戶曉，進而潛移默化，促成
社會秩序平和安定，輔助帝國遂行基層控制。[120]然而，與鄉飲酒禮在
臺灣本土實施的情況類似，此種流於形式的例行公事，到了清末已
然「闕焉有間」、「廢焉弗舉」而形同虛設，[121]徒留方志中的相關紀
錄，作爲清帝國統治時期社會教化措施的歷史見證。

(二)儒學道統與歷代聖哲的表彰

自中國漢代以來，除了祭祀社稷等祀典成爲歷代統治者所奉行的
主要禮制之外，作爲官方祭祀場域的孔廟及其從祀制度的運作，不僅
傳達了儒者希聖成賢的宏願，而其本身也成爲儒學道統的主流思想與
文化價值。[122]此種價值意識滲透到清代臺灣方志的祀典門類書寫，透

---

[119] 劉良璧等，《重修福建臺灣府志》，頁257-258；范咸等，《重修臺灣府志》，頁258-260；
　　余文儀等，《續修臺灣府志》，頁324-326；陳文達等，《臺灣縣志》，頁173-174；王必昌
　　等，《重修臺灣縣志》，頁211；王瑛曾等，《重修鳳山縣志》，頁138-139；陳淑均等，
　　《噶瑪蘭廳志》，頁119-121；陳培桂等，《淡水廳志》，頁148；沈茂蔭等，《苗栗縣
　　志》，頁158。

[120] 關於聖諭宣講的內容分析及其在清代時期的施行過程與社會功能，參見王爾敏，〈清廷《聖
　　諭廣訓》之頒行及民間之宣講拾遺〉，收於氏著，《明清社會文化生態》（臺北：臺灣商務
　　印書館，1997年），頁3-36；戴寶村，〈聖諭教條與清代社會〉，《國立臺灣師範大學歷史
　　學報》，第13期，1985年6月，頁303-324。

[121] 蔡振豐，《苑裡志》，頁62；林百川、林學源，《樹杞林志》，頁63。

[122] 黃進興，〈學術與信仰：論孔廟從祀制與儒家道統意識〉，《新史學》，5卷2期，1994年6
　　月，頁1-82。

過祀典規制的鋪陳以彰顯儒學道統傳承與歷代聖哲懿行，力求爲地方
紳民樹立起各項可資效法的道德典範，並得以在臺灣移墾社會中彰顯
一統帝國的文明威望。如康熙中期高拱乾等《臺灣府志》卷六〈典秩
志〉最後所附總論云：

> 漢法：並祀周公。今學宮專祀孔子。有孔子，而周公之
> 道益昌明，則孔子之功在萬世矣。子雖齊聖，不先父
> 食；吾尤韙於請祠啓聖之舉，為能伸人子之情也。夫
> 天下人子，能以其身從食廟庭，又躋其父於啓聖先儒之
> 末，使非大賢能若是乎？[123]

　　康熙後期的縣志，如《諸羅縣志》卷四〈祀典志〉序言所云，即
清楚地表達出祀典行事的文化象徵云：「禮莫大於祭。古昔聖賢，
凡有功德於民，廟祠壇壝，厥有常典。今上加意廟學，大合樂以祀
先聖、進朱子以次十哲，弁鶴俱得有事春秋；由漢以來，未有若斯
之盛者也。」[124] 行文之中以孔廟祀典所凝鑄的儒家文化爲核心，推崇
康熙皇帝將南宋名儒朱熹自廟學西廡拔升爲正殿從祀聖哲，與東哲
閔損（魯人，費國公）、冉雍（魯人，薛國公）、端木賜（衛人，
黎國公)、仲由（卞人，衛國公）、卜商（衛人，魏國公）、西哲冉
耕（魯人，鄆國公）、宰予（魯人，齊國公）、冉求（魯人，徐國
公）、言偃（吳人，吳國公）、顓孫師（陳人，陳國公）並列，不僅
彰顯國朝「道學昌明，如日中天」的禮教盛況，[125] 同時具有宣示清朝
政權取得中國學術道統詮釋權的意涵。
　　清初崇程朱、貶陸王，經由康熙皇帝的表章崇奉與雍正皇帝的勵

---

[123] 高拱乾等，《臺灣府志》，卷6，頁184。
[124] 陳夢林等，《諸羅縣志》，卷4，頁53。
[125] 陳夢林等，《諸羅縣志》，卷4，頁56、60。

行倡導，朱子學取得官方學術上的正統地位，以此作為皇權治統的輔
佐，朱熹因而躋身孔廟正殿東哲之列。[126]從祀孔廟既是國家統治者對
於歷代儒者士紳平生學問與事功的至高肯定，而大儒朱熹出身福建並
曾任官閩地的經歷作為，[127]以及當時臺灣島域隸屬於福建省轄區的行
政關係，多少強化了修志官紳對於閩臺兩地學術文化傳承的關聯性
思考。同樣的思維，亦可見於《鳳山縣志》卷三〈祀典志〉序言所
云：

> 歷代之祀各有定制，而國朝之典為加詳；大合樂祀春
> 秋，詔天下大小武臣俱入廟陪祭。其尊禮聖哲、宣贊文
> 治，超百王而特盛者也。朱子闡明聖道，開萬世之愚
> 蒙，功為不少；升之十哲之位，典尤隆焉。[128]

　　《臺灣縣志》卷六〈典禮志〉亦以康熙皇帝詔以朱子升十哲之
末，足堪為繼往聖心法、衍來學道脈之舉，「真所謂考諸三王而
不謬、百世以俟聖人而不惑者也。非常之舉，非盛德其孰能與於
斯」。[129]以上徵引各志書論述，直接呼應了當時清朝統治者推尊朱熹
理學為儒學正統的文化政策。
　　清代臺灣修志官紳傳承自朝廷「崇儒重道」以確立學術文化正統

---

[126] 黃進興，〈學術與信仰：論孔廟從祀制與儒家道統意識〉，頁67-71；高令印、陳其芳，
《福建朱子學》（福州：福建人民出版社，1986年），頁362-373；葛榮晉，〈清初朱學
的復興與特徵〉，收於祝瑞開主編，《宋明思想和中華文明》（上海：學林出版社，1995
年），頁94-105。

[127] 王必昌等，《重修臺灣縣志》，卷5，〈祠宇志·朱文公祠〉，頁182-183。

[128] 陳文達等，《鳳山縣志》，頁35。

[129] 陳文達等，《臺灣縣志》，頁157。該卷最後附論，亦再度歌功頌德云：「然禮以繪道，原
於天，而體備於夫子，垂統先先賢先儒，集成於朱子，而未有進朱子於十哲之列者。……當
宋之季，新說言人人殊，朱子獨宗濂、洛之傳，以上繼洙、泗，其功亦豈異也？聖天子躋之
十哲，曠世之舉超前軼後；將見禮教風行，斯道燦然，日月麗而江河流。」（頁175）

的觀念，[130]重視儒學各類祠祀設置緣由的闡述，如似道光年間《續修臺灣縣志》之〈凡例〉中強調儒學之內定制當立者有四祠，官斯土者有惠政應祀名宦祠，本地搢紳有賢者應祀鄉賢祠，本地士大夫行誼卓絕者應祀忠義孝悌祠，婦女貞節者應祀節孝祠。纂修者並對於各祠宇的建置沿革及其典章制度之所本加以考述，頗見當中極力宣揚倫常道德典型與國朝禮制規範的用心，[131]而這也正是儒家聖學文化的核心價值所在。

　　在傳統中國，融入帝國禮制的孔廟制度及其祀典儀式，密切關係到國家正統意識與政治權力的運作，並持續於中央至地方行政上擴張其作為官祀宗教的聖域版圖。[132]返觀清代臺灣方志祀典、典秩、典禮門類中關於儒學文廟正殿先師至聖孔子位、四配位次（復聖顏回、宗聖曾參、述聖子思子伋、亞聖孟軻）、十（十一或十二）哲位次、東西廡歷代從祀先賢先儒位次、啓聖祠啓聖公位、配饗從祀位次、祭器、祭品陳設、樂器、舞器、樂舞、樂譜、樂章、舞譜與各項釋奠儀節的記載，概多遵依《會典》編訂，透過文字形塑出「天下聖道，正際昌隆」的神聖化祭祀場域，[133]將數千年來孔孟之學為主軸的儒家

---

[130] 關於清初「崇儒重道」的文化政策，參見葉高樹，《清朝前期的文化政策》（臺北：稻鄉出版社，2002年），頁179-207。

[131] 如該〈凡例〉條後強調：「緣康熙六十一年周鍾瑄來為縣尹，其時初平朱一貴，有總鎮歐陽凱輩十二人捐軀殉難，於是周尹立祠以祀之，名曰忠義。其時諸事草創，未能別建特祠，故寓於學宮之門左。此所謂忠義祠，即今昭忠祠之旨也。至雍正二年，方奉上諭，特立忠義孝悌祠；而董修學宮者，漫不加察，但見左有忠義祠，遂立孝悌祠於右以配之，於是將忠義孝悌分為兩祠，以忠義予殉難之軍官、以孝悌祀本地之賢士，割裂混淆，禮制不清，由於不察典章之故。以後修志者，亦不能分別，以訛傳訛，直至於今。茲嘉慶十二年，經教諭鄭兼才詳請改正。是編於各項祠祀，亦逐一辨清，觀者詳之，毋致如前之訛。」謝金鑾等，《續修臺灣縣志》，〈凡例〉，頁14-15。

[132] 黃進興，"The Confucian Temple as a Ritual System: Manifestations of Power, Belief and Legitimacy in Traditional China"，《清華學報》，新25卷2期，1995年6月，頁115-136；黃進興，〈象徵的擴張：孔廟祀典與帝國禮制〉，《中央研究院歷史語言研究所集刊》，86本3分，2015年9月，頁471-511。

[133] 高拱乾等，《臺灣府志》，卷6，〈典秩志‧文廟〉，頁174。

道統予以具體化，同時也表達了帝國統治者對於承續道統本身的重視。

除此之外，清代臺灣方志涉及各官定壇廟祠祀的論述內涵，主要為建置地點、歷史沿革、空間布置、祭祀神祇與相關祭儀祝文的鋪陳。在有形的硬體設施方面，隨著臺灣各行政區域祀典建築的陸續完成，後出的志書多漸次增補相關的內容敘述，惟同治後期《淡水廳志》在該門類內文上有相對精簡的現象。而在無形的儀式文化方面，各志書悉以儒學傳統祭祀儀典與禮教思維為遵循規範，偶於字裡行間寄寓崇德報功與表彰節義的價值意向，「凡有善政遺惠、能使人不忘者，咸得與焉」、「惟盡乎職分所當為，即可表里閭而共式」，[134]或者是傳達「蒞土者祀以庇民」之類的現實考量。[135]各地方志書中的內容鋪陳容或詳略互異，但其要點幾乎是大同小異。

(三)官方祀典與民間崇祀的辨別

清代修志官紳秉持天地人感應的系統思維，在祀典門類中標舉帝國統治者經由敬天祭神的正祀儀禮，得以掌握天地自然的合理秩序、健全國家政治的運作體制並促成社會倫常的和諧關係，進而歸本於以儒學為核心的禮教規範，來界定官方祀典相對於民間崇祀廟祠的正統性及其在功能上的優越性，呼應國家政治權力對於地方「淫祠」的彈壓以及針對各類有功德於民之祠神信仰的整編。反映在宗教文化上正信與否的分辨，無非是統治者正統意識形態與神教設道思想的一種投射。[136]實際上，舉凡「崇儒重道」的政策落實，往往會形成

---

[134] 王必昌等，《重修臺灣縣志》，卷5，〈祠宇志〉，頁184-186。

[135] 高拱乾等，《臺灣府志》，卷6，〈典秩志·祠〉，頁184。

[136] Stephan Feuchtwang, "School-Temple and City God," in G. William Skinner (ed.), *The City in Late Imperial China*（Stanford: Stanford University Press, 1977），pp. 581-608。另參見澤田瑞穗，〈清末の祀典問題〉，收於氏著，《中國の民間信仰》（東京：工作舍，1982年），頁534-549；蔣竹山，〈宋至清代的國家與祠神信仰研究的回顧與討論〉，《新史學》，8卷2期，1997年6月，頁187-220。當然，此種正祀／淫祀的界分往往會隨著統治者的意向而產生變

一種「黜邪崇正」的理念，轉變為一股摒斥釋老佛道和其他民間宗教信仰的力量，將之打成旁門左道、異端邪說或淫祀邪教，以反襯出官祀儒教的正學地位。[137]

　　清代臺灣方志針對民間祠祀信仰的知識分類系統，基本上承續了中國傳統方志書寫中官祀與淫祀相對應的正／邪（正統／異端）區分標準與褒貶意識，凡神格被朝廷或地方官紳認定為有益於國計民生，符合《禮記・祭法》中所謂法施於民、以死勤事、以勞定國、能禦大災、能捍大患的祭祀原則，受到國家敕封、賜額而列入祀典者，即被定位為正神祠廟，反之則被視為民間雜神淫祠。[138]此種區別映現於官祀壇廟與民間寺廟所擺置門類的階序差異，顯露出修志官紳立足於官治儒學立場的價值判斷。當然，其間也不乏因時地而制宜的現實考量。

　　康熙中期高拱乾等《臺灣府志》卷六〈典秩志〉最後所附總論云：「至於山川、社稷享祀以時，崇德報功，春秋匪懈，俾若敖之祀無餒、伯有之神不厲，是皆有司所有事。」[139]該書將文廟、社稷壇、山川壇、邑厲壇、城隍廟、旗纛廟、土地祠等官方祀典之外的寺觀、宮廟列入卷九〈外志〉，與災祥、古蹟、墳墓、雜記並列。[140]此

化，明清時期文昌帝君的崇祀如何從淫祀轉變為正祀的過程，以及清代臺灣地方官紳對於崇祀文昌帝君的選擇性反應，即是一鮮明的例證，可參見李朝凱，〈清代至日治時期臺灣文昌信仰與地方社會〉（臺中：私立逢甲大學歷史與文物管理研究所碩士論文，2007年），頁33-98；徐婉翌，〈臺南市文昌帝君信仰之研究〉（臺南：國立臺南大學臺灣文化研究所碩士論文，2008年），頁17-76。類似的情形，亦出現於城隍信仰。參見蔣竹山，〈從打擊異端到塑造正統──清代國家與江南祠神信仰〉（新竹：國立清華大學歷史研究所碩士論文，1995年，頁58-72）。

[137] 葉高樹，《清朝前期的文化政策》，頁207-240。

[138] 小島毅，〈正祠と淫祠──福建の地方志における記述と論理〉，《東洋文化研究所紀要》，第114冊，1991年2月，頁87-213；蔣竹山，〈從打擊異端到塑造正統──清代國家與江南祠神信仰〉，頁37-57。

[139] 高拱乾等，《臺灣府志》，卷6，頁184。

[140] 高拱乾等，《臺灣府志》，卷9，頁219-222。

舉後來爲周元文等《重修臺灣府志》所傳承，根據該志書卷九〈外
志〉序言所云：

> 志而曰外者，所以廣蒐不遺，而記始備也。古者，修德
> 之應妖或爲祥，「春秋」書災異、戰鬭以志警，係綦重
> 矣。若夫方外有叢林之宇、民間有祈賽之廟，一二前人
> 羹跡，荒碑殘碣，遊覽興懷，何地蔑有？極至耳目不經
> 之事，兼採而存之；於以備博考之林者，其在斯乎！[141]

　　在方志門類中何者取得主流優先的位置、何者僅是被消極性地兼
採存之以備博考的「雞肋」般處理，纂修者內心深處自有一把官祀
／民祠、正統／異端之類的衡量尺度。康熙後期《鳳山縣志》卷三
〈祀典志〉列文廟、壇、廟、祠等官祀空間，而將民間信仰的天妃
宮、關帝廟、慈濟宮、元天上帝廟、觀音宮、仙堂、元帥廟、無祀祠
等寺廟列於卷十〈外志〉，與災祥、古蹟、墳墓、雜記並列。[142]如此
做法與前述高志、周志極爲類似。據該志書〈凡例〉所云：

> 災祥、古蹟、寺廟、墳墓，各志俱載，四海攸同也；怪
> 異之事，不登焉。邑治屬在海外，間有一二，或得之
> 傳說、或得之親見、或採諸「郡志」之中，集爲「雜
> 記」，附諸「外志」之末，以廣見聞。[143]

　　類似前述將各種民間信仰打入冷宮的情形，如康熙後期《諸羅縣
志》將文廟、社稷壇、邑厲壇、城隍廟等官方祀典之外的寺廟，包括

---

[141] 周元文等，《重修臺灣府志》，卷9，頁277。
[142] 陳文達等，《鳳山縣志》，頁160-162。
[143] 陳文達等，《鳳山縣志》，頁16。

天妃廟、關帝廟、保生大帝廟、元天上帝廟、睢陽廟、諸福寺、觀音宮、姑媽廟等列入卷十二〈雜記志〉，與災祥、古蹟、外紀等類目並列。[144]據其〈凡例〉所云：

> 災祥、古蹟，各志皆別為一卷。寺廟或附古蹟，或載方外。緣建邑未久，紀載闕如，不得不袞多益寡，以就篤帙。姑合災祥、古蹟、寺廟並列於雜紀，而以外紀終之。其事不關於風土、民物者，雖外紀亦一概不載。[145]

　　乾隆初期《重修福建臺灣府志》卷九〈典禮〉記慶賀禮、接詔禮、迎春禮、耕耤禮、救護禮、鄉飲酒禮、鄉約講讀聖諭、祭社稷禮、祭山川禮、祀先師禮、祭關帝禮、祭龍神禮、祭厲壇禮、祭旗纛禮，最後所附祠祀登錄當時被納入官祀系統的祭祀建物。至於屬於佛教系統且不被納入官祀的祭祀建物，而可「但開心目，足供憑臨者」，則被編入卷十八〈古蹟〉之寺觀項下，與井泉、宮室、宅墓等項並列。[146]值得注意的是，先前在高志、周志中被納入〈外志〉的某些寺觀、宮廟，此時已被編入該志書〈典禮〉所附祠祀之中。

　　同樣的廟宇，列入官方祀典與歸屬民間崇祀之間有其分野，呈現於不同時期的地方志書之中，即是門類範疇與主流／邊緣位階的差異。乾隆中期《重修鳳山縣志》之〈凡例〉中亦強調古蹟、寺廟、物產、妖祥在其他志書率各具一卷，「惟邑建設未久，紀載闕如，不得不袞多益寡，以就篇帙。今合諸彙都為一集，並列〈雜志〉，而以〈叢談〉終之。志以地異，不可膠柱而鼓瑟，祇求無譏於大雅已

---

144 陳夢林等，《諸羅縣志》，卷12，頁281-283。

145 陳夢林等，《諸羅縣志》，〈凡例〉，頁8。

146 劉良璧等，《重修福建臺灣府志》，卷18，頁463-468。

耳」。[147]該志書將卷四所列官祀壇廟之外的寺觀，包括元興寺、興隆寺、泗洲寺、慈濟宮、仙堂、元帥廟、池王爺廟、寧靖王廟、祖師廟等附於卷十一〈雜志‧名蹟〉之後，據該卷序言所云：

> 凡稗官野乘、小說叢談，皆足廣見聞、資諧笑；而縉紳先生弗道焉者，為其語雜而弗純也。雖然，五色雜而成文、黑白雜而成章；昔劉子駿有言：「過而廢之，毋寧過而存之。」況名蹟具一方勝概、妖祥兆五行徵應，物產以諗土訓、叢談以補舊聞‧諸如此類，吾存之、吾無以置之，是雜之而已矣。然則是編，將為全志之拾遺可也。[148]

相形之下，范咸等《重修臺灣府志》、余文儀等《續修臺灣府志》之〈凡例〉中強調臺郡習俗尚鬼，「今〈典禮〉中祠廟，一遵《祀典》所頒，淫祠並黜。其寺觀，則別載〈雜記〉」。[149]在此二書卷七〈典禮〉所列官定祠祀之外，其餘寺廟則編入卷十九〈雜記〉，與樓堞、園亭、墳墓、災祥、雜著、叢談、外島等類目並列。范志、余志皆於〈寺廟〉類目下註稱「廟列在祀典者，俱載『典禮』」。[150]先前劉志置入典禮門的某些祠祀寺廟，又再度被此二志書列入雜記之中。由此可見，隨著人事時空的轉換或價值意識的差異，某些民間寺觀、宮廟往往基於修志官紳的隨機認定，而改變它們

---

147 王瑛曾等，《重修鳳山縣志》，〈凡例〉，頁8-9。

148 王瑛曾等，《重修鳳山縣志》，卷11，頁265-268。

149 范咸等，《重修臺灣府志》，〈凡例〉，頁14。余文儀等，《續修臺灣府志》，〈凡例〉，頁10。

150 范咸等，《重修臺灣府志》（臺北：成文出版社，1983年據清乾隆12年刊本影印），卷19，頁1119；余文儀等，《續修臺灣府志》，卷19，頁645。按：文叢本范志於〈寺廟〉類目下僅註稱「廟列在祀典」，比對成文版影刊本明顯有漏字，故在此引用後者。

在志書中的門類階序位置。

　　到了清代中期，地方志書除了標榜官祀正統之外，往往也會針對某些受到朝廷賜封的寺廟神祇或是有功於地方的民俗崇祀進行整編。此種做法，似乎也呼應了雍正朝以來將地方祠神納入國家祀典的策略，並刻意塑造正統神祇予以「國家化」、「儒家化」的傾向。[151]部分修志官紳對於民俗崇祀寺觀與廟宇的態度，從原先排除在主流論述之外而置入邊緣化的外志或雜記門類，到後來逐漸加以收編而納入祀典、典禮門類，整合於官祀行政管理與法律系統之中；透過帝國祀典之「正統化」與「標準化」的體制運作，[152]同時在意識形態與社會現實的層面上，強化了國家政教力量對於地方民俗信仰的控制效能。

　　例如，康熙後期《臺灣縣志》之〈凡例〉中指出縣境廟宇雖極壯麗，「而非有司致祭者」，也就是不在官方祀典之內，「概列之寺廟中」。[153]該書秉持這項原則，將縣境四坊關帝、媽祖、上帝、大道公、觀音等廟以及各佛寺列入卷九〈雜記志〉，與古蹟、丘墓、祥、蕾、叢談並列，「以備參考焉」。[154]到了乾隆前期《重修臺灣縣志》卷六〈祠宇志〉最後專論所云，卻呈現出另一種因應民俗整治之需而加以統整收編之意：

　　　　禮有專祀、有義祀；專祀所以明國家之典，義祀所以即人心之安。故報德崇功，春秋罔懈；勸忠教孝，風化攸

151 蔣竹山，〈從打擊異端到塑造正統——清代國家與江南祠神信仰〉，頁112-153。
152 關於傳統中國如何透過神明「正統化」和儀式「標準化」（standardization）的策略，以收編邊區宗教民俗成為國家允許的信仰內涵，參見James L. Watson, "Standardizing the Gods: The Promotion of T'ien Hou ("Empress of Heaven") Along the South China Coast, 960-1960," in David Johnson, Andrew J. Nathan and Evelyn S. Rawski, eds., *Popular Culture in Late Imperial China*（Berkeley: University of California Press, 1985）, pp. 292-324.
153 陳文達等，《臺灣縣志》，〈凡例〉，頁10。
154 陳文達等，《臺灣縣志》，卷9，頁207-216。

關。臺之壇壝廟祠，載在令甲者，斑斑可考也。若夫道
侈猶龍、佛稱如象，屬文教之未敷，乃法輪之蚤轉。我
朝百神懷柔，因而不廢；彙敘而備陳之，庶民義為昭、
神道不瀆。覽是編者，或有取焉。[155]

　　纂修者揭舉「義祀」的內涵，強調其有別於崇德報功的國家典
秩「專祀」，仍具備安定人心、勸忠教孝暨攸關風化的社會功能，
因而權宜性地放寬了〈祠宇志〉中針對民間信仰的收納標準。至道
光年間《續修臺灣縣志》將卷二〈政志〉所錄壇廟之外的寺觀納入
卷五〈外編〉，據其卷首按語提到原訂稿將嶽帝廟、真武廟、聖公
廟、吳真人廟、臨水夫人廟、三山國王廟、張睢陽廟、謝東山廟、韓
文公祠、呂祖堂納入第二本〈壇廟〉，於此訂本則將韓文公祠與大
穆降莊謝東山、張睢陽二廟移入〈壇廟〉之中，「餘從薛刻仍列於
此」，[156]此舉帶有些許選擇性認知的思維取向。
　　清代後期，官祀壇廟與民間祠廟在方志中的界線漸形模糊，修
志官紳逐漸將某些民間祠廟提升至依附於官祀壇廟的門類位置。例
如，道光中期《彰化縣志》卷五〈祀典志〉有別於先前《諸羅縣
志》將寺觀附於雜記「聊足成編」的作法，該書則將「寺觀附於祠
廟，不列雜記之中」，並強調「體例雖殊，義各有當」。[157]該卷所列
官祀祠廟包括文廟、文昌帝君祠、關帝廟、倉聖人祠、朱文公祠、魁
星樓、天后聖母廟、城隍廟、龍神廟、厲壇、南壇、忠烈祠，所附
民間寺觀包括觀音亭、嶽帝廟、威惠王廟、保生大帝廟、三山國王
廟、定光庵、龍山寺、大眾廟、地藏王廟、王爺宮、伽藍廟、趙元
帥廟、馬舍公廟、郭聖王廟、六使公廟、王宮、三官堂、廣惠尊王

---

[155] 王必昌等，《重修臺灣縣志》，卷6，頁202-203。
[156] 謝金鑾等，《續修臺灣縣志》，卷5，頁336。
[157] 周璽等，《彰化縣志》，〈例言〉，頁7。

廟、寶藏寺以及碧山巖、清水巖、虎山巖等。[158]據其序言宣稱：「若彼琳宮、寶剎，僧巖、佛觀，習俗相沿，遽難變革，亦姑聽愚民之自為。孔子云：『敬而遠之』，以專務乎民義，可謂智矣。其斯為聖人之教乎。」[159]纂修者的出發點，無非是歸本於因勢利導以廣行教化的基調。

　　同治時期《淡水廳志》與光緒年間《苗栗縣志》將官方祠祀與地方祠廟同列於〈典禮志〉之中。就祠祀部分而言，淡志登錄社稷壇、山川壇、先農壇、風雲雷雨壇、厲壇、龍王祠、火神廟、城隍廟、關帝廟、文昌祠、天后宮以及名宦、鄉賢、昭忠、節孝四祠，[160]苗志則登錄厲壇、城隍廟。[161]其次，《淡水廳志》另於卷十三〈古蹟考〉附寺觀，記竹蓮寺（觀音亭）、靈泉寺、壽山巖寺、觀音寺、龍山寺、慈雲寺、劍潭寺、芝山寺、石壁潭寺、西雲巖寺、鄞山寺、地藏庵。根據纂修者的說法：

158　周璽等，《彰化縣志》，卷5，頁152-160。

159　周璽等，《彰化縣志》，卷5，頁151。

160　陳培桂等著，詹雅能點校，《淡水廳志》，卷6，頁235-240。先前福州侯官舉人楊浚於〈新修淡水廳志序・凡例〉中也提到典禮之後附以祠祀，「重國典也。其崇祀未及者，別詳『祠廟』」。引自陳培桂等著，詹雅能點校，《淡水廳志》，頁612。

161　沈茂蔭等，《苗栗縣志》，卷10，頁158-159。在此之後，日治初期蔡振豐《苑裡志》卷下〈典禮志〉仿淡志與苗志類目，其祠祀後按語：「按祠祀者，地方官應行循例舉祭之祀典也。苑裏前附各廳、縣，故皆未設立。其已建之天后宮及借用之文昌祠，皆土人捐資自建」；其祠廟後按語：「按苑裏地方內，惟天后宮最多。其餘祠廟，雖非祀典所關，而神靈之赫，忠義所昭，亦可以佑民人而祛災厲。錄之，所以質實也」。蔡振豐，《苑裡志》，卷下，頁63。林百川、林學源《樹杞林志》之〈典禮志〉亦仿淡志與苗志類目，其祠祀後按語：「按祠祀者，地方官應行循例舉祭之祀典也。樹杞林附各廳、縣，故皆未設立。其已建之天后宮、關帝廟、文昌祠，皆係莊民捐資建創」；其祠廟後按語：「按樹杞林堡內地方，惟國王宮最多。其餘祠廟，雖非祀典所尤關，而其顯應不爽、忠義昭彰，亦可為人民降福迎祥、消災解厄。錄之，以徵其實云」。林百川、林學源，《樹杞林志》，頁65-66。如斯可見，在前引諸書纂修者的心目中，祠祀與祠廟的分界，一方面秉持官方祀典的傳統意識，另一面則表達出對於祀典之外而可福佑蒼生的民間信仰諸神的重視。

　　古蹟者，無關政教而有助考證，歷來地志所不廢；……
　　且僧綱道錄載於《會典》，寺觀亦有田畝山場，倘有訟
　　於有司，豈能不理？況天生勝境、地擅名區，雖曰搜
　　奇，實非志怪；今別為一類，存其概焉。[162]

　　對於陳培桂的前述做法，特別是在名稱和內容的安排部分，林豪
於《淡水廳志訂謬》中提出他的質疑與批評。身為同治中期廳志續稿
纂輯者的林豪，基於「拙稿典禮一門，凡祀典所不載者併入叢祠，附
於祠祀之後，所以示區別也」的前提之下，條舉出陳培桂改定版淡
志的幾項不當缺失如下：⑴祠祀、祠廟之分，在名目上差別不大。
⑵厲壇既入祠祀，為何東壇等處別入祠廟？⑶火神廟、龍王祠既入祠
祀，為何水神廟、水仙宮別入祠廟？⑷德政祠、義民亭、壽公祠或稱
循吏、或為忠臣，為何混列元帥廟、國王廟之間？[163]概要而言，林豪
的不以為然，主要針對陳培桂改定版淡志典禮門類中分類與敘述上的
「漫無區別」。再者，林豪又指出該志書「寺觀亦在祠祀、叢祀之
間，正不妨一例附入，以省門目；乃必另入古蹟類中，其與隘寮之前
後歧出何異？」[164]

　　在此之後，林豪於光緒年間《澎湖廳志》卷二〈規制・祠廟〉附
叢祠類目，記水仙宮、嘉蔭亭（五里亭）、觀音亭、地藏王廟、真武
廟、祖師廟、真人廟、將軍廟、大王廟、土地廟，於土地廟條下註稱
因南人尙鬼，如大王、土地之廟澎湖所在多有，然則「聖人以神道設
教，原所不禁。茲紀其概，亦不暇一一瑣錄焉」。[165]由此可見，林豪
基於神道設教、因勢利導或從俗而行的權宜思考，甚至是傳承了漢文

---

[162] 陳培桂等著，詹雅能點校，《淡水廳志》，卷13，頁462。
[163] 引見陳培桂等著，詹雅能點校，《淡水廳志》，頁590-591。
[164] 引見陳培桂等著，詹雅能點校，《淡水廳志》，頁591。
[165] 林豪等，《澎湖廳志》，卷2，頁67。

化傳統天人感應的政教思維，而令澎島當地的鬼神信仰入志，做出了此項因時地而制宜的敘事安排。[166]

　　光緒年間《恆春縣志》卷十一〈祠廟〉，共登錄社稷壇、先農壇、風雲雷雨山川壇、邑厲壇、文廟、天后宮、風神廟、城隍廟、福德祠以及三山國王廟、白龍庵、五龍君王廟、觀音廟、祖師公廟、王爺廟、福德廟等。[167]基本上，並不存在明顯的官祀與民祠之區別。

　　官方祠祀與民間寺廟之間的分野逐漸模糊，就某種角度而言，也可視為一種修志官紳化「異端」為「正統」的書寫策略，重新正視過往「棄之可惜」而被納入雜記、外志門類或附屬於祠廟的客體對象，透過方志整編的程序以增進移風易俗的基層教化，順水推舟地強化國家權力對於地方社會的有效統治。

六、結論

　　本文探索清代臺灣方志知識系統中祀典門類成立的理論基礎、著述旨趣與價值意識，考察其如何傳承清朝政府的資治輔政觀念並落實在各類祀典措施、禮制規範的書寫架構上，從而映現於內文論述取向上的應然期待與實然表述。整體而言，清代臺灣修志官紳移植中國傳統志書的祀典門類，在這些通行之事、例行典禮且幾乎千篇一律的內文論述之中，[168]一方面將儒學正統禮教規範強加於漢文化新闢之區的海天孤島上，力圖化邊域風俗之殊相為一統帝國之共相，體現臺灣島域隸屬於中國版圖的政治連結，刻劃出皇清道一風同的文明格局；一方面秉持國家祀典相對於民間信仰之正／邪的價值分際，於官祀空間

---

166 關於林豪的方志論述中涉及鬼神、災異的內容分析及其學術意涵的解讀，參見王志宇，〈方志論述中的災祥觀──以林豪及其相關著述為例〉，《臺灣文獻》，61卷1期，2010年3月，頁5-28。

167 屠繼善等，《恆春縣志》（臺北：臺灣銀行，1960年），卷11，頁219-224。

168 語出二十世紀前期中國方志學家傅振倫論傳統方志之通病。傅振倫，《中國方志學通論》（上海：商務印書館，1935年），頁45-47。

之外也陸續整編臺地民俗祠廟，納入崇德報功與神道設教的祀典體制之內，在國家政統的合法性基礎上宣揚祀典禮制的神聖性。[169]

史家王爾敏先生於〈地方史乘保存與纂輯〉一文中總論前代舊志的典禮門云：

> 舊有方志固必列典禮一門，……此與一方人文教養有關，使地方人士能習見各樣禮制，並無關於迷信。地方崇祀，凡列入方志者，被正式看成一種祀典，尤其列為政府所主持的先賢、鄉賢、烈士、節婦以及前代循吏、名師、名醫、高僧的紀念。舊志一概定為祠祀。[170]

從以上論點返觀本文針對清代臺灣方志祀典門類的內文敘述，無非是傳承中國傳統志書的纂修成例，凡列入祀典的正神祠廟，概多符合儒家倫常分際並樹立忠孝節義榜樣者，成為官修志書中導民為正的楷模，交織著國家正統意識與儒學禮制觀念的展現，進而落實在因時地而制宜的撰述層面上，修志官紳往往選擇性地將臺灣各行政區域的地方崇祀編入官定祀典，賦予其正統化的形象與位階，以強化統治者神道設教的社會功能。

學者連橫（1878～1936）於二十世紀前期初刊的《臺灣通史》卷十一〈典禮志〉序言，似乎總結了有清一代官修臺灣方志所立祀典、典制、典禮門類的書寫策略云：

---

[169] 即使到了日治初期，在鄭鵬雲、曾逢辰《新竹縣志初稿》卷3〈典禮志〉序言亦秉持同樣的意念云：「禮者，履也；所以經國家、定民志。來守斯土者，必循此以將祀事，而後民悅神和，降之以福。故水旱無災，歲登大有；疫癘不作，民慶蕃昌；皆惇典庸禮為之也。」（頁100-101）

[170] 王爾敏，〈地方史乘保存與纂輯〉，《臺灣文獻》，49卷3期，1998年9月，頁173。

連橫曰：禮，所以輔治者也。經國家，序人民，睦親疏，防禍亂，非禮莫行。故曰：「道之以政，齊之以刑，民免而無恥；道之以德，齊之以禮，有恥且格。」臺灣為海上荒服，我延平郡王闢而治之，文德武功，震鑠區宇，其禮皆先王之禮也。至今二百數十年，而秉彝之性，歷劫不沒，此則禮意之存也。起而興之，是在君子。[171]

該卷內文延續清代傳統列慶賀、接詔、迎春、耤田、祭社、釋菜、祭纛、大操、旌表、鄉飲、祀典等類目；而在祀典類目中記錄各府廳縣壇廟表之前的開場白，也道出了清代官修臺灣方志所立祀典門的價值意識云：

傳曰：「國之大事，在祀與戎。」是故法施於民則祀之，以死勤事則祀之，以勞定國則祀之，能禦大災則祀之，能捍大患則祀之。非是族也，不在祀典。臺灣為荒服之地，鄭氏之時，始建文廟，尊先師也。清代因之，復祀武廟，崇武德也。若夫山川社稷之壇，城隍祝融之廟，名宦義民之祠，凡屬禦災捍患者，俎豆馨香，鼞鼓軒舞，其禮重矣。……是篇所載，皆在祀典之列。若夫叢祠薄祭，則缺如焉。[172]

如就知識成立的系統脈絡而言，清代臺灣修志官紳透過祀典門類的知識建構，將國家傳統祭祀要典的運作模式，移植於這處新入版圖

---

[171] 連橫，《臺灣通史》（臺北：臺灣銀行，1962年），卷10，頁241。
[172] 連橫，《臺灣通史》，卷10，頁248。

的臺灣島域上，用心於規範地方社會的人文秩序，形塑出崇德報功與
黜邪崇正的道德基準，作爲神道設教的權力象徵，藉以宣示大清一統
帝國正統性的文化主權。祀典門類在清代臺灣各級方志中相對於其他
門類的角色、地位與功能，於此也就昭然若揭了。

伍

海天新世界的整治藍圖：
清代臺灣方志風俗門類
的知識建構

一、前言：知識的建構與權力的視野

　　方志作爲中國傳統史書的著述體裁，其特色在於呈現某一時期特定區域的沿革損益、政經情勢與社會文化，提供主政者掌控民情、治理國家與鞏固政權的參考。[1]有清一代，孤懸大陸東南海隅的臺灣始被收編入帝國版圖，當清朝官紳進入這片海天新世界最先察覺的現象，往往是原屬「化外」的臺灣與「王化」已久的中國大陸之間在風俗習慣上的差異。透過漢文化眼光的觀照之下，有別於傳統中國社會習以爲常的文化習尚，臺灣本土的「奇風異俗」自然而然地成爲他們所關注的焦點；而這些被聚焦的對象，也具體地反映在各官修志書的編纂對於「風俗（風土）」門類的重視。[2]

　　學者高志彬於〈臺灣方志之纂修及其體例流變述略〉中論及「清修志書所以特詳兵備、風俗、山川、物產，無非在強調方志的『資治』功能」。[3]事實上，緣起於臺灣歷史沿革暨地域開發的特殊性，使得清代臺灣方志風俗門類的發凡起例與內文敘事上，一方面在博採原住民與漢移民的生活習慣之餘，更提示一種看待清治時期臺疆風俗的可能與方式；另一方面，修志者夾議夾敘的論述之中，往往刻意呈現臺風殊俗趨向「內地化」或「儒漢化」的演變情況與轉化過程，[4]

1　來新夏，《中國地方志》（臺北：臺灣商務印書館，1995年），頁73-81、236-242；陳捷先，《清代臺灣方志研究》（臺北：臺灣學生書局，1996年），頁1-13。

2　王爾敏先生於〈地方史乘保存與纂輯〉一文中指出：「地方風俗風尚正代表其人民群體趨好與喜惡心態」，反觀「前代舊志，偶而收藏風俗紀錄，然很少能獨闢風俗門類」（《臺灣文獻》，49卷3期，1998年9月，頁174）。相形之下，風俗門類的著述體例成為清代臺灣方志的顯著傳統，其實也反映出臺灣本土相對於傳統中國社會的特殊性。

3　高志彬，〈臺灣方志之纂修及其體例流變述略〉，《臺灣文獻》，49卷3期，1998年9月，頁191。

4　「內地化」的概念見李國祁，〈清季臺灣的政治近代化 —— 開山撫番與建省，1875-1894〉，《中華文化復興月刊》，8卷12期，1975年12月，頁4-16；李國祁，〈清代臺灣社會的轉型〉，《中華學報》，5卷2期，1978年7月，頁131-159。「儒漢化」的說法見尹章義，〈臺灣—福建—京師——「科舉社群」對於臺灣開發以及臺灣與大陸關係之影響〉，收於氏著，《臺灣開發史研究》（臺北：聯經出版公司，1989年），頁527-583。

批斥與統治者的意識形態或儒家士紳的價值取向扞格不入的日常行為，為此更嘗試提出一套改良社會風氣的整治方案，以達成大一統帝國同風共俗的理想境界。而修志官紳建構臺地風俗知識的同時，也傳達出他們上行下效與化民成俗的教化意圖。為能具體而微的探討這個課題，本篇嘗試以清代臺灣各官修府、縣、廳等志書風俗門類作為研究的重心，根據這些方志的序言、凡例、議論與相關的書寫內容，深究風俗門類的理論依據和其具體實踐的方式，來理解修志官紳如何將其選擇性的定位和技巧性的運用，最終擔綱起經世張本與教化工具的結果。

　　本篇主要將清修臺灣方志中的風俗門類視為一知識建構／權力意識錯綜其間的場域，[5]考察此知識系統中掌握詮釋權的修志人員所形塑的價值取向，與作為論述客體的邊區文化之間的互動情形。全文的章次進行即呼應前述的討論，兼顧外部形式與內在意涵的整體架構，以清代臺灣主體的特殊性作為問題意識的基本點，首先著眼於各志書風俗門的凡例綱目安排，解說其成立的理論基礎以及纂修者的著述旨趣；其次從實際的內容書寫上，剖析其論述取向的共相（常）與殊相（變），以檢視修志官員筆下臺灣方志風俗門類的呈現風貌，並掌握他們從中國大陸觀看臺灣島域的概念網絡。

二、凝視帝國邊陲：風俗門類成立的理論基礎

　　康熙二十二年（1683）七、八月間，福建水師提督施琅攻克臺澎，結束了鄭氏王國對於臺灣的統治權。次年四月，清廷正式將臺灣納入帝國版圖，設置臺灣府暨諸羅、鳳山、臺灣三縣。就大清帝國統御宇內、懷柔遐荒的立場而論，往昔「臺灣未入版圖，星野、

5　有關這方面的分析概念，得力於Michel Foucault, *Power/Knowledge: Selected Interviews and Other Writings 1972-1977*, edited and translated by Colin Gordon (Brighton: The Harvester Press, 1980).

山川，雖在天覆之內；而因革、措置，終屬化外之區。今者，遵道、遵路，即有分疆畫界；而率土之濱，莫非王臣」。[6]爲能具體呼應「自古職方所未載」的臺灣收歸大清幅員的事實，康熙二十五年（1686）正月，禮部曾議行將臺灣與金門、廈門等區域沿革增入《福建通志》，以彰顯大一統的盛況。[7]主事者考慮到臺灣新隸版圖的背景，於通志凡例中特列出一有關詳錄臺地民情風俗的準則。而原本已屬福建省轄且與臺灣俱爲海外孤島的金、廈二地，則相形從略。[8]通志取捨標準的例證大致顯示了，臺灣島域在清初某些中國官員心目中的特殊地位。

臺灣設府之後，理臺官員隨即施展其治理權責。康熙二十三年（1684），蔣毓英就職首任知府，致力於臺地相土定賦與社會教化的事務。[9]翌年，朝廷下詔各地修志俾供一統志之徵考，蔣毓英奉令纂輯臺志，[10]經由他所主修的《臺灣府志》發軔，蔚爲清代臺灣方志的源頭。全書秉持「風俗之奢儉貞淫，始於人心，而終於國運。故觀化於國，不如觀化於鄉」的見解，於卷五專列〈風俗〉，敘述臺地風俗的概括情形。[11]該門類復基於「土番之俗，與吾人異」的考量，特別列出「土番風俗」之目。[12]

康熙三十五年（1696）刊高拱乾等《臺灣府志》在蔣志的凡例基礎上，博採眾說，踵事增華，於「漢人風俗」、「土番風俗」的項目之外，更列舉氣候、歲時、風信、潮汐、土產等類目。[13]自此而

6　高拱乾等，《臺灣府志》（臺北：臺灣銀行，1960年），卷1，頁26。

7　《大清聖祖仁皇帝實錄》，卷124，康熙25年正月29日，頁7。

8　金鋐主修、鄭開極等纂，《康熙福建通志臺灣府》（臺北：成文出版社，1983年據昭和5年影鈔康熙年間刊本景印），頁10-13、63。

9　周元文等，《重修臺灣府志》（臺北：臺灣銀行，1960年），卷10，〈蔣郡守傳〉，頁343-344。

10　陳捷先，《清代臺灣方志研究》，頁18-20。

11　蔣毓英等，《臺灣府志》，收於《臺灣府志三種》（北京：中華書局，1985年），頁95。

12　蔣毓英等，《臺灣府志》，卷5，頁101。

13　高拱乾等，《臺灣府志》，凡例，頁15。

後，風俗（風土）志幾乎是清代臺灣方志必備的門類之一，漢、番風
俗的分目亦成為一般所沿用的類例（陳文達等《臺灣縣志》、謝金
鑾等《續修臺灣縣志》、林豪等《澎湖廳志》以及屠繼善等《恆春
縣志》例外）。從清代各官修臺灣志書撰述者的凡例所云、自序所
言、議論所述並聯貫實際的體例門目，可以窺知其編纂體例列舉風俗
門類的緣由與選擇綱目的原則，進而洞察其中所蘊含的理論基礎。

(一)風俗門類的發凡起例

　　分門別類係知識成立的關鍵，規範了我們對於大千世界的基本
認識；發凡起例則為修志的前提，也是一部史志裁定取捨的先決條
件，聯繫著纂修者匠心獨到的才識卓見與自成經緯的理論依據。[14]針
對清代臺灣方志風俗（風土）門類的發凡起例而言，據康熙三十五年
刊高拱乾等《臺灣府志》、康熙五十七年（1718）刊周元文等《重
修臺灣府志》二書凡例中的說法，風土志成立門目的原因在於：

> 仲雍居吳，斷髮文身，裸以為飾。則自江以南，古皆是
> 俗也，況臺灣乎？及今觀之，風俗人文，惟南為盛，
> 固不得以其陋而限之也。子曰：「君子居之，何陋之
> 有？」作風土志，以畀夫轉移風化之人。[15]

　　文中顯示府志纂修者秉持普天之下、一視同仁的初衷，不以臺
灣風俗的相對鄙陋而置之不理或棄之不顧，反而強調詳載其俗且徵
考其實的必要性，以作為將來移風易俗的整治藍圖。康熙五十九年
（1720）刊陳文達等《鳳山縣志》的凡例中，也宣稱了類似的用意

14　劉知幾撰，浦起龍釋，《史通通釋》（臺北：里仁書局，1980年），卷4，〈序例〉，頁87-
89；章學誠，《文史通義‧方志略例》（臺北：華世出版社，1980年），頁135-136、379-
383、487-493、520-526。

15　高拱乾等，《臺灣府志》，凡例，頁16；周元文等，《重修臺灣府志》，凡例，頁10。

云：「邑治居民叢處，雞犬之聲相聞；然皆四方雜萃，非如內地之聚族而居者也。風聲氣習，難以一轍。至於番俗，不特與漢人異，即各社亦多有不同者。悉詳載之，以備參考。」[16]

　　康熙五十六年（1717）刊陳夢林等《諸羅縣志》揭示風俗門類的重要地位，於凡例中陳述其鑑於諸羅縣內「邑人五方萃處，風俗龐雜；即諸番之俗，亦或各社不同」，經其綜核聞見所輯並參討漢番殊異之後，分〈漢俗〉為衣食、婚姻喪祭、雜俗、歲時等四類，分〈番俗〉為狀貌、服飾、飲食、廬舍、器物、雜俗、方言等七類，「各綴本事其下，與各志土風體例稍異」。陳夢林等人用心於類例上的調整、資料上的完備與內容上的求全，便能將有關原住民與漢移民風俗的描述更加的深刻化與細緻化，其目的在於「欲使閱者如身履其地，而親見之」，致力發揮志書中風俗門類的知識傳遞與資治作用。[17]

　　前舉四部志書中獨立為門的風俗（風土）志，皆不出漢俗、番俗、氣候、歲時、風信、潮汐、土（物）產的類目範疇。至於陳文達等人在康熙五十九年（1720）刊行的《臺灣縣志》中則將「風俗」歸入卷一〈輿地志〉，據該書凡例指稱輿地本身即統括風俗與土產的內涵，故有如此的安排：「封域在輿地之中也，有輿地即有土產，有輿地即有風俗。郡志分而為三，茲志合而為一。」[18]這種強調三位一體的說法縱然持之有故，與康熙時期的其他臺灣方志相較之下，仍是比較特殊的做法。此後道光三十年（1850）刊謝金鑾等修、薛錫熊增補《續修臺灣縣志》仿照如此的類例架構（參見本文表5-1），亦是出於同樣的考慮。

　　康熙時期各府志與諸羅志所確定的風俗門類條目，多半為後繼者所延續，或是在原本的類目基礎上稍做調整，因襲之餘偶有別識心裁

16　陳文達等，《鳳山縣志》（臺北：臺灣銀行，1961年），凡例，頁16。
17　陳夢林等，《諸羅縣志》（臺北：臺灣銀行，1962年），凡例，頁8。
18　陳文達等，《臺灣縣志》（臺中：臺灣省文獻委員會，1958年），凡例，頁59-60。

的創新之舉。例如乾隆七年（1742）刊劉良璧等《重修福建臺灣府志》之凡例中基於「風俗關乎治化，故語焉務詳」的體認，在風俗志裡「附物產而並及氣候者，以數十年來陰陽調燮、百物咸亨，漸與中土無異；於此悟聖化轉移之權，有天人協應之理」。[19]乾隆十七年（1752）刊王必昌等《重修臺灣縣志》之凡例中宣稱：「風俗轉移視乎人。孔子云：『何陋之有？』故以次於人物。書曰：『惟土物愛厥心臧。』因附之以物產。」[20]該書卷十二〈風土志〉詳載土產的原因，係纂修者考慮到相土識宜以利國計民生的重要性云：「臺地氣候沖和，物產滋豐，而取之有時，用之有制，留物力之有餘以還太虛，是所望於主持風教者。」[21]王瑛曾等人於乾隆二十九年（1764）《重修鳳山縣志》的凡例中以「舊志分綱別目，繁簡不稱。如風信、潮汐統列風土，阨塞、郵傳並存規制，失輕重矣」，於是調整先前《臺灣府志》的門目，提出自己理想中的體例標準為：「首輿地，定疆界也；次規制，詳建置也；次風土，紀土俗也。三者備，而大綱舉矣。」[22]

　　咸豐二年（1852）刊陳淑均等《噶瑪蘭廳志》基於噶瑪蘭地區開發過程的特殊性，其初稿例言中提到：「不特風俗詳及工商雜識，兼及事物之不同也。」[23]體現在該書卷五上〈風俗上〉專關女紅、工役、商賈、海船、漁具等項，係先前清代官修臺灣方志風俗門類中所罕見，部分條目為後來採正史紀傳體之同治十年（1871）刊陳培桂等《淡水廳志》卷十一〈風俗考〉、光緒二十年（1894）沈茂蔭等修《苗栗縣志》卷七〈風俗考〉加以仿行。

　　另外，道光十六年（1836）刊周璽等《彰化縣志》援依《諸

19　劉良璧等，《重修福建臺灣府志》（臺北：臺灣銀行，1961年），凡例，頁25。
20　王必昌等，《重修臺灣縣志》（臺北：臺灣銀行，1962年），凡例，頁18。
21　王必昌等，《重修臺灣縣志》，卷12，頁441。
22　王瑛曾等，《重修鳳山縣志》（臺北：臺灣銀行，1962年），凡例，頁7。
23　陳淑均等，《噶瑪蘭廳志》（臺北：臺灣銀行，1963年），初稿例言，頁13。

羅縣志》風俗卷分別漢俗、番俗、雜俗、方言的類例，各述漢人婚姻、祭喪、歲時、居處、衣服、飲食、士習、農事、商賈、女紅、雜俗等風尚，以及原住民狀貌、服飾、飲食、廬舍、器物、雜俗等習俗，至於「方言」一項則從略。[24]而該志書凡例中也針對《諸羅縣志》的門類順序與條目安排，提出商榷。首先，他們認為諸羅志先志風俗而後人物，如果「以習俗成於人，風尚因乎物而論，似應人物在先，風俗在後」，於是仿效過去府志的編次，將風俗志置於人物志之後；其次，《彰化縣志》的纂修者也衡量「諸羅志於歲時記內，收於迎春一條，似屬未當」，原因在於「二者本屬政典，不可混入風俗」。[25]

　　方志體例分門別類、以類相從，在綱舉目張、鉅細靡遺的原則下，各纂修者可以根據自己對於風俗內涵的認知，來決定風俗門中所應包括的類目。值得注意的是，縱使官修志書門目互有別異，但是資治教化的著述旨趣，則始終一以貫之。換句話說，編纂者隨機調整風俗門的類目，追根究柢，也是為能更有效地達到觀風陳俗與補益王化的實質目的。知識的建構其實深具歷史時空的背景因素，風俗門類中基於移墾社會的族群差異所專列的「番俗」項目，同樣是出自因時地而制宜的現實考量。

㈡番俗類目的現實考量

　　風俗門類在清初官修臺灣各級志書中的成立，表露出治臺官員或修志人士對於臺風異俗的深刻體驗，同時也具備開拓漢人文化視野的歷史意義。我們知道，當時臺灣方為大清帝國收歸版圖不久，除了臺灣縣（今臺南地區）因明鄭拓墾於前以至於「內地化」較深之外，鳳山、諸羅兩縣轄境多為原住民活動的區域，或有閩粵移民雜處其間，猶屬少數族群。「番俗」類目所反映的社會現實意涵，正在於

24　周璽等，《彰化縣志》（臺北：臺灣銀行，1962年），凡例，頁7。
25　周璽等，《彰化縣志》，凡例，頁5-7。

此。修志官紳面對他們所認為的風俗人文普遍落後於內地社會的地域景象，仍舊本著採風陳俗以俟來者的理念，奠下了志書凡例中風俗門類的初步規模。從蔣修《臺灣府志》到《諸羅縣志》獨立「番俗」為目的做法，也為清代中、後期的官修臺灣志書立下了「典型在夙昔」的範例。隨著雍乾時期閩粵移民如火如荼地開展北臺拓墾活動，[26]聚落的擴張，導致一些侵墾原住民活動區域的不當行為層出不窮；漢人的進占，連帶促使各地原住民的生活習慣逐漸暴露在外來者的眼前。再加上治臺官員加緊對原住民施展傳統「用夏變夷」的措施，強迫各非我族類的「化外番社」輸誠歸化，接受中國傳統禮教倫理的價值系統，原住民的習俗不斷在華夏風尚的衝擊之下產生變化。[27]基於漢文化中心的觀點，前述的歷史背景與社會變遷，共同為修志官紳帶來更多樣化的原住民風俗資料。乾隆元年（1736）刊黃叔璥《臺海使槎錄》卷五至卷七〈番俗六考〉與卷八〈番俗雜記〉中載錄臺灣南、北各地原住民社群的習俗情況，其取材的廣博、考證的詳實和敘事的細膩，不啻提供後繼者豐富的資料以及綱目採擇的參考。[28]在黃叔璥著述的基礎上，乾隆十二年（1747）刊范咸等《重修臺灣府志》、乾隆三十九年（1774）刊余文儀等《續修臺灣府志》二書特詳風俗門類，個中緣由據其凡例所云：

> 番社不下數百種，生熟番馴頑不一，南北番亦強弱各

26　尹章義，〈臺灣開發史的階段論和類型論〉，收於氏著，《臺灣開發史研究》，頁1-28；
John Robert Shepherd, *Statecraft and Political Economy on the Taiwan Frontier, 1600-1800* (Stanford: Stanford University Press, 1993), pp. 137-177.

27　李亦園，〈從文獻資料看臺灣平埔族〉，收於氏著，《臺灣土著民族的社會與文化》（臺北：聯經出版公司，1962年），頁49-76；劉翠溶，〈漢人拓墾與聚落之形成：臺灣環境變遷之起始〉，收於劉翠溶、伊懋可主編，《積漸所至》（臺北：中央研究院經濟研究所，1995年），頁295-347；John Robert Shepherd, *Statecraft and Political Economy on the Taiwan Frontier, 1600-1800*, pp. 362-394.

28　黃叔璥，《臺海使槎錄》（臺北：臺灣銀行，1958年），頁94-177。

殊。然熟番與士庶雜處，輸賦、供役則亦民也；即生番
歸化，亦各輸鹿皮餉。今考其服食、居處、性習、風
尚，各番略有不同；因本黃玉圃先生《番俗六考》加以
咨詢所及，於風俗中分類詳記。而其方言俚曲，亦載其
大略焉。[29]

　　關於體例的安排或類目的調整方面，二書計用洋洋灑灑的四卷篇
幅，詳載漢移民與原住民的風俗，其中一卷列舉漢人習尚、歲時、氣
候、潮信、風信、占驗等一般性的風俗門目，由於纂修者認為劉良
璧等《重修福建臺灣府志》卷六將「物產」附於風俗門之下「似為
不倫」，[30]所以讓「物產」獨立為門（見卷十七、十八），目的在使
得「風俗」、「物產」各詳內容；另外專列二卷分述臺灣縣、鳳山
縣、諸羅縣、彰化縣、淡水廳各原住民社群的居處、飲食、衣飾、婚
嫁、喪葬、器用等風俗習慣；最終一卷記錄番語、番曲並徵採番俗通
考。分門別類的詳核嚴密、類目架構的條理明備與篇幅分量的豐富可
觀，為清代官修臺灣方志所僅見。不論從外在的體例形式或內部的論
述內涵來衡量，概可以看出主事者辨識原住民社群差別的能力有所增
長，以及掌握原住民習俗面向的程度有所提升。值得一提的是，與范
咸同列《重修臺灣府志》纂輯者之一的巡視臺灣戶科給事中六十七，
也就是《番社采風圖考》一書的作者，他曾於乾隆八年（1743）親
臨臺灣，留心原住民的風俗沿革，[31]「遐搜舊典，周訪新知」，[32]
體顯在該府志中涉及「番俗」的類例及其內容能推陳出新、後出轉
精，增訂前志之所略。全書風俗門目具有詳今知古、稽古證今的特

---

[29] 范咸等，《重修臺灣府志》（臺北：臺灣銀行，1961年），凡例，頁15；余文儀等，《續修
臺灣府志》（臺北：臺灣銀行，1962年），凡例，頁11。

[30] 范咸等，《重修臺灣府志》，凡例，頁13；余文儀等，《續修臺灣府志》，凡例，頁9。

[31] 六十七，《番社采風圖考》（臺北：臺灣銀行，1960年），范咸序，頁5。

[32] 范咸等，《重修臺灣府志》，莊年序，頁7。

點，可說是其用力至深所得情理固然的結果。

　　這時期修志官紳對於原住民風俗認知的明朗化，反映在志書風俗門類的選擇標準上，擺脫一概而論的類例窠臼，界分出「漢、番」之間與各「生、熟番社」俗尚的同異。如《重修鳳山縣志》的凡例中揭示審慎的態度與徵實的原則，以避免籠統畫一或泛泛而談的弊端云：「縣治五方萃處，鄉土相沿，氣習風氣既難畫一；而各番社強弱不等，意趣亦殊。今番、漢分編，漢俗別閩粵，番俗別各社，必擇語有可徵、事實足據者登之，非敢輕信怪誕、雷同眾說也」。[33]該書卷三〈風土志〉分就縣境內「平埔熟番」上淡水等八社以及「歸化生番」山豬毛等四社、傀儡山等二十七社、卑南覓等七十二社、瑯嶠等十八社，詳細說明各別的居處、飲食、衣飾、婚嫁、喪葬、器用等俗尚，並附上番語和番曲等項目。[34]《噶瑪蘭廳志》卷五下〈風俗下〉中，一則援舊例，以居處、飲食、衣飾、婚嫁、喪葬、器用等項含括境域內原住民習俗，敘說噶瑪蘭（蛤仔難）原住民社會文化的歷史風貌；一則創新例，採番界、彈壓、撫綏、番割等目分述「生、熟番情」，呈顯該地區於嘉慶中期設廳前後原住民與地方官員、漢移民之間的利害關係。[35]

　　清代中葉以後，臺灣中、北部原住民的漢化現象趨於普遍。原住民社群「漸染華風」的結果，[36]固有的風俗習慣也逐漸消失在臺灣的歷史舞臺上。到了清代後期，陳培桂等《淡水廳志》卷十一〈風俗考〉中記載「今自大甲至雞籠，諸番生齒漸衰，村墟零落。其居處、飲食、衣飾、婚嫁、喪葬、器用之類，半從漢俗。即諳通番語者十不過二三耳」。[37]沈茂蔭等《苗栗縣志》卷七〈風俗考〉中描述

[33] 王瑛曾等，《重修鳳山縣志》，凡例，頁7-8。

[34] 王瑛曾等，《重修鳳山縣志》，卷3，頁59-90。

[35] 陳淑均等，《噶瑪蘭廳志》，卷5下，頁225-241。

[36] 朱景英，《海東札記》（臺北：臺灣銀行，1958年），卷4，〈記社屬〉，頁58。

[37] 陳培桂等，《淡水廳志》（臺北：臺灣銀行，1963年），頁306。

當時縣境內的原住民社群「近漢人街莊者，其營屋高廣雅致，無異漢人」，而且耕種諸器與喪服儀節方面，「均如漢人」。[38]既然漢人與原住民（特別是平埔族社群）的界限已經模糊，風俗門類中涉及「番俗」的條目安排，也多率由舊章或簡略從事。《淡水廳志》的凡例中「至若內外番俗，亦控御撫綏所繫，是皆斯志不可得而略者」的看法，[39]或者如《苗栗縣志》卷七敘論中「至於番俗，察其嗜欲、習尚有可施之教化者，亦不得漫然忽之也」的說詞，[40]大都隱含有「姑且錄之」的著述用意與「未詳其俗」的現實背景。相對於清代前、中期修志官紳積極地徵採「番社」奇風異俗的理論與實踐，清代後期志書纂修者對待逐漸消失的原住民風俗，則傾向於消極性的轉載，概僅止於篩選舊籍紀錄，缺乏類例項目上的開創之功。通觀此種趨勢的產生，也可視為其因地應時理念的另一種表現。

(三)因地應時的資治理念

　　清代臺灣各級方志風俗（風土）門的類例安排，從外部格局的綱目建構呈顯其經世資治的理論基礎；反之，資治教化的理論依據也若隱若現於發凡起例的分類範疇。由於纂修者本身對於「風俗」內涵的體會或是出自因地制宜／與時推移的領悟，有如林豪所謂「臺地各屬風土不同，時地亦異，自應因時制宜」的原則，[41]導致各官修志書風俗門除了一般性的衣食住行、歲時禮儀等風俗習慣的類目之外，也展現出如下幾點特色：

1. 風俗（風土）門中所列氣候、風信、潮汐（信）、占驗等項，從現今學術的分類標準，這些門目應屬於自然現象的範疇。然而，當我們覽閱其中蘊含傳統天地人合一、陰陽消長或五行生剋等系

38 沈茂蔭等，《苗栗縣志》（臺北：臺灣銀行，1963年），卷7，頁120、122。
39 陳培桂等，《淡水廳志》，凡例，頁9。
40 沈茂蔭等，《苗栗縣志》，卷7，頁113。
41 林豪，〈淡水廳志訂謬〉，引見陳培桂等，《淡水廳志》，頁469。

統思維的內容，就可以理解清代臺灣修志官紳的考慮，主要是基於氣候、風信、潮汐的變化，攸關於農業社會的人倫生息、生產作業以及政事運作，茲事體大，不容偏廢，而將此納入以人文景觀爲主體的風俗（風土）門內，以因應日常世用的參考，此舉仍不外乎經世理念在風俗門類中的發揮。如高拱乾等《臺灣府志》卷七〈風土志〉開宗明義揭曉「世代之遞遷者，人事也；氣化之變更者，天時也。天時有消長，而人事之盛衰因之」、「凡所以蔚爲物華者，莫不隨地而生」的觀點，[42]將氣候、風信、潮汐、土產統歸風土志中。又如劉良璧等《重修福建臺灣府志》卷六〈風俗‧氣候〉推闡風俗習尚與氣候變遷的互動聯繫云：「凡土有剛柔、燥濕，氣有陰陽、順逆，而候隨之；即風之所被、俗之所成，亦各肖其地以出而不可易。故五方之習尚不同、四時之消長頓殊，有由來也。」[43]王必昌等《重修臺灣縣志》卷十二〈風土志〉的敘論中也指出：「陰陽寒暑之異候、剛柔燥濕之異宜、山谷水陸之異產，而習尚因以不同，在修其教者整齊而調燮之耳。」[44]王必昌等人本諸天地生氣而民俗化成的考量，於該卷首述縣境的氣候概況。其餘官修臺灣方志的相關敘述，茲不一一備舉。

2. 若以「番俗」的類目部分作爲觀察的指標，則其在各志書風俗（風土）門內篇幅的多寡詳略，往往與該地域在特定時期漢人開發或是所謂「內地化」的程度成反比。首先就地域的差異而言，陳夢林等《諸羅縣志》特重風俗的緣由，與當時諸羅縣「群番雜處」且「番多於民」的背景息息相關。范咸等《重修臺灣府志》、余文儀等《續修臺灣府志》中的風俗四卷也明顯偏重於鳳山、諸羅、彰化、淡水等縣廳內原住民風俗的介紹。陳淑均等

42 高拱乾等，《臺灣府志》，卷7，頁185。
43 劉良璧等，《重修福建臺灣府志》，卷6，頁100。
44 王必昌等，《重修臺灣縣志》，卷12，頁395。

《噶瑪蘭廳志》對於「番俗」、「番情」的條分縷析，從側面呼應了當地漢人新闢未久的社會現實。反之，王必昌等《重修臺灣縣志》中涉及漢人開發最早的臺灣縣境原住民風俗的記載，便相形簡略，而其字裡行間猶夾帶較多原住民漢化漸深的部分。特別是陳文達等《臺灣縣志》與謝金鑾等《續修臺灣縣志》卷一〈風俗〉中僅以相當短的篇幅登錄該縣境「與內地無異」的漢移民風俗，抑且未及於原住民風俗的描述。[45]至於元代以降早已設官治理的澎湖地區，[46]漢人開發既久且「內地化」已深，林豪等《澎湖廳志》卷九〈風俗〉中即無原住民習尚的記載。[47]再次就時間的演變而論，清代中、後期隨著臺灣西半部原住民（平埔族）逐漸濡染漢化禮俗，且融入漢人社會的生活方式，風俗志中「番俗」類目及其篇幅趨於簡略。揆其原因，或許在修志官紳的心目中，臺地原住民漢化既深並趨向與傳統中國社會「道一風同」，即毋須細加呈現其相對於漢人俗尚的「殊風異俗」。

3. 體例架構的安排主導資料選擇的標準，也制約內容呈現的風貌。各志書凡例說明其針對特定時空臺灣的社會情況而設計門目，顯示風俗（風土）門中分列漢人、原住民暨各個不同社群習尚的類目安排，一方面反映臺灣向為「五方雜處」區域的現實情景；另一方面，對於漢移民活動與原住民風俗的明確掌握，直接牽連到大一統帝國進行有效統治的迫切需要。換句話說，修志者秉持因時地而制宜的做法，其實也是提升經世致用之效度的重要途徑。為能理解清代臺灣方志風俗門類的知識建構如何實踐傳統採風陳俗以為施政方針的做法，我們有必要進一步深入各部志書風俗門類的內文論述，以探究其教化的意圖與相應的改造方案。

45　陳文達等，《臺灣縣志》，卷1，頁210-234；謝金鑾等，《續修臺灣縣志》（臺北：臺灣銀行，1963年），卷1，頁51。

46　林豪等，《澎湖廳志》（臺北：臺灣銀行，1963年），卷2，〈規制〉，頁51-54。

47　林豪等，《澎湖廳志》，卷9，頁303-329。

表5-1 清代臺灣方志風俗（風土）門類架構簡表

名　稱	修纂者	年　代	風俗（風土）門目部分
臺灣府志	蔣毓英等	約1688年完稿	卷五〈風俗〉（附土番）
臺灣府志	高拱乾等	1696年刊	卷七〈風土志〉列漢人風俗、土番風俗、氣候、歲時、風信、潮汐、土產
諸羅縣志	陳夢林等	1717年刊	卷八〈風俗志〉列漢俗、番俗、氣候
重修臺灣府志	周元文等	1718年刊	卷七〈風土志〉列漢人風俗、土番風俗、氣候、歲時、風信、潮汐、土產
鳳山縣志	陳文達等	1720年刊	卷七〈風土志〉列漢俗、番俗、氣候、歲時、風信、潮汐、物產
臺灣縣志	陳文達等	1720年刊	風俗歸入卷一〈輿地志〉（該志中另列封域、星野、形勝、里至、沿革、山川、土產、氣候、歲時、風信、潮汐、海道）
重修福建臺灣府志	劉良璧等	1742年刊	卷六〈風俗〉附歲時、氣候、土番風俗、物產
重修臺灣府志	范咸等	1747年刊	卷十三〈風俗一〉列習尚、歲時、氣候、潮信、風信、占驗，卷十四〈風俗二〉及卷十五〈風俗三〉皆列番社風俗，卷十六〈風俗四〉列番語、番曲、番俗通考
重修臺灣縣志	王必昌等	1752年刊	卷十二〈風土志〉列氣候、風俗（附番俗）、土產

名　　稱	修纂者	年　　代	風俗（風土）門目部分
重修鳳山縣志	王瑛曾等	1764年刊	卷三〈風土志〉列氣候（附歲時）、坊里、風俗、番社、番社風俗（附番語、番曲）
續修臺灣府志	余文儀等	1774年刊	卷十三〈風俗一〉列習尚、歲時、氣候、潮信、風信、占驗，卷十四〈風俗二〉及卷十五〈風俗三〉皆列番社風俗，卷十六〈風俗四〉列番語、番曲、番俗通考
續修臺灣縣志	謝金鑾等	1821年鄭兼才補刻本、1850年薛錫熊增補本	風俗歸入卷一〈地志〉（該志中另列建置、疆域、星野、城池、街里、橋渡、山水、海道、風信、潮汐、氣候、物產）
彰化縣志	周璽等	1836年刊	卷九〈風俗志〉列漢俗、番俗
噶瑪蘭廳志	陳淑均等	1852年刊	卷五上〈風俗上〉列士習、民風、農事、女紅、工役、商賈、飲食、衣服、氣候、潮信、風信、占驗、海船、漁具、寺觀、祥異，卷五下〈風俗下〉列番俗、番情
淡水廳志	陳培桂等	1871年刊	卷十一〈風俗考〉（附番俗）
澎湖廳志	林豪等	1894年刊	卷九〈風俗〉列服習、儀文、歲時、風尚
苗栗縣志	沈茂蔭等	1894年修	卷七〈風俗考〉（附番俗）
恆春縣志	屠繼善等	1894年修	卷八〈風俗〉

＊資料來源：據清代臺灣各志書門目。

三、教化的軌跡：從「失落的世界」到「美麗新世界」

　　官修志書的功能，主要作為施政的參考與教化的工具，所謂「志乘之書，所以備省風、而資問俗。故修志者，必當考其詳、紀其實」。[48]清代臺灣方志的撰述旨趣代表官方的意識形態，纂修者在徵採其俗和詳記其實之際，經世資治的理論基礎也直接滲透到風俗門類的內容鋪陳，不時呈現出「別有用心」的論述取向。基於清朝統治者的立場，臺灣係從原先的「化外之地」納歸大清帝國版圖，也是從先前曾經被外國政權荷蘭、西班牙的占領以及鄭氏王國的統治，重新進入大清一統帝國的體系運作之中。[49]改朝換代、政權轉移的特殊背景，再加上清代臺灣移墾社會的文化特質，皆促使治臺官員經由方志的纂修積極於端正風俗以安定地方的作為，以遂行大清帝國王者無外暨同風共俗的理想。風俗知識的建構與國家權力的運作，於是達成一體兩面的互助效果。誠如康熙三十五年（1696）高拱乾自序《臺灣府志》時提到：

> 夫有疆土，必有風俗；有制度，必有沿革。海外兵燹之餘，人心甫定、耳目未開，不為搜羅廢墜、纂輯典故，使天下觀者如身履其地而習其俗，無以彰聖天子一德同風之盛，廣久道化成之治；則亦守土者之過也。[50]

　　此種意念輾轉於各官修臺灣方志風俗門類的論述內涵上，自清初迄清末一以貫之。整體而言，風俗門類的論述焦點反映主事官員對於臺灣移墾社會的認知，攸關國家政策施行的需要，隱約之間也流露出

48　陳文達等，《臺灣縣志》，施世驃序，頁1。
49　王必昌等，《重修臺灣縣志》，金溶序，頁5-7。
50　高拱乾等，《臺灣府志》，自序，頁7。又如康熙59年施世驃序《鳳山縣志》時提到：「一方如此，他邑類然。可知盛朝車書一統，聲教無遠弗逮；實能使異方殊俗，漸化而與中華等」。陳文達等，《鳳山縣志》，頁3。

文化優越感的色彩。以下分別就風俗升降／與政推移的詮釋架構、原漢分野／習俗美惡的價值判斷、移風易俗／化番爲民的整治意圖等三個層面，詳細予以說明。

(一)風俗升降／與政推移的詮釋架構

在清代臺灣方志纂修者的意識裡，由於統治臺灣政權的數度易手，造成臺地風俗遞變，並且與傳統中國社會的風俗習尚互有別異，以至於受到修志官紳的注目。表露在他們文字描述中的訝異、欣喜或者歧視、排斥，其實是外來者面對新天地的通常反應，也是作爲詮釋主體的漢族文化看待異域文化的刻板印象。[51]蔣毓英等《臺灣府志》卷五〈風俗〉中提到臺灣初隸大清管轄之際的俗尚背景，實與中土之民有所不同：「臺灣自紅夷僭竊以來，因仍草昧；鄭氏父子相繼，民非土著逋逃之淵藪，五方所集處，未盡同風而易俗」。[52]縱然如此，治臺官員或修志人員本著風俗升降、與政推移的思維，認爲臺灣歸入大清帝國版圖之後，新政權營造新氣象，德化所被和風教所及，當地俗尚理應從此脫胎換骨且煥然一新，邁入歷史沿革的嶄新境界，開創太平和樂的盛世規模。高拱乾等《臺灣府志》卷七〈風土志·總論〉中陳述如此的看法云：

> 臺以千百年未闢之海宇，聖天子一旦擴清而平定之，因
> 天之時、順地之利、淑人之心，改正朔、易服色，禮樂
> 衣冠煥然一新。雖昔爲職方氏之所不載，而漸沐聲教，
> 以登大一統之隆，良足永垂不朽云。[53]

---

[51] 莊雅仲，〈裨海紀遊：徘徊於自我與異己之間〉，《新史學》，4卷3期，1993年9月，頁59-79；Emma Jinhua Teng, *Taiwan's Imagined Geography: Chinese Colonial Travel Writing and Pictures(1683-1895)*（Cambridge/Mass.: Harvard University Press, 2004），pp. 101-121.

[52] 蔣毓英等，《臺灣府志》，卷5，頁95。

[53] 高拱乾等，《臺灣府志》，卷7，頁206。

在高拱乾等人的心目中，臺灣風俗從荷西、明鄭時期的爭利偷安
轉變成清代前期的崇尚禮義，關鍵在於清朝地方官員的勵精圖治、
撫綏有功與教化得宜。[54]「風俗之端，成於教化；從隆從污，惟風行
草」，[55]清帝國主政者的決策與措施，直接影響臺地風俗的變遷和成
效，這種趨勢素爲各志書修纂者所稱羨。如陳夢林等《諸羅縣志》卷
八〈風俗〉敘論中說明諸羅縣原爲「海外屬邑，風氣固殊；番漢錯
居，情欲迥異。自癸亥歸順，仰沐皇風，觀風氣之轉移、邦人之丕
變、生番之率服，知聖天子之漸摩淪浹非一日矣」。[56]同卷〈氣候〉
中也提到：

> 臺灣自二十二年蕩平之後，聖化日新，氣化日變，禮樂
> 政刑所及有旋轉陰陽之功，是所謂參天地而贊化育者
> 矣。……蓋入版圖既久，陰陽之氣與中土漸近也。[57]

劉良璧等《重修福建臺灣府志》卷六〈風俗〉開宗明義敘說：
「臺陽，海中夷島也。自鄭克塽歸誠，始隸閩中；漳、泉之民多居
焉，故風尙與內郡無大異」，進而將臺風漸趨富庶安樂與仁義禮讓
的結果，歸功「在操轉移之權者」，也就是清廷官員的實際作爲。[58]
劉良璧等人更宣稱，由於臺灣「歸我朝版圖，深荷列聖悉心經畫，漸
摹涵濡，已非一日：化狉獠爲文物，躋黯昧於光明，士農工賈各安其
業」，再加上聖朝天子仁德配天、旋乾轉坤，甚至連「臺之氣候，近
亦與中土漸同矣」。[59]論述中嘗試以傳統天道、地理、人事一氣呵成

54　高拱乾等，《臺灣府志》，卷7，頁185-186。

55　陳文達等，《臺灣縣志》，卷1，〈風俗〉，頁233。

56　陳夢林等，《諸羅縣志》，卷8，頁135。

57　陳夢林等，《諸羅縣志》，卷8，頁180。

58　劉良璧等，《重修福建臺灣府志》，卷6，頁91。

59　劉良璧等，《重修福建臺灣府志》，卷6，頁100。另參見劉良璧自序，頁17-18。

的系統思維，將臺灣各地風俗轉化的原動力，統攝於一統帝國政治文化上的君臣分際。范咸等《重修臺灣府志》卷十三〈風俗一〉亦抱持相似的見解云：

> 自鄭氏挈內地數萬人以來，迄今閩之漳泉、粵之潮惠相攜負耒，率參錯寄居，故風俗略同內郡。我國家生聚教養，六十年於茲。雕題黑齒，且習衣冠；水土天時，漸移風氣。其何以進庶富之風，咸登仁讓哉？是在操轉移之權者。[60]

　　由此可見，清代前期修志官紳採取風俗升降／與政推移的詮釋架構，有效地配合風俗門類的凡例運用，積極爲方值鼎革之際的臺灣，形塑出聖王德化且昇平和樂的景象，俾與傳統中國社會共享一統帝國一視同仁的待遇。類似的意向，在王必昌等《重修臺灣縣志》卷十二〈風土〉的敘論中也表露無遺，其指出臺灣「雖五方萃處，侈靡相尙，而士敦詩禮、民勤耕鑿，沐聖朝之教養垂七十年，莫不蒸蒸然向化，共協於蕩平」。[61]同樣地，王瑛曾等《重修鳳山縣志》卷三〈風土〉中強調臺灣在明鄭統治時期所形成的不良風氣，一經「聖人御宇，轉移風化，壹之乎中和，範圍不過、曲成不遺，將使蹈地歌呼之眾，並習衣冠」。[62]直到光緒二十年沈茂蔭等《苗栗縣志》卷七〈風俗考〉開宗明義述說：「苗地係由新竹畫分，人文蔚起數十年、農商安業百餘載，則風俗既蒸蒸日上矣。但大醇不無小疵，是在父母斯民者或沿而襲之，或移而易之也。」[63]沈茂蔭等人認爲地方官員應該善盡教化的職責，以改良當時苗栗地區的風俗，貫徹大清帝國

60　范咸等，《重修臺灣府志》，卷13，頁397。
61　王必昌等，《重修臺灣縣志》，卷12，頁395。
62　王瑛曾等，《重修鳳山縣志》，卷3，頁45。
63　沈茂蔭等，《苗栗縣志》，卷7，頁113。

政通人和與長治久安的價值理念。

「風俗者，治之跡也」，[64]通觀清代臺灣方志風俗門類的論述中涉及風俗升降／與政推移的詮釋架構，除了表達其彰顯聖朝聲教無遠弗屆的用意，也是替大清帝國的有效統治進行意識形態的鋪路工作，反映精英社群對於民俗文化的一種期望或想像。然而，實現理想終須面對現實，清代臺灣的社會背景，難免使得修志官紳遭遇理想與現實互有落差的窘境。於是他們訴諸原漢分野／習俗美惡的價值判斷，來加以正本清源地規範。

㈡原漢分野／習俗美惡的價值判斷

官修志書代表統治者的立場，因應主政者的需要，富含大一統的政治意識與儒家傳統的禮教倫理。這套神聖化的價值觀念，也內化為修志官紳的選擇標準，轉化成他們形塑風俗表象的預設判斷。從認識論或文化學的角度，人們習慣以既有的文化環境所形成的概念架構，有條件地過濾外在世界的各種訊息，在認知的過程中提出合乎自我要求或一般認同的詮釋，排拒或批判與自身價值取向相容度不高的存在和觀念。[65]清代臺灣方志風俗門類善惡並書、瑕瑜互見的論述筆法，配合上「間以己意論列」的書寫方式，[66]使得原漢分野、習俗美惡的價值判斷，浮現在字裡行間或隱藏於文字背後。此種現象的產生，主要緣起於漢文化中心思想的自尊，[67]加上統治階層權力意識的制約，以至於在論述臺地風俗的過程中，有意或無意之間流露出王化／化外或文明／野蠻的差別歧視，尤其表現在以下兩個層面：

1. 主政者以儒學禮教暨國家統治作為權威性的衡量尺度，辨別臺地

64　陳淑均等，《噶瑪蘭廳志》，卷5上，〈風俗上〉，頁187。

65　Thomas S. Kuhn, *The Structure of Scientific Revolutions*, 2nd and enlarged ed.（Chicago: The University of Chicago Press, 1970），pp. 23-34, 111-135.

66　陳夢林等，《諸羅縣志》，卷8，頁137。

67　有關漢文化中心思想影響族群關係史的建構，可參見詹素娟，〈族群研究的「常」與「變」——以平埔研究為中心〉，《新史學》，6卷4期，1995年12月，頁127-163。

漢移民風俗與原住民習尚的優劣美惡。

2.掌控知識詮釋權的漢族群透過文化本位的有色眼鏡，審視「非我族類」之原住民的習俗風尚。

在此種思維架構之下，只要是合乎修志官紳的倫理價值觀或天下國家觀的內涵，便推崇爲「善風美俗」；凡被認爲其有悖儒學價值、違背禮教規範甚至威脅社會治安、困擾民生經濟的部分，即判定爲「陋俗惡習」。茲將清代臺灣方志風俗門類的相關論述擇要整理如表5-2所列，俾求一目了然。

表5-2　清代臺灣方志風俗門類關於原漢習俗美惡的描述

項目　　　書名	善　風　美　俗		陋　俗　惡　習	
	漢人部分	土番部分	漢人部分	土番部分
臺灣府志（蔣志）	親柩無久停，婢女無永錮	重少長賓主之義	賭博盜竊，結交營棍，扛幫詞訟，箝制官長。佞佛諂鬼，倫常漸乖	男女雜處，赤身裸體，相對飲食，略不羞避。殺人取頭
臺灣府志（高志）	士知孝弟，民皆力田。俗尚勉學，各安其業。柩無久停。舟車所至，聲教所敷	漸沐詩書禮義之教	侈靡成風，厭常喜新。信鬼神、惑浮屠、好戲劇、競賭博	無伯叔甥舅，無祖先祭祀。男女裸體對坐，淫慾之事。嗜殺好酒
諸羅縣志	兄弟同居，或至數世。柩無久停，婢無永錮。鄰里訴諍，片言解紛。互通有無，緩急相濟。巾幗之流，白首完貞。疾病相扶，死喪相助	憫窮敬長。漸習詩書，漸知禮法。雖富無婢妾、僮僕。不爲盜竊穿窬	不務正業，作姦犯科。傷倫理、助拳勇、尚結盟、長告訐。衣飾侈僭，婚姻論財。豪飲賭蕩，輕生圖賴。信巫觀劇。風水之惑	淫慾嗜酒，愚悍少慮。恣殺亡匿。文身跣足，男女裸體。隨地錯雜，未盡倫次。無祭祀儀，不識祖先。妖幻咒術

項目 書名	善　風　美　俗		陋　俗　惡　習	
	漢人部分	土番部分	漢人部分	土番部分
重修臺灣府志（周志）	士知孝弟，民皆力田。俗尚勉學，各安其業。柩無久停。舟車所至，聲教所敷	漸沐詩書禮義之教	侈靡成風，厭常喜新。信鬼神、惑浮屠、好戲劇、競賭博	無伯叔甥舅，無祖先祭祀。男女裸體對坐，淫慾之事。嗜殺好酒
鳳山縣志	農無遺力，相通有無。巾幗之流從容就義，白首完貞		服飾僭侈，婚姻論財。嗜酒樂睹。子不擇師，婦入僧寺。好觀劇、親異姓。輕生健訟	無伯叔甥舅之親，無祖先祭祀之禮。性好殺，取人頭，多聚骷髏以示勇
臺灣縣志	風醇俗雅。柩無久停。多習詩書。商賈百工各事其業，游手無賴之徒寡。男女不為奴婢		華奢相尚。葬俗非禮。賭風盛行。買女為妻，購男為子。演戲鄉間。婦飾華麗，豔粧市行。訟師為害。婦人入寺燒香，老尼養女為徒	
重修福建臺灣府志（劉志）	柩無久停，婢無永錮。家絃戶誦，涵濡化成。商賈百工，各事其業。不為奴婢。風俗樸實	雖富無婢妾僮僕。不為竊盜穿窬。習詩書，重禮讓，知廉恥，識尊卑	崇奢尚侈，華靡相耀。好事輕生，健訟樂鬥。賭博盜竊，淫酗累作。尚巫信鬼	好勇喜鬥，忿殺尚力。坐無倫次，隨地雜錯。男女同川而浴
重修臺灣府志（范志）	視疏若親，疾苦相恤。風俗樸實，互濟緩急。柩無久停。不為奴婢	漸習衣冠詩書	俗尚華侈，婚姻論財。好事輕生，健訟樂鬥。喪事悖禮。尚巫信鬼	喜酒好殺，各矜豪勇。無冠履衣服之儀，無婚嫁喪葬之禮

項目 書名	善 風 美 俗		陋 俗 惡 習	
	漢人部分	土番部分	漢人部分	土番部分
重修臺灣縣志	士敦詩禮，民勤耕作。視疏若親，疾苦相恤，民雖貧不為奴婢。居喪哭奠，柩無久停。商賈百工各事其業，游手無賴之徒寡	誦詩讀書，習經課藝。卑幼尊長，同輩相遜，有禮讓風。知勤稼穡。同井相助，以防姦宄	習尚華侈，宴必豐珍。喪事悖禮。婦人飾豔，結伴燒香。演劇靡費。尚巫信鬼。賭博盛行，長幼多習，負窮者或流於竊匪	男女嗜酒，雜坐歡呼
重修鳳山縣志	冠、婚、喪、祭禮節貴儉。疾病相扶，死喪相助。男女不為奴婢	敬長扶老	信巫、奢侈、賭博、盜竊	爭雄好殺
續修臺灣府志（余志）	視疏若親，疾苦相恤。風俗樸實，互濟緩急。柩無久停。不為奴婢	漸習衣冠詩書	俗尚華侈，婚姻論財。好事輕生，健訟樂鬥。喪事悖禮。尚巫信鬼	喜酒好殺，各矜豪勇。無冠履衣服之儀，無婚嫁喪葬之禮
續修臺灣縣志	視疏若親，周恤窮苦。民雖貧不為奴婢		俗信巫鬼。輕生喜鬥。聚黨。習尚華侈，恆以為奢。宴必豐珍，相互角勝。鴉片、賭局充斥	
彰化縣志	柩無久停。敬業樂群，敦詩好禮，安貧樂道。民無惰農，耕作勤勞	憫窮恤疾，尊長敬老。漸習詩書，漸知禮法。雖富無婢妾、僮僕。不為盜竊穿窬	喪事繁瑣。螟蛉承祀，背理傷倫。衣飾僭侈，宴客競豐。尚巫信鬼，建醮演戲。賭博	嗜酒恣殺，殺人取首。文身跣足，裸露軀體。妖幻咒術

項目 書名	善　風　美　俗		陋　俗　惡　習	
	漢人部分	土番部分	漢人部分	土番部分
噶瑪蘭廳志	愛習名器，敬惜字紙。男不為奴，女不為婢。婦女出門，荊釵裙布。物無滯積，人無棄才。士商樂業，相懷信義	不為盜竊穿窬，雖富無婢妾、僮僕	俗尚巫。游手無賴，閒散街衢	尚武勇，不知書，好酒嗜殺
淡水廳志	人文蔚起，敬惜字紙。貧不為婢。俗尚儉樸，愛惜物力		游手無賴，閒散街衢。崇奢重華，信鬼尚巫。符咒傷人，幻術恣淫	嗜酒恣殺
澎湖廳志	文風興盛，禮敬士紳。民勤尚儉，夜不閉戶，人鮮作姦犯科，節婦相望不絕		積貨居奇，奸商哄價。婚姻論聘，奸媒攬買。風水之俗，停棺不葬。信巫尚鬼，建醮演戲。持齋奉佛，男女雜處	
苗栗縣志	人文輩起。敬惜字紙。愛惜物力		游手無賴，閒散街衢。搬演雜劇，信鬼尚巫。男女雜居菜堂	恣殺殊悍
恆春縣志	勤勞克儉，性情敦篤		不事詩書，徒知畬搞	袒裸成群，不知恥辱

＊資料來源：據清代臺灣各志書門目內容。

　　表5-2中的概略條目所顯示的善風美俗，舉凡閩粵移民尊師孝

悌、愼終追遠的德性，安居樂業與婦女守貞的操守，以及守望相助、貧困相扶的善行，皆符合儒學傳統所講究的忠孝節義、三綱倫常與仁心慈善等道德規範，因此受到修志官紳的首肯。而其所讚揚的原住民漸習詩書、長幼有序與撫恤窮疾的善風美俗，多半夾帶著濡染漢化的解說前提或是循蹈華風的附帶條例，也就是依附於漢文化的論述脈絡才得以彰顯出來。

　　另一方面，不論臺地漢人崇奢重華的風氣、婦女拋頭露面的不雅、信鬼尚巫的習俗與輕生好鬥的作爲，或者原住民裸祖成群、倫常乖違、淫慾嗜酒和恣殺凶殘的行徑，大多與中國傳統男女有別的倫理觀、崇尚節儉的價值觀以及崇儒重道的禮教觀互相牴觸，「究非四民所宜尚」，[68]所以難見容於志書纂修者。值得注意的是，他們所鑑定的各種陋習惡俗，卻與清代臺灣移墾社會之「重商趨利」、「族群衝突」與「文教不興」的特色相一致。[69]移墾社會的民俗特性與生活常態在某些中國官員的觀察中，或許不免少見多怪；然而，他們的論述內涵也反映了這樣的事實：認知主體（修志官紳）的驚異不解，與認知客體（臺地住民）的習以爲常，顯示兩種不同社會背景或生活經驗的人們，在世界觀（Weltanschauung）上的分歧。

　　風俗知識主要是爲瞭解決現實的問題而成立，修志官紳呈現漢移民暨原住民之生活差異與習俗美惡的現象，審視其與中國傳統風俗並行不悖或背道而馳的同時，也具備有「移風易俗」及「化番爲民」的實質用意。換句話說，他們不僅做消極性的批判，更要積極性地整治，試圖將臺灣這個遠隔重洋的海天孤島，營造成一遵循傳統華夏文化秩序的「美麗新世界」。

68　林豪等，《澎湖廳志》，卷9，頁325。
69　蔡淵洯，〈清代臺灣的移墾社會〉，收於瞿海源、章英華編，《臺灣社會與文化變遷》（臺北：中央研究院民族學研究所，1986年），頁45-67。

㈢移風易俗／化番為民的整治意圖

　　瞭解風俗係控制民情的起點，觀念的落實往往涉及權力的運作。[70]面對臺灣這個曾經失落於中華帝國統治之外的海天新世界，治臺官員深切體會到風俗教化攸關國運的重要性，因此，移風易俗、化番為民的措施自然成為他們的施政目標。修志官紳陳述臺灣社會的風俗民情之餘，也大多強調端風正俗的必需性，嘗試透過體例的安排與內容的論述，提供治臺官員貫徹一體同風暨國富民安的有效途徑，從意識形態的層面作為統治者教化移墾社會群眾的工具。如首任臺灣知府蔣毓英有感於清初臺灣「地瘠而民貧，民貧而俗陋，誠可悲也，亦可念也」，[71]在其主修的《臺灣府志》卷五〈風俗〉中試著提出因勢利導的改善辦法云：「若夫端風化正人心，導之以節儉，示之以防閑，重廉恥而敦禮讓，煥然成文物之邦者。」[72]分巡臺廈道高拱乾等纂輯《臺灣府志》卷七〈風土〉中批評臺地奢侈浮華、信巫尚鬼與競賭好戲等風氣積弊已深，「為世道人心之玷，所宜亟變者亦有之」。[73]漢移民與原住民的奇風異俗甚至所謂陋俗惡習的存在，也是替官方移風易俗的意圖提供一項合理化的立足點。如陳文達等《鳳山縣志》卷七〈風土志〉開宗明義論及：

> 風之行也自上，俗之成也自下。然而五方之嗜好不同，四時之消長亦異。惟劑於中和，使無愆伏之患；示以樽櫛，用追康阜之隆。……於以徵一道同風之盛也，顧不休與！[74]

70　參考前引Michel Foucault之*Power/Knowledge*的論點。

71　蔣毓英等，《臺灣府志》，卷5，頁99。

72　蔣毓英等，《臺灣府志》，卷5，頁98。

73　高拱乾等，《臺灣府志》，卷7，頁187。

74　陳文達等，《鳳山縣志》，卷7，頁79。

　　該志書更具體指出鳳山縣境漢人冠、婚、喪、祭縟節太繁且浮費過甚，此種奢侈成風的現象，亟待改進。[75]陳文達等人另於《臺灣縣志》卷一〈風俗〉中批判臺灣縣境內積重難返的奢靡習尚云：「邑固屬外海之區乎，而俗沿華奢，行未盡合禮。風之所宜亟變也，去華而存樸，去奢而遵儉，舍陋習而敦禮義，勿使流而愈下，趨而日蹶。」[76]他們認為正本清源的做法，在於「習之所宜亟變也，移風易俗之權，是在良有司加之意焉」，以維繫施政者與被統治者主從統屬的權力關係，共同創造出風俗淳厚的社會文化。[77]陳夢林等《諸羅縣志》卷八〈漢俗〉有感於縣境內「功利誇詐近於齊」、「強悍險急近於秦」的陋俗惡習，嘗試徵考歷史的教訓，提出其心目中興利除弊以謀長治久安的可行方針云：「班史所謂文翁倡其教、相如為之師者，雖未篤信道德，亦救時之急務焉。若夫琴瑟不調，必起而更張之；遊食唆訟，頑凶之尤者，所謂怙終不悛。子產相鄭、王猛治秦，其效可睹已。」[78]陳夢林等人期能透過對於過往問題的理解，以掌握當時臺灣社會某些流俗弊端的癥結，進而在施政上發揮察古識今、鑑往知來的參考作用。也因此，他們延續了傳統倉廩實而知禮義、衣食足而知榮辱的觀念，主張「今不講求衣食之源流、民間之積儲，使之知節而藏富；欲求風俗之醇，不可得也」。[79]

　　清代前期修志者在風俗門類的論述中，大多強調移風易俗以保社會安寧的刻不容緩，同時以此自任，滿懷教化群眾的熱忱。直到清代後期，謝金鑾等修、薛錫熊增補《續修臺灣縣志》卷一〈風俗〉中猶懲於臺灣縣境內習尚奢華、糾紛不斷且民亂迭起，於是揭櫫「一道德而同風俗」、「移風易俗，天下太平」的大纛，「謂其偏且弊者，必

75 陳文達等，《鳳山縣志》，卷7，頁80。
76 陳文達等，《臺灣縣志》，卷1，頁233-234。
77 陳文達等，《臺灣縣志》，卷1，頁213-214。
78 陳夢林等，《諸羅縣志》，卷8，頁137。
79 陳夢林等，《諸羅縣志》，卷8，頁139。

一道德以同之，有所轉移更易，而後太平可致也」。[80]《彰化縣志》
纂修者周璽等人爲求杜絕縣民奢華無度、衣冠僭侈的積習，於該書卷
九〈風俗志〉序論中提出端正社會風氣的措施，其與陳夢林等人的見
解可謂前呼後應：

> 論治必先觀風，故觀於鄉，而知王道之易易也。然必有
> 教化，而後有人心；有人心，而後有風俗。人心風俗，
> 相為表裏，而原於教化，則所以移風易俗者亟矣。……
> 開草昧而啓文明者，惟賴君子之經綸耳。蓋敦俗在勸農
> 桑，……使知習於勤，則民勞而善心生，……尚乎儉則
> 費省而食用足，不致貧窮而為盜也。禮義廉恥興於富
> 足，……由是風俗淳俗厚，而上理可幾也。[81]

　　引文中表達了，移風易俗有賴主政者對於傳統禮教的加意宣揚，
並積極鼓勵善風良俗的普及，俾爲德治秩序的建立產生示範效用。林
豪等《澎湖廳志》卷九〈風俗記總論〉亦曾針對澎湖尙鬼信巫、恃眾
暴寡、持齋惑世、搆筆陷民、搶掠失水商船、停葬惑於堪輿以及學者
昧師弟之儀、農者憚耘鋤之力等積習陋俗，構思隨地施設、因利乘便
的整治辦法。[82]如其以該地區自泉、廈傳入的七子班演劇曲本，「最
長淫風，男婦聚觀，殊非雅道。是宜示禁，而准其演唱忠孝節義等
事，使觀者觸目警心，可歌可泣，於風化不爲無裨也」。[83]林豪等人
嘗試將官方意識形態滲透到民間流行戲曲的主張，其實也是傳統中國

80　謝金鑾等，《續修臺灣縣志》，卷1，頁51。

81　周璽等，《彰化縣志》，卷9，頁279。

82　林豪等，《澎湖廳志》，卷9，頁328-329。

83　林豪等，《澎湖廳志》，卷9，頁326。

社會地方官紳利用通俗文化灌輸統治階層價值理念的慣常手法。[84]

　　前舉各官修志書風俗門類中種種指陳時弊的論述，適足以反映長久以來臺灣社會各地「移風易俗」的成效未彰，不盡符合當時修志官紳所預期的理想境界。縱然如此，主事者既在其位，仍舊義無反顧且當仁不讓，呼籲地方官員相互配合，致力於從事以禮化俗的整治工作。

　　緣起於臺灣歷史文化的特殊性，移風易俗與「化番為民」的措施實為一體兩面，且往往同步進行。陳夢林等《諸羅縣志》卷八〈番俗〉中宣稱以儒學禮教轉易原住民習性的可能性：「有能宣上德意，因其所明、袪其所蔽，除化其獷悍難馴之氣，……而歸之於信義，亦無懷、葛天之世矣」，表露其對於教化原住民要務的體認。[85]其後，王瑛曾等《重修鳳山縣志》卷三〈番社風俗〉與周璽等《彰化縣志》卷九〈番俗〉序論裡一致附和《諸羅縣志》的主張。[86]此外，陳淑均等《噶瑪蘭廳志》卷五上〈風俗上〉敘論中明顯基於用夏變夷的理念，宣稱「今將馴獷鷙為善良，易狂獉以秩序」，期能道之以德、齊之以禮，上行下效且化及流風，造就「天時、水土、風氣漸移，鑿齒、雕題、衣冠並治」的社會風俗。[87]到了同治後期陳培桂等《淡水廳志》卷十一〈風俗考〉中鑑於「番俗雖編氓之外，而考其嗜欲習尚，俾我有所施化，尤不可得而略也」；是以其撰述風俗考的終極目標在於「化番為民」，「誘而馴之，罔不遵禮義之化也」，也就是改變北臺原住民社群固有的風俗習慣，將他們的思考模式與日常行為納入漢文化的價值規範之中。[88]

84　李孝悌，〈從中國傳統士庶文化的關係看二十世紀的新動向〉，《中央研究院近代史研究所集刊》，第19期，1990年6月，頁299-339。

85　陳夢林等，《諸羅縣志》，卷8，頁154。

86　王瑛曾等，《重修鳳山縣志》，卷3，頁67；周璽等，《彰化縣志》，卷9，頁295。

87　陳淑均等，《噶瑪蘭廳志》，卷5上，頁187。

88　陳培桂等，《淡水廳志》，卷11，頁297、306-307。

　　隨著一連串移風易俗、化番為民的倡導和實施，人為地助長臺灣各地風俗趨同於中國傳統禮教社會的文化形態。沈茂蔭等《苗栗縣志》卷七〈風俗考〉統覽光緒中期「民、番風俗，衣食器用與同治年間不甚相遠。惟頑梗之習日除、禮樂之風日振，則有加焉」。[89]這段論述，言簡意賅地說明了修志官紳所觀察到的，清代後期北臺原住民社會風俗變遷的結果。

　　綜上所述，風俗門類的論述取向反映了清代治臺官員或修志人員的認知中，臺灣移墾社會實然或應然的風俗現象。以福建士紳為主體的修志群基於官方有效統治的需要，[90]嘗試以傳統中國社會的風俗作為理想型的樣版，為僻處大清東南版圖的臺灣島域提供漢化的藍圖，進而塑造出其與中國大陸一體相連的社會形象，由此彰顯大一統帝國同風共俗的政治文化觀。論述的焦點所呈現的一般性，可簡示如下列圖5-1。

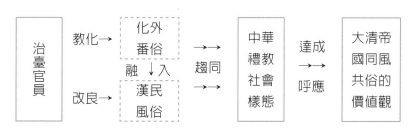

圖5-1　清代臺灣方志風俗門類的論述取向

四、結論：實然的刻劃與應然的詮釋

　　修志官紳對於風俗門類的注重，形成清代臺灣各級方志一項顯著的傳統。自蔣毓英等《臺灣府志》以降，各志書大多專闢風俗門

89　沈茂蔭等，《苗栗縣志》，卷7，頁122。
90　鄭喜夫，〈清代福建人士與臺灣方志〉，《臺灣風物》，20卷2期，1970年5月，頁3-8。

類，而范咸等《重修臺灣府志》、余文儀等《續修臺灣府志》且專列皇皇四卷的篇章介紹漢移民與原住民的風俗，更有如陳夢林等《諸羅縣志》卷八風俗志占全書最多篇幅的情形。[91]風俗門類的發凡起例以及漢、番或土、客習俗分述的綱目運用，猶爲清末至日治初期某些官修志書與採訪冊所仿效。[92]光緒十四年（1888）正月臺灣正式建省後，[93]薛紹元等人於光緒十八年（1892）九月擬纂《臺灣通志》所頒〈修志事宜〉第七條提到：

> 土客風俗，宜究其異同也。臺灣本無土著，生番即其土著。然自閩之漳泉、粵之惠潮嘉自內地徙居，歷年已久，悉成土著。而臺地所稱客莊者，乃指粵人所居而言，是閩又以粵爲客矣。其土風不同，俗尚互異；所有冠婚、喪祭、歲時、伏臘、剛柔、馴悍，均宜分別采風，著之於冊。[94]

　　風俗門凡例類目的成立，實與清代官修臺灣各級方志的一脈傳承相始終。即使光緒二十年（1894）屠繼善等修《恆春縣志》卷八〈風俗〉因「剋期告成，勢不逮已」的緣故，乃援依宋代王十朋、明朝李寒支「分賦爲志」的前例，僅以〈游瑯嶠賦〉權充篇幅。主事者

91 陳正祥，《中國文化地理》（臺北：木鐸出版社，1984年），頁245-246。

92 倪贊元，《雲林縣采訪冊》（臺北：臺灣銀行，1959年），頁21-33；陳朝龍等，《新竹縣采訪冊》（臺北：國立臺灣歷史博物館，2011年），卷7，頁371-418；鄭鵬雲、曾逢辰，《新竹縣志初稿》（臺北：臺灣銀行，1959年），卷5，頁175-192；林百川、林學源，《樹杞林志》（臺北：臺灣銀行，1960年），頁96-105；蔡振豐，《苑裡志》（臺北：臺灣銀行，1959年），頁81-90。

93 許雪姬，《滿大人最後的二十年──洋務運動與建省》（臺北：自立晚報社文化出版部，1993年），頁35-36、44-47。

94 盧德嘉，《鳳山縣采訪冊》（臺北：臺灣銀行，1960年），〈采訪案由〉，頁13。

在自責之餘，猶不忘期待「後之君子續志其備，將此作芟而去之，無穢全書，是爲遠禱」。[95]《恆春縣志》的例證，也反襯出纂修者審愼處理風俗門類的心態。

　　清代臺灣方志風俗門類的發凡起例與綱目架構，突顯出漢文化傳統採風陳俗／經世資治的理論基礎。修志官紳採取因地制宜、與時推移的原則來調整風俗類目的安排，以適應臺灣移墾社會「五方雜處」、「番漢混居」乃至於各地沿革不同、時異勢殊的現實情況。十七世紀後期方被納歸清帝國版圖的臺灣除了臺南地區之外，漢移民的聲勢仍遜於原住民的勢力。是以漢人視野所見，普遍拓墾未至、開化未深或聲教未及，這時期臺灣方志風俗門類多半著重於「化外番俗」的掌握和瞭解，間亦呈現漢人「篳路藍縷、以啓山林」的拓墾活動所形成的社會現象。隨著清代後期修志官紳的認知中臺灣社會「內地化」、「儒漢化」的傾向日趨明朗化，志書風俗門類的論述裡「漸習華風」的原住民風俗色彩，便逐漸淡化而去。另一方面，清代臺灣「內地化」與「土著化」之交互滋長與雙向發展的趨勢，[96]衍生從移墾社會轉化爲定居社會的風俗特質，其中與修志官紳的儒學價值觀相互牴觸的部分，即浮現出種種「陋習惡俗」的刻板印象，成爲風俗門類的論述中強烈抨擊的對象。

　　本篇從方志學理的角度切入，將「風俗（風土）志」單獨視爲清代臺灣方志中跨越時空而系統分明的知識範疇，在探究其理論基礎及論述取向的過程中，提供一種認知這項知識體系的權力運作和社會現實交互影響的可能。整體而言，風俗門類的外部格式與內在意涵，傳達了經世致用暨移風易俗的教化意念，藉以貫徹官方整治臺風暨以

---

[95] 屠繼善等，《恆春縣志》（臺北：臺灣銀行，1960年），卷8，頁137。

[96] 陳其南，〈土著化與內地化：論清代臺灣漢人社會的發展模式〉，收於中國海洋發展史論文集編輯委員會主編，《中國海洋發展史論文集》（臺北：中央研究院中山人文社會科學研究所，1984年），頁335-366；陳孔立，《清代臺灣移民社會研究》（廈門：廈門大學出版社，1990年），頁31-59。

禮化俗的初衷，並落實大清帝國有效統治的措施，最終達成如陳夢林等《諸羅縣志》所謂「天下車書一統，國不異政、家不殊俗」的理想。[97]此種觀念系統在實踐的過程中，大體延續了傳統中國上層精英文化整治下層通俗文化的遺緒，體顯出主政者將「異己」轉化成「我群」的意圖，[98]進而跨越應然與實然之間的界限，同時彌補理想與現實之間的落差。

　　如果我們從內地化／在地化之一體兩面的論點作為反思的起點，那麼清代臺灣方志風俗門類的理論基礎與論述取向，或有助於我們掌握在官方意向的主導與國家權力的推行之下，清代臺灣社會從所謂的「化外邊陲」到區域內地化或在地化的演變軌跡與呈現風貌。有鑑於此，當我們運用清代臺灣方志的風俗資料建構清代臺灣社會實態與文化發展的時候，有必要自覺地反省官方視鏡的色度和預設立場的角度，以過濾出其中受到漢文化主體有色眼鏡所透視過的訊息，試著把視角轉移成論述客體的本位觀點，將跨文化的知識追逐回歸到設身處地的基礎之上，以重組過去的社會概況並重構消逝的族群關係。[99]

---

[97]　陳夢林，《諸羅縣志》，卷8，〈漢俗〉，頁135。

[98]　李孝悌，〈十七世紀以來的士大夫與民眾──研究回顧〉，《新史學》，4卷4期，1993年12月，頁97-139。

[99]　關於這項方法論的反省或人類學的借鏡，可參見王明珂，〈民族史的邊緣研究：一個史學與人類學的中介點〉，《新史學》，4卷2期，1993年6月，頁95-120；詹素娟，〈族群研究的「常」與「變」──以平埔研究為中心〉，頁127-163；程俊南，〈清代臺灣方志在社會人類學的材料──以《臺灣府志》與《諸羅縣志》有關1717年以前的平埔族風俗紀錄為例〉，《臺灣風物》，49卷2期，1999年6月，頁65-88。

陸

援西學以資實用：
清代臺灣方志中的「西
學」論述

一、前言

　　十六世紀後期以降，以利瑪竇（Matteo Ricci, 1552～1610）爲首的入華耶穌會士傳入爲數可觀的西學知識，在中國知識界產生諸多的迴響。清代中葉以後，西學東漸的浪潮伴隨著歐洲勢力的擴張，持續在晚清社會激起無數的波瀾。[1]影響所及，清代臺灣方志的內文中，也出現若干涉及天文、地理或博物類的西學論述。這些形形色色的西學論述，有些是作爲方志文本的參證資料，以強化該項論說的合理性；有些則是附屬於方志各門類的知識系統中，呈現其相對於中國傳統觀念的特殊性。而當修志官紳表達其對於某些西學特質的理解之餘，偶亦流露出他們對於西學背後的天主（基督）教國度及其傳播主體——傳教士的質疑或批判。

　　在過去學界的相關研究中，學者方豪（1910～1980）將明清之際中西文化交流史的研究視角延伸至清代臺灣方志的學術領域，於1949年發表〈臺灣方志中的利瑪竇〉一文，針對清代臺灣方志中所謂利瑪竇臺灣星野之說的由來，以及陳夢林等《諸羅縣志》中關於利瑪竇的記載進行考察，成爲這項學術課題的先驅之作。方豪認爲，由於利瑪竇在晚明知識界擁有極高的知名度，被視爲當時西學東傳的首要人物，以至於產生「箭垛式」的效應。在此種學術氣氛的影響下，縱使清代臺灣方志的星野之說並不見於利瑪竇的著作，而係出自清朝欽天監歷年頒行的《時憲曆（書）》，但利瑪竇的名號卻在《諸羅縣志》等清代臺灣志書中與星野之說發生關係。[2]除此之外，

1　Jacques Gernet, *China and the Christian Impact: A Conflict of Culture,* translated by Janet Lloyd, （Cambridge: Cambridge University Press, 1985）；熊月之，《西學東漸與晚清社會》（上海：上海人民出版社，1994年）；郭雙林，《西潮激盪下的晚清地理學》（北京：北京大學出版社，2000年）。

2　方豪，〈臺灣方志中的利瑪竇〉，原載《臺灣文化》，5卷2期，後收於氏著，《方豪六十自定稿》（臺北：臺灣學生書局，1969年），頁605-620。另參見同書所收〈《諸羅縣志》傳入日本和列入禁書的經過〉、〈陳夢林與陳元麟事蹟彙輯〉，頁1004-1013。

　　方豪另於〈康熙五十三年測繪臺灣地圖考〉一文，整理出清代臺灣方志關於康熙皇帝遣派西洋傳教士至臺灣從事經緯度測繪的文獻資料，並就其內容進行考證和校勘，以呈現這批來臺傳教士的歷史性貢獻。[3]

　　利瑪竇等西方傳教士在清代臺灣方志中的出現及其形象的塑造，顯示出其人、其學在近代西學東漸史上的地位，同時也透露出修志官紳對於西方學術的態度。方豪先前的研究成果，啓發了筆者留意西學與清代臺灣方志之間的關係。事實上，清代臺灣方志中的西學論述，不僅涉及明清之際以利瑪竇爲主的入華傳教士所傳入的西學知識，也包括清代後期自強新政中的各項洋務事業。若能深入分析這些西學內涵的書寫方式、呈現風貌及其學術作用，將有助於我們洞察不同時期修志官紳引述西學元素的概念網絡，並理解這些臺灣方志文本中涉及西學論述的知識建構所具有的學術史意義。

　　本篇擬採取知識學的角度，探究清代臺灣方志引述西學的動機及其方式，剖析各類的西學元素在這些方志的知識系統中所占有的位置，並檢視不同時期的修志官紳對於西學所抱持的態度。本篇所指涉的「西學」，主要包括明清時期入華傳教士著作中的相關論述、中國官紳得之於西方人士的各種言論以及各類關於晚清洋務事業的描述。在資料運用上，以清代官修臺灣方志爲主體，兼及私修志書和其他清代筆記文集中涉及臺灣史事的記載。

　　全文的分析架構即呼應前述的問題意識，首先從西學論述在清代臺灣方志中的位置及其作用談起，次論修志人員引述西學的動機與取捨的原則，以及他們對於西學本身乃至於西方宗教與西方國度的選擇性認知。

3　方豪，〈康熙五十三年測繪臺灣地圖考〉，收於《方豪六十自定稿》，頁557-604。

二、西學論述的位置及其作用

　　在方志的書寫架構中，主要針對某一時期特定區域的沿革損益、政經情勢與社會文化等認知客體，設計一套有利於主政者觀風察俗及行政措施的體例門目，再將地方上的人事物資料，按類分門地擺進志書中適當的位置，經過一番刪削潤飾的修辭剪裁之後，最終形成修志官紳筆下的知識系統。分門別類係知識系統成立的基礎，聯繫著作者的才識卓見與價值取向。[4]研究主體藉由對研究客體所進行的分類，既制約著人們看待特定事物的角度，也規範了我們對於外在世界的認識。清代臺灣方志透過分門別類的方式，勾勒出修志官紳的視野中清代臺灣社會的輪廓，同時也傳達了統治階層所關心的焦點。至於西學元素在各方志門類之間的相對獨特性與相互關聯性爲何，以及西學論述占有的位置及其所具有的意義，則爲本篇所要探討的主題。

　　大致歸納起來，這些散見於方志各門類內文中的西學論述，主要涉及畫野分界的參證、自然現象的引述、風俗民情的對照以及晚清洋務事業的描述。從這些論述中，我們可以看出清代臺灣修志官紳面對西學新知所採取的思考架構，以及他們對於這些西學內涵如何加以分類與定位。

㈠畫野分界的參證

　　有清一代，位於東亞大陸東南海域的臺灣被納入中華帝國版圖，成爲被支配的地理空間。此處地理空間，也成爲中國方志傳統所收編的對象。基於清朝統治者的立場，收編的意涵在於將原先的未知模糊轉變爲清晰可知，也就是將原本的「化外之區」轉變爲「王化之地」，以使這處過往曾被「外夷」荷蘭、西班牙占領以及「鄭逆」統治的海天孤島，正式進入大清一統帝國的行政管理和天下秩序之

4　劉知幾撰，浦起龍釋，《史通通釋》（臺北：里仁書局，1980年），卷4，〈序例〉，頁87-89；章學誠，《文史通義·方志略例》（臺北：華世出版社，1980年），頁135-136、379-383、487-493、520-526。

中。方志作爲統治權力的象徵，自是以行政範圍的確定爲首要。誠如乾隆七年（1741）刊劉良璧等《重修福建臺灣府志》之〈凡例〉中所謂：「舊志星野、建置沿革、山川疆界，統歸封域。茲各區其類而以形勝附之，使閱者瞭然爲海表中華，得悉方輿之盛焉。」[5]

　　清代臺灣方志沿用中國傳統志書體例，通常在首卷冠以「疆域」、「封域」或「輿地」門類，以界定出該行政範圍的空間位置、沿革概要及其境內的山川形勢，作爲主政者施展統治措施的基本藍圖。「疆域」、「封域」或「輿地」門類中涉及西學的部分，主要出現在傳統星野（分野）之說的引證與經緯度定界的相關論述之中。

　　清代臺灣方志中的星野（分野）之說，係淵源於中國古代畫野分州的天文星占傳統，藉由《尚書·禹貢》中的九州區域對應二十八星宿、十二星次的界域，來定位出行政疆域所在的天文地理位置，並以此「觀妖祥，察時政」，判斷人世間的吉凶禍福，深具傳統天地人感應的色彩。[6]而這套「天垂象，見吉凶」的推算法則，不僅爲中國傳統星占學的核心理論之一，也被運用在太乙式法、占候、命算、擇日、風水等術數系統中。[7]自唐宋以降，星野之說逐漸滲透到方志傳統的書寫脈絡，成爲各志書輿地志、疆域志或地理志中刻劃行政區域的要素之一。由於星野之說的基本原則在於天上星宿分佈與地上各州國域的對應關係，伴隨著一統帝國的形成所進行的星野藍圖的隨機調整，於天地人合一的術數思維之中，也連結著一種中國正統的版圖

---

[5] 劉良璧等，《重修福建臺灣府志》（臺北：臺灣銀行，1961年），〈凡例〉，頁25。

[6] John B. Henderson, *The Development and Decline of Chinese Cosmology*（New York: Columbia University Press, 1984）, pp. 68-71；江曉原，《星占學與傳統文化》（上海：上海古籍出版社，1992年），頁62-74。

[7] Richard J. Smith, *Fortune-tellers and Philosopher: Divination in Traditional Chinese Society*（Boulder: Westview Press, 1991）, pp. 49-91, 131-219；張家國，《神秘的占候——古代物候學研究》（南寧：廣西人民出版社，1994年），頁133-140；何曉昕、羅雋，《風水史》（上海：上海文藝出版社，1995年），頁59-67。

構想與政治需求。[8]因此，星野觀念出現在臺灣方志卷首「疆域」、
「封域」或「輿地」門類中，其主要用意，還是爲了呼應大清一統的
天下意識，以強化臺灣島域與中國大陸之間的跨海聯繫。

　　康熙中期，由首任臺灣知府蔣毓英編纂的《臺灣府志》卷一〈分
野〉中，針對傳統星野之說的由來及其在臺灣方志中的作用，有如下
的一段概要性的敘述：

> ⋯⋯後人因地占星，即因星辨地，遂有分野之說。⋯⋯
> 至於臺灣，遠隔大海，番彝荒島，不入職方，分野之
> 辨，未有定指。⋯⋯按考臺灣地勢，極于南而迤於東；
> 計其道里，當在女虛之交，為南紀之極，亦當附於揚州
> 之境，以彰一統之盛焉。[9]

　　由此可見，修志官紳爲能彰顯大一統帝國的威盛，特將傳統天地
人感應的思維系統投射到臺灣全島相對於中國大陸的地理關係上，
尋求其在分野觀念中的定位，以確認臺灣歸屬於大清版圖的事實，
也就是所謂的「觀象於天，察利於地，而疆域定焉」。[10]此種意念，
大致爲清代臺灣方志專列星野之說以明畫野分界的基本旨趣。蔣志
之後，在康熙三十五年（1696）刊行的高拱乾等《臺灣府志》卷一
〈封域志・星野〉中，根據「臺係於閩，星野宜從閩」的前提，宣稱
這處清初始入帝國版圖的臺灣島域應被歸入《禹貢》揚州之域，天文
當屬牛、女分野、星紀之次。[11]

　　相對於高志的說法，在康熙五十六年（1717）刊行的陳夢林

8　張嘉鳳，〈中國傳統天文的興起及其歷史功能〉（新竹：國立清華大學歷史研究所碩士論
　　文，1991年7月），頁65-82。

9　蔣毓英等，《臺灣府志》（南投：臺灣省文獻委員會，1993年），卷1，頁3-4。

10　王瑛曾等，《重修鳳山縣志》（臺北：臺灣銀行，1962年），卷1，〈輿地志〉，頁1。

11　高拱乾等，《臺灣府志》（臺北：臺灣銀行，1960年），卷1，頁1-2。

等《諸羅縣志》則提出一些不同的見解。該書編纂者於卷一〈封域志·星野〉中引經據典，論辯臺灣全島以及諸羅縣星野位置的合理性，而內文中特別受到後世重視的部分，在於其根據陳元麟、《宋史·天文志》、利瑪竇、《爾雅》、晉朝郭璞、欽天監所定《時憲曆》等諸說，舉證臺灣島域不在九州之限，天文星野當為鶉尾之次，翼、軫之交。諸羅志中所登錄的這項說法，無異是將臺灣星野劃出了福建省域之外，後來遭到《鳳山縣志》、《重修鳳山縣志》、《澎湖廳志》等志書修纂者的質疑或抨擊。[12]值得注意的是，在這套有別於高志星野之說的敘述中，出現了「利瑪竇云：鶉尾之次，於律仲呂，岡山分野」的一段文字。[13]如學者方豪指出，此段引文並不見於利瑪竇的著述中，應係脫胎自清朝官定曆書《時憲曆》的相關說法。[14]所謂「外來的和尚會唸經」，《諸羅縣志》誤引這位「遠西畸人」的說法作為臺灣星野說的佐證，頗有借助利瑪竇這位「天學」權威以提升其論點之準確性的意味。[15]而這次的「誤引」，卻也創造了歷史。

　　在高志與諸羅志之後，臺灣星野之說大致形成了兩套傳統，各為後來的清代臺灣方志所傳承。兩派說法被輾轉引用的同時，也遭到不少的質疑、商榷及批評。如清代中期謝金鑾等《續修臺灣縣志》卷一〈地志·星野〉中指出：「二說者，其言各殊，然皆依附離合之見，無實驗云。」[16]後來的修志官紳往往依據不同的理解或徵考其他

---

[12] 陳文達等，《鳳山縣志》（臺北：臺灣銀行，1961年），卷1，〈封域志·星野〉，頁1-2；王瑛曾等，《重修鳳山縣志》，卷1，〈輿地志·星野〉，頁1-3；林豪等，《澎湖廳志稿》（南投：臺灣省文獻委員會，1998年），頁20、471-472。

[13] 陳夢林等，《諸羅縣志》（臺北：臺灣銀行，1962年），卷1，頁1-3。

[14] 方豪，〈臺灣方志中的利瑪竇〉，頁605-620。

[15] 實際上，明清之際知識界已陸續出現批評分野說的聲音，其中即包括和利瑪竇同為耶穌會士的艾儒略（Giulio Aleni, 1582-1649），以及受到西學影響的方以智（1611-1671）等人。參見 John B. Henderson, *The Development and Decline of Chinese Cosmology*, pp. 214-217.

[16] 謝金鑾等，《續修臺灣縣志》（臺北：臺灣銀行，1963年），卷1，頁4-5。另參見李元春，

文獻記載，隨機選取府志或諸羅志的臺灣星野之說，作為該志書中疆域門類的起點。例如，前引《續修臺灣縣志》之〈凡例〉中開宗明義宣稱：「星野之說，昔賢多議之者；蓋以本於術家，固難盡信。舊志以從牛女，牽合依附，非有確徵」；相形之下，《諸羅縣志》徵採陳元麟、利瑪竇所言臺灣與海島當從翼、軫的說法，「似較舊志稍為有據」。[17]

從清代前期的《諸羅縣志》發端，到清代中後期志書「疆域」、「封域」或「輿地」門類中依然存在的星野爭議，使得利瑪竇其人其說不斷地浮現檯面，成為清代臺灣方志文本中曝光率最高的西方傳教士，形成了一種依附於天文星野之說的利瑪竇形象。在同治十年（1871）刊《淡水廳志》卷二〈封域志·星野〉中，將先前高志、諸羅志中旁徵博引的臺灣星野之說，濃縮成如下的敘述：

> 《史記·天官書》：「揚州，牛女分野。」福建屬揚州，臺灣屬福建，淡水屬臺灣，分野當從同。或本西人說，當從翼、軫。顧占星之術既渺，民生吏治無所關涉，存其綿蕞，即得天道遠、人道邇。治廳縣者，惟當盡人道；星占有變，則加儆焉可也。[18]

陳培桂刪去諸羅志中關於臺灣星野當屬翼、軫之說所徵引的陳元麟、《宋史·天文志》、《爾雅》、晉朝郭璞與《時憲曆》等資料，將該說的來源逕自歸本於「西人」──也就是利瑪竇的代稱。此種簡化的結果，益加突顯出這位「西學東漸第一師」利瑪竇在清代臺

　　《臺灣志略》（臺北：臺灣銀行，1958年），卷1，〈地志〉，頁3-4。

[17] 謝金鑾等，《續修臺灣縣志》，〈凡例〉，頁13。

[18] 陳培桂等，《淡水廳志》（臺北：臺灣銀行，1963年），卷2，頁23。

灣星野建構史上的權威地位。[19]

　　另一方面，清代臺灣方志中的星野之說因聚訟紛紛，徒增修志官紳莫所適從的感慨；[20]再加上星占理論的艱澀難解且渺而難憑，修志官紳或認為其無關吏治民生，對於這套天文地理觀念往往抱持著姑且存之、以備觀覽的態度。[21]星野之說在清代中期以後的臺灣志書中逐漸被簡化，隱約反映出這套星占觀念作為畫野定界的參照價值已然動搖。到了清代後期，臺灣方志疆域門類的天文星野之說，最終轉換成以西方經緯度座標為主的定位系統。

　　以經緯網在地球表面上標劃出確定的地點，為歐洲地圖測繪學的一項重要傳統。[22]晚明入華耶穌會士利瑪竇、艾儒略（Giulio Aleni, 1582～1649）等人透過世界輿圖及地理專著的方式，將這項西方測繪法則傳入中國知識界。康熙五十三年（1714），清廷為編繪《皇輿全覽圖》一事，曾派遣法國傳教士雷孝思（Jean-Baptiste Régis, 1663～1738）、馮秉正（Moyriac de Mailla, 1669～1748）等人至臺灣實測經緯度。此事後來被收入康熙朝《諸羅縣志》、康熙朝《臺灣縣志》、康熙朝《鳳山縣志》、乾隆朝《重修鳳山縣志》與乾隆朝《重修臺灣縣志》等志書卷一「封域」、「輿地」門類的內容中，其作用主要是作為疆界新舊說之佐證。[23]就政治文化層面而言，如《諸

---

[19] 直到日治初期，由蔡振豐完稿的《苑裡志》卷上〈封域志·星野〉以及由林百川、林學源編成的《樹杞林志》之〈封域志·星野〉中，亦將臺灣星野當從翼、軫之交的說法，歸本於「西人之說」。蔡振豐，《苑裡志》（臺北：臺灣銀行，1959年），頁16；林百川、林學源，《樹杞林志》（臺北：臺灣銀行，1960年），頁11。

[20] 王必昌等，《重修臺灣縣志》（臺北：臺灣銀行，1961年），卷1，〈疆域志·星野〉，頁1-2。

[21] 周璽等，《彰化縣志》（臺北：臺灣銀行，1962年），卷1，〈封域志·星野〉，頁5；沈茂蔭等，《苗栗縣志》（臺北：臺灣銀行，1963年），卷2，〈封域志·星野〉，頁20-21。另參見前引《淡水廳志》、《苑裡志》、《樹杞林志》等志書的說法。

[22] 李旭旦譯，《地理學思想史》（北京：商務印書館，1989年2版），頁46、52。

[23] 方豪，〈康熙五十三年測繪臺灣地圖考〉，頁557-604。

羅縣志》卷一〈封域志・疆界〉中所云：「欽差大人繪畫地圖，勘丈里數，而道里遠近乃定」，[24]或是像《重修鳳山縣志》卷一〈輿地志・疆界〉之附錄中所提：「上命大人涉波濤、歷險阻，親按地形，勘定疆界，輿圖已登天府。」[25]此類敘述，似乎也代表大清帝國的最高主政者，試圖透過西學中的天文測繪技術，以協助帝國版圖的確認以及地方疆界的定位。

康熙後期，清廷已然在臺灣進行經緯度測量以編繪全國輿圖，然而，清代前、中期的臺灣方志所列疆域圖概以山川圖為主流。直到同治十年刊《淡水廳志》始按經緯度座標系統製圖，並附上以里為單位的比例尺。[26]如該書卷一〈圖・山川・圖說一〉中參照《廣東通志》所提西方經緯度製圖法則云：

> 查西法以天之度計地之里，於是有北極高度，東西偏度之圖……。今以京師北極出地三十六度子午線為中度，直至閩之汀州、粵之潮州止，是為南北經度，自二十五度至二十三度止為東西緯度。每方一度六十分、為里二百五十，此乃直度里數，非驛路所經之迂數也。紙方狹小，弧線不易，圖故不載。今繪全圖一，分圖四。圖析為十格，為里二十有五，為方不同；而積分求度，按度計里，其致一也。[27]

---

24 陳夢林等，《諸羅縣志》，卷1，頁6。

25 王瑛曾等，《重修鳳山縣志》，卷1，頁8。

26 臺灣銀行經濟研究室編，《臺灣地輿全圖》（臺北：臺灣銀行，1963年），〈弁言〉，頁1-2。另參見夏黎明，《清代臺灣地圖演變史——兼論一個繪圖典範的轉移歷程》（臺北：知書房出版社，1996年）。

27 陳培桂等，《淡水廳志》，卷1，頁18。

　　根據這項測繪原則，修志人員進一步指出淡水廳轄區的繪圖構想，以及經緯度製圖法在當時實際操作上的侷限性云：

> 今淡水僻居海外，一時不能測，刪以輿圖經緯度計之，僅能詳其度數分秒，細數未詳。海外里數極長，淡屬自大甲起、至三貂溪止，綿延七站，輿夫窮日之力，僅行五十里。……今圖內里數、以步核計，昭其實也。其餘或云三百餘里，或云四百餘里，不一而足，存其真也。[28]

　　值得注意的是，《淡水廳志》卷一擬採用經緯度測繪法以確定行政疆域的同時，在其後的卷二〈封域志〉中仍然保留傳統的星野之說。將舊說新知兩相並陳，流露出一種「過渡性」的色彩。到了光緒中後期，林豪（1831～1918）在《澎湖廳志》卷一〈封域・晷度〉中根據乾隆朝《欽定熱河志》的前例，正式採用西方經緯度定位法則來取代傳統的星野之說。該卷敘述「澎湖最南緯度距赤道北二十三度十一分，最北緯度距赤道北二十三度四十七分，最西經度偏東二度四十八分，最東經度偏東三度一十一分」、「澎湖西嶼北極出地二十三度七分，金嶼二十四度，礁臺二十三度四十分四十二秒」之後，更列出二十四節氣「日距赤道表」，並闡述經緯度測量法則的理論基礎及其應用在澎湖疆界定位方面的實務。至於過往臺灣修志官紳爭議不斷、難有定論的星野舊說，林豪則依據《大清一統志》的體例，將之編入該卷的附錄。[29]

　　類似的情形，亦出現在割臺之前由蔣師轍、薛紹元編纂的《臺灣通志》中。作為臺灣設省之後的第一部省通志稿，其〈疆域・晷度〉援用西方經緯度的定位法則，並徵引《廣東通志》批判中國傳統

28　陳培桂等，《淡水廳志》，卷1，頁18。

29　林豪等，《澎湖廳志》（臺北：臺灣銀行，1963年），卷1，頁9-12。

的測繪之法。該書在羅列日距赤道表後，雖於卷末引述不少的中國傳
統舊籍來商榷「其傳最古」、「迄無定論」的星野之說，但此說在其
疆域門類中的角色，明顯已退居到邊陲的位置。我們從通志編纂者如
下的一段敘述，亦可窺知端倪：

> 我朝聖祖仁皇帝，生知天縱；探象緯之原，通中西之
> 術。臨臺測驗，無累黍之差。高宗純皇帝敬天法祖，首
> 重民時，欽定《熱河志》，刪星野之談天，測斗極之出
> 地，名曰晷度。今敬遵聖制，立晷度類。[30]

原本作爲臺灣方志「疆域」、「封域」或「輿地」門類開場的天
文分野劃界之說，經過長時期與西學的反覆拉扯，至此僅具有「雞
肋」般的點綴作用。

從《諸羅縣志》卷一〈封域志·星野〉中引據利瑪竇的論述開
始，經過後來方志的輾轉引用，逐漸形塑出利瑪竇在清代臺灣星野舊
說中的「權威」形象。[31]但這種權威性，畢竟還是依附於中國傳統學
識的主流論述才得以呈現出來。值得注意的是，首度讓利瑪竇星野之
說登場的《諸羅縣志》，也是最早記載西方傳教士奉命來臺測繪經緯
度的清代臺灣方志，雖然這項實測臺灣經緯度的記載仍持續出現在清
代中期的方志之中，但似乎未能動搖志書中傳統的星野之說及其繪圖
方式。直到清末修志官紳採用西方經緯度定界法則以取代傳統星野之
說，西學論述在臺灣方志開場的疆域門類中才取得了相對主流的位
置。但隨著大清帝國對於臺灣的統治爲日本所終結，也宣告了臺灣方

30　蔣師轍、薛紹元編纂，《臺灣通志》（臺北：臺灣銀行，1962年），頁3-7。

31　這種情形，好比在特定區域的山川形勢或地理名勝中，方志編纂者有時會徵引「形家」之說
　　或「堪輿」之言，來強化其非比尋常的特殊性或優越性。參見洪健榮，《龍渡滄海：清代臺
　　灣社會的風水習俗》（新北：花木蘭文化出版社，2015年），頁155-158。

志史上另一種西學影響的開始。[32]

(二)自然現象的引述

　　清代臺灣方志中將利瑪竇引入傳統星野之說的知識範疇中，至清代後期逐漸以西方經緯度的定位座標來取代固有的天文分野系統，與此同時，也讓西方地圓觀念出現在這些涉及天文地理測繪法則的論述之中。

　　傳統中國的輿地知識，主要是建立在天圓地方觀與中國中心論的基礎上，以中國大陸作爲定位空間，來掌控宇內四方及邊裔各地的地理形勢。[33]相形之下，地圓說則是西方古代天文曆算學暨地理學傳統中的顯著觀念。[34]明清之際西方傳教士入華傳教的同時，也透過世界輿圖和圖解說明的方式，陸續介紹歐洲歷經所謂「新大陸發現」與完成環球航行所誕生的世界地理知識，並敘及中世紀經院哲學與亞里斯多德─托勒密天文曆算體系中的地圓論證。西方地圓觀念在明清時期中國知識界的流傳，曾掀起了不少關於大地形狀及其關聯之政治文化秩序的爭議。[35]康熙後期，浙江仁和人郁永河（1645～？）曾冷靜地思索西方地圓說的合理性，在他所撰〈宇內形勢〉一文中以持平的態度，將東西方的宇宙論和天地觀互爲參照，據此推論中國所處大地圓體上的地理位置云：

[32] 關於日本統治時期在近代西方學術的影響下，導致臺灣方志之體例內容演變的情形，可參見王世慶，〈日據時期臺灣官撰地方史志的探討〉，《漢學研究》，3卷2期，1985年12月，頁317-348。

[33] 姜道章，《歷史地理學》（臺北：三民書局，2004年），頁379-380、387-389。

[34] David C. Lindberg, *The Beginnings of Western Science*（Chicago/London: The University of Chicago Press, 1992）pp. 39-42, 54-62, 98-105.

[35] 郭永芳，〈西方地圓說在中國〉，收於《中國天文學史文集》第4集（北京：科學出版社，1986年），頁155-163；祝平一，〈跨文化知識傳播的個案研究——明末清初關於地圓說的爭議，1600-1800〉，《中央研究院歷史語言研究所集刊》，69本3分，1998年9月，頁589-670。

> 天宇外涵大地，虛懸於中；古以卵為喻，似近之矣。
> 海水附隸於地，而包山川原隰者又海也。其中四夷八
> 荒，各占一區，如盆盎中貯水石然。……然吾人所居，
> 自謂中華大國，未免見大言大；不知大本無據，而中亦
> 未然。夫天地之體，既皆圓矣，人處宇內，頭載天而
> 足履地，何莫非中？若必求天地之中，則惟北極天樞之
> 下，……庶幾足以當之。……中國一區道里雖廣，若以
> 天樞揆之，其實偏在東南，而東南半壁，又皆海也。[36]

　　郁永河的論述，不再拘泥於中國當居天下地理中心的傳統意識，
轉而正視大地圓體、無處非中的世界圖像。然而，這類的見解在當時
的中國知識界恍若空谷足音、非比尋常。清代前、中期的臺灣各級方
志中，在天圓地方被視為理所當然或是對星野之說習以為常的學術氣
氛下，我們幾乎看不到西方地圓觀念的相關描述。直到晚清時期，
由於地圓本身為推闡西方天文曆算法則的宇宙論基礎，在西方天文
幾何模型體系中具有舉足輕重的地位，[37]因此，臺灣方志採用西方經
緯度定位系統之際，始引述地圓觀念作為這項測繪技術的前題。如
《淡水廳志》卷一〈圖·山川·圖說一〉中，即以「地居天中，其體
渾圓，與天度相應」的經緯度測量法則，來考量淡水廳圖的繪製方
式。[38]《澎湖廳志》卷一〈封域·晷度〉中標出澎湖的經緯度位置之
後，亦回歸到「地居天中，其體渾圓，與天度相應」的觀念，審慎
地思考西方測度法則的技術性問題。[39]此外，如清末《臺灣通志》之

---

36 引自郁永河，《裨海紀遊》（臺北：臺灣銀行，1960年），頁69。
37 席澤宗，〈十七、十八世紀西方天文學對中國的影響〉，《自然科學史研究》，1988年第3
　　期，頁237。
38 陳培桂等，《淡水廳志》，卷1，頁18。
39 林豪等，《澎湖廳志》，卷1，頁11-12。

〈疆域‧晷度〉中的案語指出：

> 地居天中，其體渾圓，與天度相應。中國當赤道之北，
> 北極常見，南極不常見。……臺灣臺北府度、分，乃實
> 測之數；各府、州、縣，第據輿圖約計之耳，恐有未
> 確。附求法一則，使居其地者，人人得以參考焉。南北
> 緯度易測，東西經度難知，緯度測二格之低昂，經度測
> 月食之早晚。[40]

　　奠基於天地俱圓且度數相應觀念的經緯度定位法則，以其相對精
密的度數測量原理，為清朝統治者提供更加清晰的行政版圖界域，此
舉與方志的修纂旨趣大體相符。換句話說，西方自然地理觀念的接受
與否，主要還是呼應大清帝國有效控制的輔治意圖。

　　明清時期，中國知識界透過西方人士的介紹獲知大地圓體的觀
念，也接收到近代歐洲歷經「地理大發現」之後所誕生的五大洲世界
知識，為中國士人開啟了嶄新的視野。在清代臺灣方志中，我們也可
以看到修志官紳將西學關於天地自然的觀念引入相關門類中，作為論
述的參證。如康熙中期，蔣毓英等《臺灣府志》卷三〈敘川〉中針
對潮汐現象的敘述，雖然宣稱「古人之論詳矣」、「通之四海而皆
然」，但也不忘揭示「然亦止於九州封域之內」的附帶前提。府志編
纂者徵考當時荷蘭人的說法，來為傳統潮汐之說補充各種別有天地的
奇聞異象云：

> 及今紅彝所言，彼地有夏、秋概晝，春、冬永夜之處；
> 又洋船為颶風所飄，嘗至萬水歸東之會，水皆東流而強

急，無復潮汐，南北流愈甚，則水泥而沸，非東風大作
不可挽回。若此之處，理之所窮，又非人之所可測矣。[41]

就方志文本所具有的博物學內涵來看，外來的事例不僅可以擴展
自然知識的面向，亦可以考證傳聞舊說的是非曲直。如乾隆三十年
（1765）朱仕玠《小琉球漫誌》卷二〈海東紀勝（上）〉中，以季
麒光《臺灣雜記》所載而府志採入傳聞中位於臺灣東北的暗洋，其境
內自然現象特殊，至秋成晝，至春始旦，並有鬼怪出沒其間，此與
《山海經》所載西北海外章尾山燭龍之事相類，「似涉荒唐」。該志
書作者秉持大荒之外、靡所不有的想法，特引證晚明入華耶穌會士陽
瑪諾（Manuel Diaz, 1574～1659）所著《天問略》中關於西方人士
遠洋航行的親身見聞，來考察暗洋之地晝夜現象的可能性，最終否決
了這項傳聞的可信度：

> 如極西所著天問略云：西國人親經歷，地近北極者，夏
> 至日晝愈長、夜愈短，有全十二時為晝、三十日為晝、
> 六十日為晝、六月為晝者，亦或有其事。然臺灣與海東
> 諸國遠離北極，而茲地在臺灣東北，相距應不甚遠，事
> 益難信；況君子固道其常也。[42]

臺灣島位處於亞洲大陸東南的海路交通要衝，氣候條件優良，適
合各類作物的移植與繁衍。自蔣毓英等《臺灣府志》以降，[43]在清代

41　蔣毓英等，《臺灣府志》，卷3，頁22-23。
42　朱仕玠，《小琉球漫誌》（臺北：臺灣銀行，1957年），卷2，頁24。按：《天問略》初刻
　　於明代萬曆43年（1615），其內容主要採取問答體的方式，闡述宇宙天體結構與天文曆算法
　　則。該書收於李之藻編，《天學初函》（臺北：臺灣學生書局，1966年），第5冊。
43　蔣毓英等，《臺灣府志》，卷4，〈物產〉，頁41。

臺灣方志的「物產」門類中，也出現了一些外來特產的描述，如歐洲荷蘭自東南亞移植的檨、波羅蜜等果類，增添了物產門類的異國色彩。從方志文本的知識系統來看，當編纂者對於臺地物產進行分類辨識的同時，偶亦著眼於特定物產對於民生日常的用途。如丁紹儀於同治十二年（1873）初刊的《東瀛識略》卷五〈物產〉中，爲了突顯晚清臺灣彰化、淡水等地特產樟腦的特殊功效，特舉出「傳聞美國有一地多蟲，惟畏樟腦，爲殯殮所必需，年運至粵東，轉鬻西商，不知凡幾」的例證，[44]藉由中西對照的方式，來增強論述本身的作用。

　　存在自有其合理性，綜觀中國明清時期的西學知識，大多出現在合乎清代臺灣修志官紳情理標準的位置上，以發揮其佐證的功能。志書編纂者不僅留意到西學中關於天地自然的知識內涵，同時也關注到西學中涉及五大洲洋的人文地理知識，並引以參證臺灣各地的風俗民情。

㈢風俗民情的對照

　　明清時期，西方人士透過輿地專著或口述流傳的方式，將當時環球各地的奇風異俗展現在中國人士面前；這些所謂的奇風異俗，基本上是相對於歐洲文化中心觀的主流價值而言。值得注意的是，此種帶有中心／邊陲或是文明／野蠻之價值區分的有色眼鏡，也適用於某些清代臺灣官紳的視覺。地方官紳從漢文化中心的本位視角探出，偶爾會在五大洲殊域風俗與臺灣各地「番俗」之間，發覺到一種相似性。例如，丁紹儀於同治十二年初刊的《東瀛識略》卷六〈番社〉中，在描述臺灣各廳縣的原住民部落之後附註一段文字，全文首先徵考季麒光《臺灣雜記》、郁永河《裨海紀遊》中關於臺地原住民由來的見解，緊接著提出異議。丁紹儀認爲，先前文獻所秉持的外來之說，「似未足信。蓋有土即有人，猶之有水即有魚」。爲了強化這項觀點的說服力，他進一步徵引西方人士的說法作爲參證：

---

[44] 丁紹儀，《東瀛識略》（臺北：臺灣銀行，1957年），卷5，頁59-60。

聞西人新闢之美利加、奧大利亞等處皆先有土蠻生長其
間，亦知飲食男女，所異者言貌性情耳。臺灣土番多深
目高鼻，不同內地人，必欲溯其種之所自，鑿矣。[45]

　　丁紹儀藉由美、澳兩洲異域風俗民情的對照，以襯托出臺灣「土
番」應即土生土長的原住民。除了種族的來源問題之外，丁紹儀以西
學參照臺俗民情的同時，亦關注於臺地主政者移風易俗——改造化
外「番俗」的必要性。在《東瀛識略》卷六〈番俗〉後的附註中，
他徵引晚明入華耶穌會士艾儒略於天啓三年（1623）初刻的《職方
外紀》卷四〈西北諸蠻方〉中，記載印第安人出沒的北美西北部，
「人愈野，無城郭、君長、文字」，「俗好飲酒，日以攻殺爲事。凡
出鬥，則一家持齋祈勝；勝而歸，斷敵人頭以築牆；若再鬥，家中老
人輒指牆上髑髏相勸勉：其尙勇好殺如此」；而原屬野蠻落後、未經
開化的部落區域，由於「近有歐羅巴教士至彼，勸令敬事天主，戒勿
相殺，遂翕然一變」。在艾儒略的論述中，由於傳教士教化土著的努
力，已然爲過去失落於歐洲文明之外的荒蕪舊天地，營造出一個歸屬
於天主正教信仰的美麗新世界。丁紹儀認爲，《職方外紀》所鋪陳的
理想境界，正可作爲清代臺灣官紳教化原住民的參考先例：

所紀乃新闢美利加洲北鄙本有之土蠻也，其猓狑不異臺
番，而兇悍特甚，西人導以支離恍惚之教，竟易其俗；
乃謂生番雖有人形、全無人理，不可以王政化，豈不冤
哉！[46]

　　在丁紹儀的心目中，對比於歐洲傳教士教化美洲新大陸原住民

45 丁紹儀，《東瀛識略》，卷6，頁71。
46 丁紹儀，《東瀛識略》，卷6，頁79。

的做法，由於寰宇之間原本存在著文明／野蠻的文化落差，如此一來，既爲臺地官紳留下了移風易俗的空間，同時也是臺灣原住民從「野蠻」邁向「文明」的契機。論述中呈現出一種華夏文明相對於異域文化的優越性，期許治臺官員能積極地投入「端風正俗」的教化作爲，幾乎與《職方外紀》中「歐洲人的負擔」之類的情結相互呼應，[47]傳達了一股近似外來殖民者的征服心態。

　　清代臺灣志書的纂修者概多強調臺灣係從古未屬於中國的荒島，自前明始「發現」此地，至大清帝國統治時期才開始加以經營。類似的說法，其實是秉持漢族中心主義的立場及其文化優越感所做出的論述，幾乎忽略了原住民長期在福爾摩沙島上的生活足跡，漠視他們早已在這塊土地上自立、自主與自治的歷史事實。對於治臺官紳而言，臺灣當然是一個「新開發」的地理空間；爲了方便統治上的需要，官方的分疆劃界先將尙未歸化的「生番」地界加以排除，定位其爲未隸版圖的「化外」領域，俟其輸誠歸化後再版圖其地，以伸張「王化」，將之視爲一種統治者對於「歸化者」的恩惠。清代後期，由於牡丹社事件及其後的外力侵擾，促使清廷積極地推動所謂的「開山撫番」事業，力圖將後山的「化外番地」盡收版圖，宣示大清帝國的領土主權，以斷絕外國人士的覬覦。[48]在官方統治力量擴張的過程中，某些未曾或鮮少被漢人官紳所認知的原住民風俗，也逐漸被納入漢文化的視界中。與此同時，西學知識偶亦成爲其洞悉化外「番俗」特質的一扇窗口。如光緒二十年（1894）屠繼善等人於

47　關於《職方外紀》中的世界地理論述對於非天主教地域的歧視與偏見，可參見洪健榮，〈明末艾儒略《職方外紀》中的宣教論述〉，《輔仁歷史學報》，第24期，2009年12月，頁159-192。

48　李國祁，〈清季臺灣的政治近代化──開山撫番與建省，1875-1894〉，《中華文化復興月刊》，8卷12期，1975年12月，頁4-16。關於晚清臺灣「番地」轉化爲帝國領土的歷史過程及其相關的爭議，另可參見Lung-chih Chang, "From Quarantine to Colonization: Qing Debates on Territorialization of Aboriginal Taiwan in the Nineteenth Century," 《臺灣史研究》，15卷4期，2008年12月，頁1-30。

《恆春縣志》卷末〈舊說‧附紅頭嶼與火燒嶼〉中，記載一處位於恆春縣東八十里的孤島紅頭嶼云：

> 番族穴居，不諳耕稼，以蒔雜糧、捕魚、牧養為生。樹
> 多椰實，有雞、羊、豕，無他畜。形狀無異臺番，性最
> 馴良。牧羊於山，剪耳為誌，無爭奪詐虞之習。民人貿
> 易至其地者攜火槍，知其能傷人也，輒望望然去之。語
> 言有與大西洋相似者，實莫測其所由。[49]

　　作者在描述紅頭嶼（今蘭嶼）的風土民情之餘，透過其與西方國度語言相似性的比對，讓他們初步掌握了一道如何理解當地原住民俗尚的入門，即使對於其族類的來龍去脈仍存有認知上的模糊性，然而，這至少是進一步理解的起點。

　　方志編纂非徵之文，即考之獻，修志官紳採風問俗以編次成志，作為主政者移風易俗的參考範本，為方志傳統主要的資治功能。有清一代，臺灣本土大體呈現「番漢雜處」的社會形態，相對於中國傳統社會習以為常的漢文化風尚，臺地原住民的「奇風異俗」自然成為修志官紳所關注的對象。他們將西學中似曾相識的殊域風俗資料引入方志的相關論述中，採取中西對照的方式，以映襯出臺灣原住民俗尚的「奇異」特點。修志官紳表達其對於臺地「番俗」之刻板印象的同時，並期望能藉此作為主政者「化番為民」的依據。經由西學知識的對照，達成了一種「仲介」的效果，因而拉近了修志官紳與臺俗民情之間的距離感。當然，在這些風俗論述的背後，主要還是為了因應國

49　屠繼善等，《恆春縣志》（臺北：臺灣銀行，1960年），卷末，頁309。按：此段引文，較早出現於光緒5年（1879）分巡臺灣兵備道夏獻綸繪的《臺灣輿圖》所附〈恆春縣輿圖說略〉中。夏獻綸，《臺灣輿圖》（臺北：臺灣銀行，1959年），頁51-52。另參見蔣師轍，《臺游日記》（臺北：臺灣銀行，1957年），卷4，光緒18年閏6月22日晨條，頁110-112。

家政策的需要或是呼應現實環境的需求。特別是在晚清西力東漸的時
刻，類似的價值取向更是明顯。

㈣洋務事業的描述

　　清代後期，朝廷爲了因應外國勢力的軍事衝擊，陸續在中國各地
推行一連串效法西洋各國的新式實業，包括礦產的開採、鐵路的修
築、電線的架設以及槍炮、輪船的製造等要務，通稱爲洋務運動或自
強運動，其本質在於模仿西法以富國強兵。[50]洋務運動所標榜的「西
法」、「西學」在臺灣本土的推行過程及其實質成果，也成爲清季臺
灣方志所關注的重點之一。此項新政的策略方針與現實考量，亦反映
在志書編纂者的思維理路中。

　　臺灣島爲歐亞遠東航線的海路交通要衝，再加上雞籠一帶蘊藏煤
礦，足可作爲遠洋航道上的補給處所以及對華貿易的商務據點，因而
成爲近代歐美日列強所覬覦的對象。[51]根據同治年間陳培桂等《淡水
廳志》卷四〈賦役志・關權・煤場〉中的記載，道咸同時期，朝廷屢
以維護全臺祖山——雞籠龍脈之類的理由，遏止某些遠道而來的外國
官商請開雞籠煤礦的企圖，並長期禁止民間私採當地煤礦而售予外
人的行爲。同治五年（1866）六月，福州船政局正式創設，清朝政
府將目光指向雞籠山區豐富的煤源，以供應槍砲輪船製造的燃料。
然而，福州船政局設立之後，因其仰賴大量煤源的供應，在有利可
圖的情況下，反倒助長了所謂民間的「牟利之徒」私採雞籠煤礦的
行徑，造成了「幾不可復禁」的局面。官府禁約雖頒，徒爲一紙具
文。基於煤礦開採事務的現實考量，如何擺脫風水龍脈對於雞籠礦脈
的牽絆，以及讓過去的非法私採變成未來的合法經營，便成了洋務礦
採事業在臺灣本土推行時首要解決的問題。[52]

---

[50]　杜石然、林慶元、郭金彬，《洋務運動與中國近代科技》（瀋陽：遼寧教育出版社，1991
　　　年）。

[51]　黃嘉謨，《甲午戰前之臺灣煤務》（臺北：中央研究院近代史研究所，1961年）。

[52]　陳培桂等，《淡水廳志》，卷4，頁111-112。

　　前引《淡水廳志》記載同治九年（1870）正月閩浙總督英桂
（1801～1878）札飭臺道，遣派地方官員前往雞籠煤窟查勘，以尋
求因應對策。有別於先前官府藉由「龍脈」觀念作爲抵制外國人士覬
覦雞籠「礦脈」的後盾，或是禁止民間採售煤炭的手段，這時地方官
員爲了配合洋務運動的大政方針，在其勘察報告中強調：海港東邊民
間私採的深澳坑、深澳堵、八斗仔、土地公坑、竹篙厝、偏坑、田寮
港、後山、石硬港、暖暖、四腳亭、大水窟等處煤場計九十二洞，
「皆屬旁山，無礙正脈，去民居遠，於田園廬墓亦無妨礙」。換句話
說，他們認定雞籠礦脈和煤場的相對位置適當，與本山正支龍脈以及
民間陰、陽宅皆不相衝突，也就不至於觸犯龍脈不可妄加開鑿的傳統
風水禁忌。確立這項原則後，官府便進一步傳集當地山主、紳戶人等
共同酌定礦務章程，籌議在深澳等地點樹立界碑，劃設法定的開採範
圍，明令界限以外的區域依舊禁止開採，界內規範的區域則不得租予
外人，私自典賣煤炭。對於煤戶、雇工的身分、籍別以及煤礦販運的
方式也多加限定。種種的配套措施，無非是將雞籠礦採的整體利益
歸公，官府集中調度以便妥善管理，除了福建船政的採運享有釐稅
上的優惠待遇之外，尤須杜絕「姦民」私採以及外力干預的弊端。[53]
從這項例證可見，晚清治臺官員秉持「礦脈開採」以求富國強兵的意
向，直接反映在方志文本中關於煤務的記載。而雞籠龍脈說原先所具
有的優先地位，也隨著清廷仿效西法的洋務浪潮而動搖，最終消失在
光緒中期迄甲午戰前各類志書涉及基隆煤務的「西學」論述之中。[54]

　　從同治十三年（1874）日軍侵臺至光緒十年（1884）清法戰役
前後，官府聚焦於雞籠（基隆）煤礦的優劣盈虧及其對閩省船政業務
的貢獻，從中考量官辦、官督商辦與官商合辦的行政效率以及機器採

53　陳培桂等，《淡水廳志》，卷4，頁112-113。

54　關於清代後期北臺雞籠龍脈與礦脈之衝突問題的歷史滄桑，可參見洪健榮，〈當「礦脈」
　　遇上「龍脈」：清季北臺雞籠煤務史上的風水論述〉，《臺灣風物》，50卷3-4期，2000年9
　　月、2001年1月，頁15-68，155-188。

挖的得失成效。在臺灣設省之後所編修的《臺灣通志》之〈物產·雜產類〉中，修志官紳在敘說煤炭的功用及其產地之後，對於晚清煤務實業的歷史進程有如下的一段案語：

> 謹案：基隆山向有煤崙，禁閉已久；迨福州開設船政廠，民間私采者多，不可復禁。繼以英國新修條約，以基隆煤務列入條款，如派員查勘深澳坑、深澳堵、八斗等處，無礙民居、田園、盧墓，乃復弛禁。近則煤坑日闢，采取皆用機器，其間商辦、官商合辦，迭有變更。[55]

從禁閉已久到煤坑日闢且皆用機器開採的轉變，通志中的這段描述，概略地顯現出清季北臺雞籠煤務的盛況。

在洋務運動時期重視西法、取法西學的時代氛圍裡，出現於晚清臺灣方志中關於新式實業的西學論述，不僅止於傳統天地自然知識的點綴或是附屬於傳統博物學範疇的資料，而是獲得某種程度下相對主流的位置，有如前述西方經緯度定位法之取代傳統星野說的情況。《臺灣通志》的編纂者於光緒十八年（1892）九月訂頒〈修志事宜〉第十二條中的說法，宣告了一種新的價值意識的產生：

> 產礦山場，宜察其地脈也。淡水附近地方，近出煤炭、金沙，乃大地精華，蓄久洩露；其他府、縣如有五金礦、煤炭礦並樟腦出產之處，亦宜標其山名，記錄於冊。[56]

---

[55] 蔣師轍、薛紹元編纂，《臺灣通志》，頁219。
[56] 引自盧德嘉，《鳳山縣采訪冊》（臺北：臺灣銀行，1960年），〈采訪案由〉，頁14。

　　方志反映國家政策的需要，此爲極佳的註腳。除了礦務之外，我們從晚清臺灣各種志書中關於電報局、郵政局、電線、鐵路等洋務事業的零星記載，亦可感受到當時朝野之間洋溢著一股富國強兵的風潮，以及修志官紳對於洋務事業各項西學措施的觀感。這些西學論述的片段，既是晚清時期國家政策意向的展現，也正是爲了呼應現實環境的需求以及因應西力東漸的對策而成立。

　　清代臺灣方志的傳統及其關於晚清洋務事業的記載，皆隨著光緒二十年中日甲午戰爭的爆發與翌年的臺灣割讓而畫下休止符。從知識學的角度回溯清代臺灣方志各門類中的西學論述，我們可以看出，修志官紳將他們認爲有意義的地方事物放入方志的分類系統中，構成一套針對特定區域歷史沿革、政經發展與風俗民情的認知架構。也因此，論述主體的主觀意向與書寫方式，大致決定了西學客體在方志中所出現的位置及其所發揮的作用，時而退居邊陲，作爲參考的點綴；時而躍居主流，受到相對的重視。對於清代臺灣修志官紳而言，他們所認知的西學內涵，基本上存在著某些與自己相去甚遠或不易溝通的價值觀念和思維方式；縱使如此，他們爲何要在方志中引入西學的觀念或西方人士的說法？其取捨的原則又爲何？這個部分，主要還是取決於修志官紳的價值取向，也就是他們選擇性認知的結果。

三、引述的動機與取捨的原則

　　修志官紳在清代臺灣方志中引述西學的動機及其取捨的原則，主要牽涉到他們對於西學內涵的選擇性認知，也因而影響了他們的書寫風格。從這些出現在清代臺灣各級方志文本的西學論述中，我們可以觀察到，修志官紳偶而會明確地表示他們的書寫意念，或是將其價值取向隱藏在各種關於客體現象的描述中，甚至是在夾議夾敘的字裡行間，透露出他們輾轉於傳統舊識與西學新知的主觀立場與基本態度。整體而言，修志官紳對於西學的選擇性認知，也就是他們如何以

中國傳統方志學理的價值系統，去衡量西學甚至西教的得失去取，其間的取捨原則，主要表現在實用性、實證性以及新奇性的考量。當然，就修志官紳所理解的西學特質而言，這三種價值取向，主要是以實用性為核心所形成之「三位一體」的認知系統。

(一)實用性

在此所謂的實用性，端視主政者的需要而定，也就是方志徵採西學內涵的首要原則。舉凡各種有助於帝國統治或攸關於國計民生的課題，概為修志官紳所關注的重點。如清代臺灣方志疆域門類中採用傳統星野之說來劃定臺灣島域在大清版圖的應然位置，其目的在於透過天地人感應的思維來完備普天之下的政治秩序，以彰顯大一統帝國的盛況。利瑪竇星野之說的出現，主要是作為這套天文地理觀念的註腳，以增強論述的可信度與可靠性。到了清代後期，傳統星野之說受到部分官紳無關吏治民生的質疑，最終被西方經緯度座標系統所取代。如林豪在《澎湖廳志稿》之〈凡例〉中指出：「然分野之說，聚訟紛紛，即考據至精，何裨實用。……茲汰天文一門，以星野列於方域，而去其蕪詞。」[57]林豪的批評及想法，後來在《澎湖廳志》中採取經緯度定位澎湖島域的做法上得到落實。西學中的測繪法則，最終在清末臺灣方志的疆域門類中獨擅勝場。縱使如此，修志官紳接受西學的背後，仍是基於清朝統治者對於帝國版圖範圍進行有效控制的考量。西學的價值往往是附屬於官方支配性的意識形態，才得以彰顯出來。

清代臺灣方志中選取西學元素來參證臺灣島域的自然現象或風俗民情，無非也透露出修志官紳經世實用的價值取向。他們嘗試透過中西對照的方式，以清楚地掌握行政範圍內自然景觀與人文現象的一般性或特殊性，作為移風易俗、端正民情的參考。此外，出現在「物產」等門類中的西學論述，亦可作如是觀。至於晚清洋務運動時期

---

[57] 林豪著，林文龍點校，《澎湖廳志稿》，頁8。

各項學習西法的建設成果，具體反映出當時清廷富國強兵的迫切需求，因而成為清末臺灣方志所關注的論述客體之一。臺灣知府周懋琦於光緒五年（1879）五月為夏獻綸《臺灣輿圖》所題跋文中，通篇從軍事籌防的脈絡，來評價西學扎根於實用性基礎及其所具有的準確性，行文之中即透露出如此這般的價值取向云：

> 且夫外洋之學，力求實用；測繪遊歷，專門名家。嘗見海上兵輪巡查所至，凡潮汐之漲落、沙線之燠硬、水口之淺深、港汊之總散曲直，莫不目驗而手識之；又復至再、至三，至於五六，務詳確精熟而後已。……茲所刊圖略，於番社之道里、島嶼之方向，視舊志輿圖較確。凡我同人，校其圖而證其是、辯其偽，一切水口潮汐、港汊沙線以及山原之阨塞、隘口之難易，朝夕稽求，以講戰守之策；此則筱濤方伯所禱祀以求者也。[58]

　　大致說來，清代臺灣修志官紳針對西學實用性的考量，主要還是為了支持官方論述的合理性、合法性或正統性，以因應主政者的現實需求。

　　傳統中國知識界所看重的自然知識或技藝製作，多半是回歸到政治社會與現實人生的關懷上。涉及科學技術的認知，時常帶有濃厚的人文氣息。[59]如據法國漢學家謝和耐（Jacques Gernet）的研究指出，明清之際耶穌會士「試著藉由歐洲科學的聲望，以增強天主教的權威；中國人拒絕了宗教，只希望保留科學知識」；也就是說，當時留意西方科技的士大夫，「多僅接受那些深具實用性、可以富裕民生

58　夏獻綸，《臺灣輿圖》，頁81-82。

59　葉曉青，〈論科學技術在中國傳統哲學中的地位〉，收於杜石然主編，《第三屆國際中國科學史討論會論文集》（北京：科學出版社，1990年），頁302-305。

或堅實國防的西學內涵」。[60]返觀清代臺灣修志官紳透過經世致用的觀念來掌握西學的內涵，經過他們取捨之後的對象，還是一些較具技術層面的實用性知識。相形之下，對於西方宗教則呈現出另一種觀感。關於這個問題，在本篇下一章有進一步的討論。

(二)實證性

　　從實證性的層面來看，在某些修志官紳的心目中，西學所長在於天文測度與地理測繪，此種實證性所連帶的精確性，提升了某些西學知識的信度與效度。如乾隆中期，王瑛曾等《重修鳳山縣志》卷一〈輿地志·星野〉中引述西洋曆算新法，重新檢討臺灣星野之說在天文測算上的問題，其宣稱「今國家兼用西法，更爲縝密。而西法即謂分野不甚足據，此篤論也」。[61]此外，清末蔣師轍、薛紹元等《臺灣通志》之〈疆域·晷度〉中引述中國歷代的測晷之法，最終得出「是以所測，不如今法遠矣」的結論，也表露出類似的意念。[62]

　　清代前、中期占據臺灣方志「疆域」、「封域」或「輿地」門類中起首位置的星野之說，到了清代後期爲西方經緯度定位系統所取代，以及經緯度測繪法則被實際運用於方志行政疆域圖的製作上，凡此皆可視爲修志官紳之實證性考量的一種展現。

　　西方人士泛海東來的過程中，對於天文曆象以及世界各地風俗民情擁有實際的體會，進而保證了其著作內容或口述訊息的確定性和可靠性。這個部分，也受到某些臺灣志書編纂者的重視。如前述乾隆中期朱仕玠《小琉球漫誌》中引證西人遠洋航行的親身見聞，來質疑先前臺灣歷史文獻中的「暗洋」傳聞，即爲明證。

---

[60] Jacques Gernet, *China and the Christian Impact: A Conflict of Culture,* pp. 59, 62.

[61] 王瑛曾等，《重修鳳山縣志》，卷1，頁4。關於清初西曆正統化的過程，可參見黃一農，〈湯若望與清初西曆之正統化〉，收於《第二屆科學史研討會彙刊》（臺北：國際科學史與科學哲學聯合會科學史組中華民國委員會，1991年），頁161-175。

[62] 蔣師轍、薛紹元編纂，《臺灣通志》，頁3。

(三)新奇性

　　就新奇性的層面而言，所謂的新奇性，係就西學相對於中國傳統學識的特殊內涵而言。自古以來，中國四裔地理著述的內容取向，即呈現出一種對於域外與海外奇聞異事的興致。臺灣因位處東北亞與東南亞海上航路的要衝，閩臺地區人士易於透過舟師商賈接觸到若干的海外奇譚。十六世紀以後，周遭地輪、泛海東來的歐洲人士，也帶來了許多中國士人前所未聞且別有天地的寰宇奇事。這些傳聞出現在臺灣的時空環境裡，反映出福爾摩沙島相對於中國大陸的海洋性格，同時也成為清代臺灣方志取材的對象，以此作為傳統自然觀念或特殊人文現象的參證。本篇前一章考察西學元素如何運用在方志文本中關於自然現象與風俗民情的參證，概有具體的論證。

　　新奇性的本身，大多帶有某種程度的吸引力。海天奇聞異事固然可以滿足部分修志官紳好奇覽勝的興趣，但基於方志文本講究經世實用及無徵不信的立場，他們對於這些超出傳統價值觀念之外的異域傳聞，免不了存有些許的保留態度。如首任臺灣知府蔣毓英在《臺灣府志》卷三〈敘川〉中，陳述其得自於西人所言奇特的潮汐現象之後，最終不忘向讀者強調：「此雖未可盡信，亦未可概以為非。四域之外，耳目所不經見之事，荒唐儘有，姑存之緒論，以備參訂。」[63]

　　清代臺灣方志的編纂者出身於傳統中國社會，深受儒學傳統薰陶的他們，大多秉持著天地之大、無奇不有的觀念，或是信則傳信、疑則傳疑的態度，來看待各種存在於臺灣歷史文化背景中的海外傳聞。縱使這些近乎「天方夜譚」般的傳聞似涉荒唐，或許仍有存而不論的價值並可考之後信的空間。某些時候，西方人士遠洋航行的親歷見聞，還可以作為志書編纂者考證各類海天傳聞的具體憑藉。例如，丁紹儀《東瀛識略》卷七〈奇異〉的附註中指出：「臺灣開闢未久，無奇聞異事可記；而仰觀俯察、耳目所接，有迥異內地者，不謂

之奇不可，然有言之甚奇，而其實不足信者。」基於這樣的認知，
文中緊接著舉出過往臺灣文獻所載各種蘊生於臺灣海洋文化背景的
傳聞，如王圻《續文獻通考》的澎湖「落漈」之說、季麒光《臺灣
雜記》的臺灣東北「暗洋」之說、郁永河《裨海紀遊》的雞籠山下
「弱水」之說以及陳倫烱《海國聞見錄》的「南澳氣」之說。丁紹儀
認為，這些奇聞異說如參諸當時西方人士環球航行的實際經驗，可信
度並不高，僅止於掌故備考的價值：

> 今西國舟船，北極冰海、南極新得之默瓦蘭，東西經行
> 數萬里，未聞其落漈，亦未聞有暗洋、弱水、南澳氣；
> 此猶蓬萊、方丈，渺茫荒忽，以作掌故用可耳。[64]

　　此種價值取向，亦出現在前述修志官紳將西學中關於世界各地奇
風異俗的論述，作為臺灣社會風俗的對照依據，藉此強化這類論述對
象的清晰度，以便為讀者所掌握。

　　在修志官紳的心目中，大千世界中非比尋常的自然景觀或人文現
象，具有相對於中國傳統舊識的新奇性，因而獲得他們的注目。然
而，諸如此類與西學相涉的新奇事物，在傳統中國社會崇尚「子不語
怪力亂神」的學術氣氛下，或是作為清代臺灣方志中涉及天文、地理
和人事等主流門類的附帶註解，深具邊陲性的色彩；或是被歸類在雜
記、外紀或叢談等非主流性的門類條目中。在這些相對邊緣化的論述
中，有的呈現出修志官紳對於西學內涵的理解，亦有流露出他們對其
違反儒學價值觀或是背離傳統天下觀的批判，此舉尤其表現在他們對
於西方宗教的偏見，用傳統倫理觀念來揣度外國人士的不當行徑，以
及對於西方國度所存有的一種負面性的刻板印象。這個部分，即為我
們下一章所要探討的主題。

---

[64] 丁紹儀，《東瀛識略》，卷7，頁84。

四、官紳對西學的質疑與批判

　　清代臺灣方志引證西學知識的同時，偶亦會在夾議夾敘的論述中，透露出修志官紳對於西學本身及其相關之人事客體的質疑，特別是針對西方宗教或西方國度的批判。在此所謂的批判性，係就論述的客體成為被批判的對象而言。至於修志官紳批判的角度及其要點，主要牽涉到明清時期西力東漸的國際情勢以及官紳反教的時代背景。

　　十五、十六世紀，當歐洲人發現環球新航路之後，葡萄牙（佛郎機）、西班牙與荷蘭（紅毛番）為了從事東方海上通商和傳教事業，各國船舶陸續活動於中國東南海面。他們不時到雞籠、淡水一帶進行貿易，而且圖謀占據，以致引起閩粵官紳的警戒。[65]這種負面性的觀感，一直延伸至清代前期，形成了修志官紳的刻板印象。由於當時被視為中國東南海防之患的葡萄牙、西班牙與荷蘭等國，皆屬天主舊教或基督新教的國度，以至於入華傳教士透過西學知識宣揚天主信仰之際，其身分背景與宗教活動，也難免受到某些堅持儒學正統或華夷之分的中國官紳所質疑，甚至是抨擊。特別是經歷「康熙曆獄」（1664～1669）、「禮儀之爭」前後的人事衝突，再加上清代前期一連串的禁教措施與閉關政策，更加深了彼此之間的認知隔閡與對立意識。[66]康熙後期，郁永河在《裨海紀遊‧海上紀略》中記載「西洋國」時指出：

　　　　西洋國在西海外，去中國極遠。其人坳目隆準，狀類紅
　　　　毛。然最多心計，又具堅忍之志。析理務極精微，推測
　　　　象緯曆數，下逮器用小物，莫不盡其奇奧；用心之深，

65　張維華，《明史佛郎機呂宋和蘭意大里亞四傳注釋》（臺北：臺灣學生書局，1985年景印再版），頁2-106。

66　王之春，《國朝柔遠記》（臺北：臺灣學生書局，1975年景印清光緒年間重刊本），卷1至卷5，頁37-337。

將奪造化之祕，欲後天地而不朽。苟有所為，則靜坐默想，父死不遂，子孫繼之；一世不成，十世為之。既窮其妙，必使國人共習而守之，務為人所難為。[67]

　　郁永河從體貌性格與行事作風的角度，鋪陳出歐洲人士的才學特質。除了肯定其人精通天文曆算及各項器用的情形之外，文中「最多心計」的形容，無非也表達出作者本身的負面觀感，甚至是一種警覺性。緊接著這段文字之後，郁永河帶出了明清之際西方傳教士利瑪竇等人進入中國之後的宣教作為云：

其先世多有慧人，入中國竊得六書之學。又有利馬豆者，能過目成誦，終身不忘。明季來中國，三年徧交海內文士；於中國書無所不讀，多市典籍，歸教其國人，悉通文義。創為七克等書，所言雖孝悌慈讓，其實似是而非；又雜載彼國事實，以濟其天主教之邪說，誘人入其教中。中國人士被惑，多皈其教者。今各省郡、縣、衛、所皆有天主堂，扃閉甚密，外人曾不得窺見所有；不耕不織，所用自饒。皆以誘人入教為務，謂之化人。[68]

　　筆者認為，這段論述透露了如下幾點值得我們注意的訊息：
㈠文中關於利瑪竇的形象，在推崇其過目成誦等特殊本領之餘，隨即筆鋒一轉，強調其進入中國之後「竊取」儒學傳統古籍舊說加以包裝，以此作為西方傳教士深入中國士紳社群的主要憑藉。
㈡《七克》一書為晚明入華耶穌會士龐迪我（Diadce de Pantoja,

67　郁永河，《裨海紀遊‧海上紀略》，頁65-66。
68　郁永河，《裨海紀遊‧海上紀略》，頁66。

1571～1618）所著，初刊於萬曆三十二年（1604），其內容主要
針對世人如何克制私慾以不違上帝意旨而論。[69]郁永河將此書張冠
李戴至利瑪竇頭上，反映他個人甚至是當時某些中國官紳對於西學
的認知，其實存有一定程度的侷限性。

(三)在評價西學「似是而非」的問題之後，作者對於天主教義本身與傳
　教士藉西學以傳西教的作為，概以邪說、誘惑等字眼評述之，具體
　傳達了一種不以為然的負面看法。

　　這些成見的存在，其背後隱藏著長久以來中國官紳對於遠道東
來經商的西方人士——特別是曾於十七世紀前期先後入據臺灣之荷
蘭、西班牙等國的戒心。郁永河的《裨海紀遊·海上紀略》在前引文
字之後，以相當的篇幅敘述這些「貪得無厭」的西方國度如何基於
商貿利益，展開其對於中國東南沿海各地與東南亞諸國的侵擾或占
領。郁永河雖然推崇明清之際入華傳教士「製為風琴、自鳴鐘、刻
漏、渾天儀諸器，皆神鏤鬼斧，巧奪天工」的西學技藝，但為了避免
「特洛伊的木馬」之類的悲劇上演，他強烈地呼籲朝野應該正視天主
教勢力在中國境內的擴張問題，儘早防範這些傳教士成為西方國家入
侵行動的先鋒部隊。字裡行間，洋溢著一股反教排外的危機意識，並
表達出作者對於西學、西教的本質或西方人士的行為背離儒學傳統價
值觀的不滿。[70]

　　郁永河書中這段刻劃西洋國度及西學、西教特質的論述，後來
被乾隆時期劉良璧等《重修福建臺灣府志》、范咸等《重修臺灣府
志》、余文儀等《續修臺灣府志》輾轉摘錄，分別收於各志書卷十九
〈雜記·外島〉中，[71]展現出一種看待「西洋」國度的標準化版本。

---

69 龐迪我，《七克》，收於李之藻編，《天學初函》，第2冊。
70 郁永河，《裨海紀遊·海上紀略》，頁66-67。
71 劉良璧等，《重修福建臺灣府志》，卷19，頁503；范咸等，《重修臺灣府志》（臺北：臺
　灣銀行，1961年），卷19，頁582-583；余文儀等，《續修臺灣府志》（臺北：臺灣銀行，
　1962年），卷19，頁685-686。

　　經由方志文本的知識建構與官方意識形態的策略運作，更助長了這類負面形象的流布。此種對於「他者」（the Other）的認識，無非是從漢族中心觀或中國天下觀的角度出發，故不免對於西方國家、外來宗教或異族人士，存在著些許的種族岐視和文化偏見。

　　乾隆後期，《欽定四庫全書總目》卷一三四「子部雜家類存目」評點晚明士紳李之藻（1565～1630）所編《天學初函》時指出：「西學所長在於測算，其短則在於崇奉天主，以炫惑人心」，緊接著，則是一連串批評天主教悖亂中國傳統倫理綱常的言論。[72]四庫提要作者的論點，表達了當時官方看待西學特質與西教威脅的主流意識形態。清代後期，由於中英鴉片戰爭、英法聯軍等一連串的軍事衝突，開啓了近代中國變局的序幕。在1860年代臺灣開港通商之後，西方宗教的傳布緊隨著歐洲殖民主義者的步伐而來，激起了不少臺灣紳民的反感，導致這段期間民教衝突事件此起彼落。

　　在反教排外氛圍的影響下，利瑪竇的形象以及西學的價值，也免不了遭到臺地官紳訴諸人身攻擊式的波及。由於近代西教東傳始於晚明入華耶穌會士，當晚清臺地官紳回溯西教「荼毒」中國的歷史過程，免不了產生各式各樣的負面聯想。如清代後期北臺名士吳子光（1819～1883）在《臺灣紀事》卷一〈臺事紀略〉中，強調中國境內以天主堂立教，「其作俑自利瑪竇始，今之西法爲其所授。余嘗以攝騰、竺法蘭比之，蓋白馬馱經實始漢明帝，而大秦鳩摩羅什遠在後代，史書可證也。獨洋藥製由英咭唎，此藥非人力所能爲，乃天生之以耗中國之金幣、毒萬姓之身命者。泰西人富強由此」。[73]西方宗教背後帶有歐洲帝國主義的色彩，無疑是其備受某些堅守儒學正統的地方官紳質疑或批判的要害。

　　明清時期，耶穌會士在中國陸續刊行的各類西學譯作中，爲能促

72　永瑢、紀昀等，《欽定四庫全書總目》（臺北：臺灣商務印書館，1986年），第3冊，頁835。

73　吳子光，《臺灣紀事》（臺北：臺灣銀行，1959年），卷1，頁14-15。

進中國讀者的瞭解以及因應其傳教事業的需要，乃援引中世紀經院哲學的觀念來解釋中國古籍舊說，並運用天主教義轉化儒學的傳統觀念，將格物窮理的知識探索導向於認識造物天主的終極目標。[74]就耶穌會士的學識背景而言，宗教神學與數理知識是整體的「西學」，西方天文地理等科技知識的展演係爲了傳揚天主福音而存在。相形之下，清代臺灣修志官紳除了引述西學中有違儒學價值觀或中國傳統舊識的說法加以批判，並將天主信仰排除在西學之實用性、實證性或新奇性的價值之外，反映在臺灣各志書文本中，西方宗教幾乎成爲眾矢之的，在價值取向上被排擠到「邊陲中的邊陲」位置。

　　文化交流基本上是一種彼此學習與相互瞭解的過程，明清時期西學東漸的歷史經驗，其間蘊含著中西方學術思想或意識形態之間的調適問題和涵化現象。從認識論的角度，人們習慣以既有的社會文化環境所形成的概念架構去看待所處的世界，選擇性地吸納從外界接觸到的訊息，傾向於接受原已願意認知的事物，並排拒與自身價值系統相容度不高的存在和觀念。所有觀察與判斷的本身，大部分受制於也反映出各別的世界觀（Weltanschauung）。[75]從清代臺灣方志中的各種西學論述，讓我們依稀體會到，修志官紳大致出於經世實用的動機、操奇覽勝的興致或交互參證的意念，來取捨西學的內涵，並定位西學在方志文本的知識系統中所占有的位置。他們以儒學觀念或天下意識作爲根本的裁決標準，其實帶有一種選擇性認知的傾向。而這套價值系統，不僅是作爲修志官紳發掘西學價值的有色眼鏡，有時也成爲他們權衡西學知識、排斥天主信仰的基本立場。

---

[74] 鍾鳴旦，〈格物窮理：十七世紀西方耶穌會士與中國學者間的討論〉，收於魏若望編，《傳教士‧科學家‧工程師‧外交家南懷仁（1623-1688）——魯汶國際學術研討會論文集》（北京：社會科學文獻出版社，2001年），頁455-466。

[75] Thomas S. Kuhn, *The Structure of Scientific Revolutions*（Chicago: The University of Chicago Press, 1970）；Paul Feyerabend, *Against Method*（London: Verso, 1978）.

五、結論

　　近年來，臺灣各地的方志編纂與學界的方志研究蔚為風潮，在方志的研究方面，主要偏重於方志沿革、編纂情形、體例檢討與資料運用等課題，[76]至於將方志本身視為一種知識系統的研究，則所見不多。本篇嘗試結合近代西學東漸史與臺灣方志學的研究取向，透過相關文獻的解讀，來檢視清代臺灣方志中各種引述西學的書寫風貌及其知識性格，以掌握修志官紳看待西學內涵的概念網絡。為求能採取較為宏觀的視野，來探索清代臺灣方志中涉及西學論述的知識建構，故著重於將這項課題置於特定的歷史時空脈絡以解釋其內涵，經由各志書體例結構及其分門別類的內文分析，呈顯清代臺灣修志官紳引述西學元素的學術特點。

　　清代臺灣各級方志中的西學論述，主要涉及明清之際以利瑪竇為主的入華傳教士所傳入的西學知識，以及清代後期自強新政中的各項洋務事業。西學知識固然包羅萬象，然而，如就其在清代臺灣方志中所占有的篇幅比例而言，大致可以用「冰山一角」來形容。但這冰山之一角，卻也透露出不少值得我們思索的歷史訊息。

　　整體而言，西學論述主要出現在清代臺灣方志「疆域」（封域、輿地）、「物產」、「雜紀」（外紀、叢談）或是關係到晚清取法西學的洋務實業等門類之中。在這些門類的內容裡，除了清代後期臺灣方志採用西方經緯度定位行政疆域的做法與洋務運動的相關敘述之外，基本上，西學在清代臺灣方志的知識系統中所占有的位置，多半屬於邊陲性或非主流性的性質，某些是作為官方論述的參證，或是作為志書中各類自然現象與人文景觀的點綴。縱使如西方經緯度定位座

---

[76] 相關的研究成果，可參見許雪姬、林玉茹主編，《五十年來臺灣方志成果評估與未來發展學術研討會論文集》（臺北：中央研究院臺灣史研究所籌備處，1999年）；國立中興大學歷史學系主編，《海峽兩岸地方史志地方博物館學術研討會論文集》（南投：臺灣省文獻委員會，1999年）；國史館臺灣文獻館編輯組編輯，《方志學理論與戰後方志纂修實務國際學術研討會論文集》（南投：國史館臺灣文獻館，2008年）。

標或是洋務運動的實質建設成果受到修志官紳的關注，在方志中取得某種程度的主流位置，但這種價值取向的定位，仍是操控在統治階層的現實需求上，因而呈現出一種相對的從屬性。

由此我們也可以體會到，為何在清代臺灣方志中官治色彩相當濃厚的規制、秩官（職官）、武備等門類，或是儒學意識極為明顯的典秩、學校、人物、藝文等門類中，幾乎沒有容納西學的空間可言。至於雜紀、外紀或叢談等原為某些難以被歸類在主流門類之地方傳聞異說的彙編，西學論述出現在這些門類之中，同樣也襯托出一種被邊緣化（不登大雅之堂）的色彩。

就清代臺灣方志吸納西學的動機及其方式而言，修志官紳的態度牽涉到價值系統的省思，在取捨西學元素納入方志文本的同時，也透露出他們的選擇性認知，或說是他們呼應一統帝國文化秩序的價值取向。從本篇的分析可以看出，清代臺灣修志官紳較為重視西學的實用性、實證性或新奇性的層面，他們有選擇性地採納入華傳教士的西學論述，對於西學所帶有的宗教信仰成分往往抱持著質疑或排斥的態度，其間不乏人身攻擊的意味。特別是在明清時期西力東漸的時代環境中，他們對於西方人士種種「貪利機巧」的作為懷有不少的戒心，因此，反映在清代臺灣方志中涉及西方宗教或西方國度的記載，往往呈現出一種負面性的刻板印象。

通觀西學在清代臺灣方志中的歷史角色，其實並未動搖修志官紳的儒學本位觀及其天下秩序觀，某些時候，甚至被淹沒在「西學中源」的思潮之中，內化成為中國學術傳統的一環，連帶也模糊了西學的本源或其原貌。大致說來，西學論述在清代臺灣方志的知識系統之中，始終是從屬於或依附在統治階層的價值取向，或是作為大一統帝國版圖意象的技術性憑證而成立。

柒

餘論

　　本書主要以清代臺灣各級方志之學校、祀典（典禮）、風俗（風土）等門類爲分析對象，兼論方志輿圖的權力表象和其與各門類內容的呼應，以及西學元素所處方志門類系統中的位置，一方面探討修志官紳於綱目選擇與書寫取向上的共相（常態、通則）與殊相（變異、特例），一方面解析其如何妥善地傳達治臺官員的資治宗旨和教化理念，藉以理解清代臺灣方志的知識建構及其運用模式。整體而言，從知識學的角度考察清代臺灣方志的知識系統，可以看出如下的重點取向：

1. 在撰述旨趣上，清代臺灣方志的書寫內容反映治臺官員因勢利導、移風易俗的整治意圖，透過官方意識形態的書寫策略，以宣導主政者有效統治的政策考量，進而達成大一統帝國同風共俗的資治教化功效。

2. 在門類安排上，清代臺灣各級方志多採取因時地而制宜的原則，來調整綱目架構與書寫方向，便能有效地呈現清代臺灣島域的地理環境、建置沿革、政經情勢、社會民俗與文化特質，以提供地方官員具體有利的施政藍圖。統而言之，因時地而制宜的纂修原則，實爲地方志書發揮其資治效用的重要途徑。

3. 在敘事內涵上，清代臺灣修志官紳除了實然性的現象描述之外，往往刻意強調臺灣島域如何趨向傳統中國禮教社會的演變情況與轉化過程，並批斥與統治階層的價值意識有所牴觸的人文現象和地理景觀。

　　通觀清代臺灣方志門類的知識建構，概有因應現實問題或依附於帝國統治需要而成立的傾向，具體展現出清代官紳如何運用方志的書寫策略，來傳承並落實大一統帝國的施政理念。透過本書的系列研究，對於清代臺灣方志學的相關研究課題，也許具有如下的啓發作用：

1. 考察清代臺灣方志各門類架構成立的理論基礎和論述取向，有助於我們認知這項知識系統中掌握詮釋權的修志官紳所形塑的價值取向，如何與作爲論述客體的邊區社會文化之間產生互動的情形。

2. 從方志學理與知識建構的角度，理解清代臺灣修志官紳如何透過方志體例門類的運用，來形塑臺灣地理環境與人文發展的知識內涵，除了可以藉此建構出一套以特定時區的方志門類作為分析對象的研究模式，並可提供另一種看待清代臺灣方志之書寫內涵的學術視界。

　　本書的延伸研究，如就臺灣方志學的脈絡而言，或許尚有如下的後續課題值得嘗試：

1. 援用本書研究清代臺灣方志之風俗、學校、祀典等門類的方法取徑，從方志理論的層次與知識系統的觀點，持續進行清代臺灣方志其他體例門類（如封域、物產、列傳、雜記等）的專題探討，另可聚焦於清代臺灣方志門類之知識建構的整體考察，完成綜論性的研究成果。

2. 以清代臺灣方志門類的知識建構為基礎，選取特定方志（如《臺灣府志》系列、各版《臺灣縣志》、《諸羅縣志》、《彰化縣志》、《淡水廳志》、《苗栗縣志》、《澎湖廳志》等）作為個案，考察該志書體例門類的傳承脈絡與後來影響，探究其各門類之間的前後邏輯關聯和具體論述方式。

3. 將時續延伸至日治以及戰後時期，一方面考察地方志書的編修在近代西方學術的影響之下，如何導致新式體例的轉變以及論述取向的變化；一方面將清代臺灣方志與二十世紀以來臺灣方志學的沿革演變加以對照，以明其承先啓後、繼往開來的學術特點與歷史地位。再者，亦可就方志門類在不同時空情境的學術際遇進行比較研究，針對不同纂修者的基本論點進行對話與反思。

4. 就臺灣史學史的層面而言，自清代以來迄今，臺灣方志的編纂不論是質或量都有相當耀眼的表現，素為學界所稱羨。臺灣方志學作為臺灣史學史的一項重要課題，對於清代臺灣方志的深入研究既有助於臺灣史學史的建構，另一方面，如何將清代臺灣方志的撰述特點和學術成就，放入臺灣史學史的脈絡中加以詮釋或定位，也將是一項值得深思的課題。

　　前述的問題意識與相關課題，也將成為筆者未來進一步從事臺灣方志研究的主要構想。

　　學術研究貴能博採眾長、互為借鏡，本書各篇專題期能為當前臺灣方志學之研究領域拋磚引玉，進而拓展出一處跨越學科分際的交流空間，有助於歷史學、臺灣文學或是地理學、人類學、民族學、社會學等其他學門針對臺灣方志的研究課題，開展實質性的學術對話。

附錄

開啓「典範」的先驅：
方豪對清代臺灣方志
的研究

一、前言

　　在戰後時期臺灣史學界關於清代臺灣方志的研究課題上，學者方豪（字杰人，1910～1980）不啻擔負起先驅者的角色。從1949年發表〈臺灣方志中的利瑪竇〉一文起，[1]方豪先生除了陸續投入清代臺灣方志文獻的整理、校勘和考證工作，並開啓了若干的研究門徑，爲後來的臺灣史學界奠下了難能可貴的學術基礎。學者許雪姬於〈方杰人教授對臺灣史研究的貢獻〉一文中，針對方豪在臺灣史研究領域中的成就，特別是涉及清代臺灣方志學的部分，有一段頗爲精要的敘述：

> 杰人師視臺灣方志為研究臺灣史最重要的史料，因此他的著作中，有關方志的介紹、方志的編輯、方志的版本，以及修纂方志者，都做了重要的研究。如他生涯中第一篇臺灣史研究篇章即與臺灣方志有關，在所有介紹方志的論文中，以他出大力因而創刊的《臺灣人文》，在民國六十七年一月、四月、七月刊載的〈清代前、中、後期臺灣方志的編纂工作〉集其大成。……他還注意到臺灣方志編纂的類型，與幾位如陳夢林、吳廷華等修志專家。[2]

　　在過去學界的相關研究中，大多肯定方豪研究清代臺灣方志的傑出貢獻，推崇他在這項研究領域中的重要地位。如毛一波指出方豪對於清代臺灣志書文獻的輯刊功勞特著，對於臺灣方志的形態、清初

1　方豪，〈臺灣方志中的利瑪竇〉，原載《臺灣文化》，5卷2期，後收於氏著，《方豪六十自定稿》（臺北：臺灣學生書局，1969年），頁605-620。
2　許雪姬，〈方杰人教授對臺灣史研究的貢獻〉，收於李東華編著，《方豪先生年譜》（臺北：國史館，2001年），頁307-308。

本省士人與地方志書的關係以及修志專家的投入亦有獨到的見解。[3]
隋丕寧綜述方豪對於臺灣史的研究，強調其在「臺灣史料的介紹與
校訂方面，尤其是整理研究方志方面的成就爲後學所稱頌」；「對
臺灣地方志書的整理，可以說是方氏對臺灣史研究最大的貢獻。」[4]
如專就臺灣方志學的層面而言，學者盧胡彬所撰〈方豪對臺灣方志的
研究〉、〈方豪對臺灣方志研究的貢獻〉二文爲目前所見關於這項課
題的主要著作。前文中針對方豪從事清代臺灣方志研究的動機及其階
段性的成就進行討論，整理出方豪一生相關的著作年表，並重新檢討
其部分論點的妥適性，最後扼要地總結方豪研治臺灣方志的學術貢
獻，其中指出「方氏對於舊作，常多所修正或補充，其日新又新，精
益求精的精神，實爲學術研究工作之典範」。[5]後文則從「蒐求輯印
臺灣舊方志」、「闡述清代臺灣方志的發展歷史」、「整理和利用地
方志書」、「修志人才爲重」等四個面向，說明方豪對於清代臺灣方
志研究的貢獻。[6]

　　前述的論點，啓發了筆者借鏡「典範」的觀念作爲本文的參考
架構，從學術史的角度，來考察方豪平生研治清代臺灣方志的具體
成就及其歷史地位。在此所謂的「典範」（paradigm），主要根據
美國科學哲學家孔恩（Thomas S. Kuhn, 1922～1996）於1962年初版
的《科學革命的結構》（*The Structure of Scientific Revolutions*）中
的見解。在他的論述中，典範或是一種特定研究領域的從業者學習
的範例、定律或理論，或是一種指導研究工作的方法論及形上學規

3　毛一波，〈方豪對臺灣文獻的研究〉，收於《方豪六十自定稿補編》（臺北：臺灣學生書
　　局，1969年），頁2857-2861。
4　隋丕寧，〈論方豪對臺灣史的研究〉，《錦州師範學院學報》，25卷4期，2003年7月，頁
　　34-36。
5　盧胡彬，〈方豪對臺灣方志的研究〉，《白沙人文社會學報》，創刊號，2002年10月，頁
　　379-420。
6　盧胡彬，〈方豪對臺灣方志研究的貢獻〉，《臺灣文獻》，61卷1期，2010年3月，頁29-
　　62。

則。[7]參照這項說法,本文擬朝以下的兩個路徑進行分析:㈠方法學層面,主要牽涉到方豪秉持史料學派的治史風格及其示範作用;㈡知識學層面,主要牽涉到方豪對於方志文本的評析及其研究論點。而這些具體的研究成果,如同「典範」的作用一般,既開啟了新的研究視野,也留下了某些有待進一步探討的課題,此即本文論述的焦點所在。當然,在方法學和知識學層面的背後,或多或少也涉及了方豪個人對於臺灣史志文獻的價值意識,以及他當初所面臨到的時代氛圍與學術問題。有鑑於此,我們有必要先從他研治臺灣方志的機緣說起。

二、臺灣方志研究的機緣

方豪先生研治清代臺灣方志的初衷,除了早年在中國大陸求學期間曾經對臺灣史地的奇特性產生興致之外,[8]主要還是緣起於來臺之後個人學術興趣的展現以及外在環境的衝擊等各種機緣,當中有自我學識發展的特殊際遇,也有因應現實背景的致用目的。這些主客觀因素,大致可以歸納為:中西交流史與臺灣方志學的接壤、「近身之學」研究理念的發揮、民族文化意識的抒發,以及挑戰日治學者的研究成果等四個層面。在價值取向上,其間有感性的訴求,也有理性的思辨。

---

7 Thomas S. Kuhn, *The Structure of Scientific Revolutions,* 2nd ed.（Chicago: The University of Chicago Press, 1970）。另參見林正弘,〈卡爾‧波柏與當代科學哲學的蛻變〉,收於氏著,《伽利略‧波柏‧科學說明》（臺北:東大圖書公司,1988年）,頁92-93。孔恩闡述科學發展之動態模式的典範論,後來也成為一種「典範」,迄今持續在各種不同的學科學門研究領域中引起迴響,特別是受到社會科學以及人文學科研究者的重視。例如,國立中央大學於2007年11月主辦第二屆兩岸三地人文社會科學論壇,即以「典範移轉——學科的互動與整合」為主題進行討論。

8 方豪,〈臺灣地方志展覽會特輯摘評〉,《文獻專刊》,3卷3、4期,1952年12月,頁79。

㈠中西交流史與臺灣方志學的接壤

　　方豪於1949年2月來臺任教於國立臺灣大學歷史學系之前，在中國大陸時期主要從事中西交通史的研究及教學，並擁有相當可觀的研究成果。[9]身處「異鄉」臺灣之後，方豪接觸到的是一個有別於過往的學術環境，而其自身的學術敏感度，也讓他發掘到別有天地的研究課題，原本的專業素養因此有了嶄新的發揮空間。從明清之際中西交流史的課題轉向臺灣方志學的探索，其間的關鍵，主要來自於〈臺灣方志中的利瑪竇〉一文的寫作。1965年12月8日，方豪在臺灣研究研討會第一次集會以〈關於若干臺灣方志的新認識〉為題發表演說，其中曾追憶起這段學術經歷云：

> 我於民國三十八年二月來臺，偶讀一、二部臺灣方志，見有所謂利瑪竇星野說，頗為奇異，因此想寫一篇「臺灣方志中的利瑪竇」；但這樣性質的一篇文章，必須對當時知道的所有臺灣方志，翻閱一過，因此在那篇文章中，也專列一節為「臺灣方志概觀」，依年代先後列表。[10]

　　由此可見，透過〈臺灣方志中的利瑪竇〉的寫作機緣，他開始將明清之際中西文化交流史的研究視角，延伸至清代臺灣方志學的領域。在此之後，方豪復於1952年春應《傅故校長斯年先生紀念論文集》之徵稿，完成〈清初臺灣士人與地方志〉一文，對康熙年間兩部《臺灣府志》、《諸羅縣志》、《鳳山縣志》、《臺灣縣志》以及乾隆初期的《臺灣府志》等六部志書加以介紹，正式展開臺灣方志學的

9　李東華編著，《方豪先生年譜》，頁161-175。
10　方豪，〈關於若干臺灣方志的新認識〉，原稿發表於《臺灣風物》，16卷1期，1966年2月，引自《方豪六十自定稿》，頁1029。

專題研究。同年九月，方豪爲《臺南文化》二卷三期撰寫〈臺灣方志的研究資料〉，隨後將該文改寫成〈臺灣的方志〉，收入1954年8月出版的《臺灣文化論集》中，代表這段時期的初步研究成果。[11]

　　從方豪後來關於臺灣方志研究的論著中，我們經常可以看到他追述〈臺灣方志中的利瑪竇〉的寫作經歷及其內容大要，將之視爲其來臺之後學術生涯的重要轉機之一。這篇論文的寫作，無疑成爲其開展清代臺灣方志研究的起點，也爲他開啓了臺灣史探索的視野，更由此開拓出更多的研究方向與學術空間。

(二)「近身之學」研究理念的發揮

　　方豪研究清代臺灣方志以及臺灣史的動機之一，亦是出自其對福爾摩莎島的一種「他鄉變故鄉」的鄉土認同，以及對於臺灣歷史進程的現實關懷。方豪先生在臺大歷史學系的門生李東華教授於〈方豪與現代中國史學的轉變〉一文中，針對方豪「近身之學」的要義，也就是到什麼地方就研究當地歷史的學術作風，有一段頗爲精闢的敘述：

> 　　方豪治史的第三個重要範疇臺灣史，更是他近身之學發揮的極致。由於方豪特別注意周邊近身事務，因此抗戰期間旅居昆明、遵義及重慶時，都有相關於當地的研究成果。1949年來臺後，正趕上臺灣光復後臺灣史研究的熱潮，乃傾全力蒐集臺灣史料，進入臺灣史研究的領域，對近身之學——鄉土史地的研究再度發揮。其後因流寓長達三十年，其持續研究臺灣史之成果亦最輝煌。[12]

---

[11] 方豪，〈關於若干臺灣方志的新認識〉，頁1029。

[12] 李東華，〈方豪與現代中國史學的轉變〉，收於《方豪先生年譜》，頁260。

　　近取於切身的生活經驗，昇華自我對於家鄉的生命情懷，將感性的訴求轉化爲知性的探索，此即「近身之學」的發揮，具體呈現出一種鄉土史與地方史的研究取向；而此種研究取向，幾乎成爲方豪來臺之後的重心所在。

　　1949年12月19日，方豪在臺灣文化協進會第七屆文化講座會上演講〈臺灣文獻的散佚與今日的迫切工作〉，通篇內容以一位初涖臺灣者的心情，開宗明義道出：

> 禮曲禮說：「入國而問俗，入境而問禁」，作者以為應該再加一句：「入國而問史」。文獻是構成歷史的各部分中最重要的一部分。一個臺灣人，以「敬恭桑梓」的大義言，對鄉邦的歷史與文獻，固然應該加以愛好，加以珍視，並有保管和表揚的責任，一如其本家本族的譜牒；但即非臺灣人，既來臺灣，則臺灣為其第二故鄉，對臺灣歷史，似不可不知其大略；對臺灣文獻，亦不能漠不關心。[13]

　　從方豪的現身說法中，我們可以清楚地體會到他入境問俗的誠意，以及珍視臺灣文獻、認知臺灣歷史的熱忱。在此之後，方豪更逐漸將這股鄉土認同的心情，貫注在臺灣文獻——特別是清代方志的蒐集、校勘及研究工作上。在1951年8月10日發表在《公論報》的〈胡鐵花先生與《臺東州采訪修志冊》〉一文中，方豪於文末感性地指出：

---

[13] 方豪，〈臺灣文獻的散佚與今日的迫切工作〉，原發表於《臺灣文化》，6卷2期，1950年5月，後收於《方豪六十自定稿》，頁820。

前年夏，我在中央研究院歷史語言研究所發現《恆春縣
志》；去年冬，我又輾轉設法，從上海抄來《苗栗縣
志》；現在我又替這部《臺東志》（鐵花先生自稱）找
到了纂修人，我簡直和本省地方志結了不解之緣，我怎
能不為自己慶幸呢？[14]

　　這既是方豪個人之幸，也是臺灣方志之幸。方豪雖具外省人身
分，卻能擺脫某些大中國主義者輕視臺灣歷史文獻的偏見，而能重視
鄉土史地的研究，積極地投入多部清代臺灣志書的整理工作，有此善
因故能獲此善果，有此善念而得結此善緣。而在1968年10月，方豪
為中華學術院與國防研究院合作出版的臺灣叢書第一輯《臺灣方志彙
編》撰寫序言，文中亦以相當感性的筆調，陳述他多年來致力於清代
臺灣方志文獻之訪求以及從事這類專題研究工作的初衷云：

豪不敏，十九年前甫履斯土，即視斯土為第二故鄉，視
臺灣文獻為余之鄉邦文獻，於是發《恆春縣志》之祕
藏，求《苗栗縣志》之佚本，高拱乾之《府志》返從東
瀛，陳文達之《縣志》歸自北美，《臺東州采訪冊》撰
人之姓氏亦由余首先為之揭示，並得盡交省內外同好之
士，相互切磋，相互琢磨，而斯學乃益光大。[15]

　　在這段文字中，方豪為自己辛勤蒐集臺灣方志的成果，下了言簡
意賅的註腳。而文末「斯學乃益光大」一語，無疑也道出了他在這項
學術領域中承先啟後的重要貢獻。

---

[14]　方豪，〈胡鐵花先生與《臺東州采訪修志冊》〉，《方豪六十自定稿》，頁1076。
[15]　方豪，〈《臺灣方志彙編》序〉，《方豪六十自定稿》，頁2314。

　　方豪平生實踐「近身之學」的研究理念，並曾鼓勵自己的臺大門生「研究歷史要由自己家鄉的歷史研究起」。[16]他不僅知行合一，而且以身作則、潛移默化，直接或間接地影響了後來某些史學研究者的價值取向。

㈢民族文化意識的抒發

　　就清代臺灣方志研究動機的感性層面而言，與臺灣認同及鄉土關懷一體兩面的，即爲方豪自身對於中華民族文化意識的情感抒發。在他的心目中，臺灣自古屬於中國的一部分，臺灣文化亦是中國文化的一環，研究臺灣文化也等於是研究中國文化。[17]1949年初蒞臺灣的方豪，曾於〈臺灣文獻的散佚與今日的迫切工作〉的講演中強調：

> 臺灣歷史的內涵非常豐富，其吸引力亦最大。……可資研究者，蘊藏無窮。……以近三百年歷史言，漢族篳路藍縷的開拓偉業，抗荷抗日的愛國精神，波瀾壯闊，在中國地方史中，亦為最燦爛的一編。[18]

　　這純粹是就臺灣與「祖國大陸」的關係而言。方豪秉持如此這般的心態，嘗試藉由清代臺灣方志的研究，來印證中國與臺灣在學術發展上的一脈相承；或是透過志書內容的呈現，來突顯海峽兩岸在歷史文化上的相連一體。也因此，在1950年6月28日，方豪於連雅堂（1878～1936）逝世十五週年紀念會上以〈連雅堂先生的新認識〉爲題發表演說，對於連雅堂及其《臺灣通史》的歷史地位做出如下的評價：「實爲臺灣人爭得不少面子，亦即爲中國人爭得不少榮

16　許雪姬，〈方杰人教授對臺灣史研究的貢獻〉，頁307。
17　方豪，〈「臺灣文化」一名詞的商榷〉，《方豪六十自定稿》，頁1129-1133。
18　方豪，〈臺灣文獻的散佚與今日的迫切工作〉，頁820。

譽。」[19]此種民族文化情感的抒發，某些時候，也是一種民族主義或中國文化中心主義的情結。

　　方豪原籍浙江省諸暨縣，由於出身背景的緣故，使得他頗為留意浙江人士與臺灣方志以及臺灣史的關係。在他來臺的第一年，即撰著〈明清之際浙江人與臺灣之關係〉，文中舉出清初浙江人士參與臺灣修志的情形，如乾隆六年（1741）劉良璧等《重修福建臺灣府志》，為時任臺灣知府的浙江嘉善人錢洙相助而成；乾隆十一年（1746）《重修臺灣府志》的主纂范咸，為浙江仁和人，校輯者有時任鳳山縣丞的浙江蕭山人趙軾臨，監刻者有原任臺灣府海防同知的浙江仁和人方邦基；乾隆二十五年（1760）《續修臺灣府志》的主纂余文儀，為浙江諸暨人，協輯者有淡水同知浙江仁和人夏瑚。到了1968年，方豪為了將該文修訂後收入《六十自定稿》，再考證出清代臺灣第一部府志的編纂者首任臺灣知府蔣毓英，亦為浙東諸暨人。此外，於光緒年間主修《苗栗縣志》的沈茂蔭亦為浙江蕭山人，至於《恆春縣志》則為浙江山陰人陳文緯與會稽人屠繼善所修。[20]

　　方豪考證浙江人士有功於臺灣修志事業者的同時，也傳達出一種「移情作用」。民族意識恆因外力欺凌或國家巨變而強化，對於當時身遭日軍侵華、「神州淪陷」最終東渡來臺的方豪來說，經由清代臺灣方志的研究以遙寄故國之思的作法，其實也不難同情的瞭解。1968年十月，方豪在〈《臺灣方志彙編》序〉中的一段回顧文字，即清楚地表露出類似的情結云：

　　　　紅劫漫天，神州變色，大陸人士之來臺者，悠然有故國
　　　　之思，於是各省方志之重印，乃如雨後春筍，蔚為巨

19　方豪，〈連雅堂先生的新認識〉，原稿刊於《新生報》，1950年6月29日，後收於《方豪六十自定稿》，頁1071。
20　方豪，〈明清之際浙江人與臺灣之關係〉，《方豪六十自定稿》，頁684，689。

觀。……雖然，臺籍人士又何嘗不遷自閩之漳、泉與粵之潮州等地？海內外固一家人也。清代中葉，西北地理研究之風大盛，亦以宦遊其地，甚或流徙其地者，無不重視當地文獻，而有所述造。[21]

至於他所主編的《臺灣方志彙編》也難以免俗，某種程度也是在這種洋溢著國族文化情緒之學術氛圍下的產物。

方志作為臺灣史研究的一環，既是方豪從事歷史專題研究的史料參證，亦為他抒發民族文化情感的學術憑藉。尤其甚者，當民族意識在臺灣方志學研究領域的擴散，更轉化為一種對於日治學者先前研究成果的質疑或挑戰。

㈣挑戰日治學者的研究成果

日治時期學界對於臺灣方志與臺灣史的研究並沒有空白，這一點初涖臺灣的方豪有相當深刻的體認。1950年元月，他於《臺灣文化》六卷一期發表〈日人著作中臺灣漢文文獻糾謬述例〉一文，其中抱持著肯定的態度，評述日治時期政府當局或民間學者研究臺灣史暨搜求地方文獻、保存歷史古蹟的努力，確實有其不可抹殺的貢獻：

> 平心而論，日本人為了研究臺灣與臺灣史，確曾下過一番工夫；又為了便於研究起見，他們對於資料的調查與蒐集，也有其值得欽佩與稱讚的貢獻，並且很多的文獻和古蹟、紀念物等，有全賴他們的重視和努力而保存下來；沒有他們的注意，其中必有很多早就煙消雲散，化為烏有了。[22]

---

21 方豪，〈《臺灣方志彙編》序〉，頁2314。
22 方豪，〈日人著作中臺灣漢文文獻糾謬述例〉，《方豪六十自定稿》，頁1077-1078。

　　在當時私人的搜羅和各種研究工作方面，大正後期編輯八大部
《臺灣全誌》的鈴村讓，對於清代臺灣方志的貢獻讓方豪頗爲稱
許，但對於其所採用版本的不盡理想，以及標點上的諸多錯誤，亦稍
有微詞。[23]除此之外，方豪對於日治當局基於侵略者的心態所作的臺
灣史研究，以及當時學者對於漢文文獻的掌握情形不妥，也曾提出
他的批判。如在前引〈臺灣文獻的散佚與今日的迫切工作〉的演說
中，他曾指出：

> 日本占領臺灣，恰在東京帝大文科大學創設史學
> 科，……移植現代西洋史學研究法之後九年，所以日人
> 對臺灣的歷史研究，大部分（即新進的一些史學家）已
> 開始採用新史學方法，機會極好。然而一切搜求、整
> 理、保管、研究的工作，幾乎全部由日人包辦；他們在
> 這方面的成就，我認為是功過參半；在文獻輯佚和流通
> 上講，他們是有功的，但在研究上說，他們是罪浮於功
> 的。罪又可分為二，即一是為配合侵略的政策而作的歪
> 曲理論，一是對漢文文獻的誤讀、誤解、誤印。[24]

　　這種功過參半或是罪浮於功的兩面評價，大致可以視爲方豪對於
日治時期臺灣史志研究成果的基本態度。
　　在日治時期學界研究臺灣史志的先行者之中，方豪最爲推崇臺籍
學者連雅堂與日籍學者伊能嘉矩（1867～1925）二人。前者一生搜
求斷簡殘編，編成《臺灣通史》；後者則完成《臺灣誌》與《臺灣文
化誌》等巨著。[25]這兩位學界前輩，也成爲他從事臺灣方志研究的主

---

[23]　方豪，〈日人著作中臺灣漢文文獻糾謬述例〉，頁1079-1080。

[24]　方豪，〈臺灣文獻的散佚與今日的迫切工作〉，頁822。

[25]　方豪，〈臺灣文獻的散佚與今日的迫切工作〉，頁833-834。

要對話對象。與此同時，方豪秉持其史料學派的功力，亦察覺到連雅堂、伊能嘉矩的著作中對於清代臺灣方志在認知上、掌握上或引證上的不足，因而積極地投入這方面的蒐集、整理及研究工作，藉此批判日治學者先前研究中的訛誤之處，並以挑戰甚至超越他們的研究成果為職志。

　　在所有臺灣歷史上的外來政權中，清朝統治臺灣的時間最長，影響甚大，也因此，對於清代臺灣方志的掌握成為後人撰寫臺灣史著的基本要件。方豪對於連雅堂及其他日籍學者的批評，主要著眼於此。在〈連雅堂先生的新認識〉一文中，他分析如果相較於鈴村讓的《臺灣全誌》，連雅堂雖然留意清代臺灣方志的蒐集及引述，但除了余文儀等《續修臺灣府志》之外，在《臺灣通史》中僅提到《臺灣縣志》、《鳳山縣志》、《彰化縣志》、《淡水廳志》及《諸羅縣志》等志書，而其中的《諸羅縣志》連氏並未獲見，至於《噶瑪蘭廳志》與《澎湖廳志》二書則連氏或未得見，在搜求方志的競爭上略遜於鈴村讓，更不及當時受到臺灣總督府支持的伊能嘉矩。然而，在方豪的心目中，伊能嘉矩的《臺灣誌》、《臺灣文化誌》，「與《臺灣通史》立場不同，觀點不同，體例不同，總而言之：精神不同。連雅堂先生在《通史》序中引古人之言曰：『國可滅，而史不可滅。』但外國人所寫之史，則有史較無史更為可懼。」[26]可見他秉持愛國的情操並堅持民族的立場，不容異族統治者染指這塊學術領域，頗有借題發揮，趁勢宣告其與日治學者一較高下的決心，以取得學術上的正統詮釋權。從臺灣史志專題研究的撰述到《臺灣方志彙編》的完成，甚至在晚年開始執筆撰寫通論性的臺灣史著作，[27]由此我們可以清楚地見識到他的苦心經營與努力成果。方豪先生嘗云：

---

[26] 方豪，〈連雅堂先生的新認識〉，頁1071-1072。

[27] 此書在方豪生前僅完成史前至荷、西時期部分，文稿後來經其臺大歷史學系門生代為整理，於1994年8月由臺灣學生書局出版，題名《臺灣早期史綱》。

　　我之所以如此熱心研究臺灣史，另一動機，也是因為看
　　到研究的人太少，想倡導為一種風氣；又因看到日人在
　　五十年占領期中，在這方面的工作實在努力，但誤謬的
　　地方也實在太多，所以為了為祖國學術界爭光，為使
　　日人著作中的誤謬，尤其是在引用漢文文獻時所犯的錯
　　誤，不致以誤傳誤，我便廢寢忘食的在這方面用功。[28]

　　緣自於民族情感的榮譽心，再加上不滿日治學者對於臺灣文獻的
誤解，以及憂心學術詮釋權淪入異族學者的危機感，激發了方豪捨我
其誰、義無反顧的責任心，積極投入這場學術競爭，挑戰過去的研究
成果及其相關論點。當他專注於臺灣史志的研究期間，「甚至把十幾
歲起便開始研究的中西交通史也擱在一邊」。[29]在前舉〈日人著作中
臺灣漢文文獻糾謬述例〉中，方豪分析日籍學者在臺灣漢文文獻的流
通與研究上不盡妥善的原因，其中的一點，「是沒有中國人與之在學
術工作上作競爭，臺灣人是很受限制的，所以他們就大膽著述，毫無
忌憚地出版，發表後也沒有人來批評或訂正」。[30]這段論述，即是此
種心態的具體寫照。方豪於1975年6月發表的〈淺談臺灣史的研究〉
一文中，也再度呼籲臺灣史學界應該有超越先前日籍學人研究成果的
自覺云：

　　研究臺灣史一定要超過日本人，我們自己要替中國人爭

---

[28] 方豪，〈臺灣地方志展覽會特輯摘評〉，頁79-80。

[29] 方豪，〈臺灣地方志展覽會特輯摘評〉，頁80。

[30] 方豪，〈日人著作中臺灣漢文文獻糾謬述例〉，頁1080。日治時期關於臺灣史志研究最具代表性的著作，自非伊能嘉矩的《臺灣文化誌》莫屬。該書中卷第八篇〈修志始末〉考察清代臺灣方志的修纂情形並加以評介，奠下了近代學界認知這項研究課題的基本輪廓。參見伊能嘉矩，《臺灣文化誌》（東京：刀江書院，1928年），中卷，第8篇，〈修志始末〉，頁471-536。如此一來，自然成為方豪首要的批判對象。詳本文以下的論述。

　　一口氣，我可以不研究臺灣史，如我要研究臺灣史，一
　　定要超過他們，一定要指出他們的錯來，不要把他們的
　　錯當成自己的錯。[31]

　　孔恩研究西方科學史的發展，察覺到一種能導致危機（crisis）
的不安感覺是造成科學革命（典範變遷）的先決條件。而開創新典範
的人若非相當年輕，就是才剛接觸該學門不久。[32]或許，正因為方豪
從中西交流史轉進臺灣方志學的學術機緣，使得他可以詳人之所略
且重人之所輕，易於發現問題之所在，擁有更多別識心裁的發揮空
間，最終在臺灣方志學的研究領域中樹立起「史料學派」的治史典
範。

三、史料學派的治史風格

　　方豪先生來臺之前，早年於天主教修院的學習經歷中，吸收了晚
明以來入華傳教士的科學治學方法，後來又受到二十世紀初期「史
料學派」治史風氣的薰陶，逐漸揣摩出史學研究的門徑，並私淑史
學大師陳垣（1880～1971），濡染了乾嘉以來考據學派的學風，
對於其日後研究取向或著述風格深具影響。[33]1949年，方豪因胡適
（1891～1962）之勸，自上海渡海來臺，隨即應史料學派大師傅斯
年（1896～1950）之聘，執教於國立臺灣大學歷史學系，講授中西
交通史、中日關係史與宋史課程。此後，他將研究方向轉趨臺灣史的
研究，承續史料學派的求真理念、務實傳統及其治史方法，實際運用
在清代臺灣方志的專題研究上。[34]

31　方豪，〈淺談臺灣史的研究〉，《國立編譯館館刊》，4卷1期，1975年6月，頁166。
32　Thomas S. Kuhn, *The Structure of Scientific Revolutions,* pp. 90-92.
33　李東華，〈方豪與現代中國史學研究的轉變〉，頁253-256、267-268。
34　李東華編著，《方豪先生年譜》，頁65-70。關於史料學派的興起及其對戰後時期臺灣史學

(一)輯佚與編刊

　　方豪的史料學派功力,主要展現在臺灣方志文獻的輯佚、校勘與考證等整理工作上。他曾於1949年12月〈臺灣文獻的散佚與今日的迫切工作〉的演說中,開宗明義強調:「文獻是構成歷史的各部分中最重要的一部分。」[35]此話一出,即洋溢著史料學派對於歷史研究的基本價值觀。該演說中緊接著指出臺灣在割讓日本之前,地方文獻的凋零、散佚情形已相當嚴重,雖經日治時期官方及民間力量的投入始漸有起色,但有關搜求、整理、保管、流通及研究工作,仍有不少有待改進或需要加強的空間。他分析臺灣文獻散佚的原因主要為:1.從荷據至日本統治時期變亂太多,導致文物凋零。2.蟲害太大,書籍及他種文物難以保管。3.文獻多出於他省人之手,或為其攜回中國大陸。[36]此外,在〈清代前期臺灣方志的編纂工作〉一文中,他也指出清代臺灣方志的散佚情形云:「或材料已備而旋告散失,或綱目就緒而為地方大員占為己有,或雖已成帙,而陷於大陸,一時無法獲得。」[37]字裡行間,流露出一位歷史研究者對於早期臺灣文獻史料散佚各處的危機意識。

　　方豪不僅提出強烈的呼籲,同時也率先作為。「動手動腳找材料」,積極展開臺灣文獻的輯佚工作,先後在海內外各地訪求到多部清代臺灣方志,如其於桃園楊梅中央研究院歷史語言研究所藏書中發掘光緒朝《恆春縣志》,託門生抄出上海徐家匯天主堂藏光緒朝

界的影響,參見王晴佳,《臺灣史學五十年（1950-2000）》（臺北:麥田出版社,2002年）,頁17-42。

[35] 方豪,〈臺灣文獻的散佚與今日的迫切工作〉,頁820。又如1950年元月,方豪於《臺灣文化》6卷1期發表〈日人著作中臺灣漢文文獻糾謬述例〉之開場白也指出:「文獻雖不足以包括全部歷史資料,尤其是先史時代的研究,更有賴於文獻以外的材料,然而文獻畢竟在史料中占極大部分,文獻有誤,則歷史如何準確?」依舊是秉持史料學派重視文獻史料的基本論調。

[36] 方豪,〈臺灣文獻的散佚與今日的迫切工作〉,頁822-823。

[37] 方豪,〈清代前期臺灣方志的編纂工作〉,《臺灣人文》,第2期,1978年元月,頁5。

《苗栗縣志》鈔本寄回臺灣，於日本內閣文庫取得康熙朝《臺灣府志》（高志）影本，自美國圖書館取得康熙朝《臺灣縣志》影本，於美國加州大學尋得《臺灣外志》新鈔本等，分別交由臺灣省文獻委員會、苗栗縣文獻委員會、臺灣銀行經濟研究室等單位出版。方豪並陸續撰文介紹各志書的發現經過、版本流傳情形及纂修者生平背景等。[38]這些開拓性的整理工作，爲他個人研究清代臺灣方志扎下了堅實的史料基礎，使得他在這項學術領域中擁有更具權威性的發言權，也帶動了當時臺灣史研究的一股熱潮。

　　到了1968年十月，方豪應邀主編由中華學術院與國防研究院合作出版的臺灣叢書第一輯《臺灣方志彙編》，其間他邀約王世慶、毛一波、林勇、陳漢光、曹永和、莊松林、莊金德、黃典權、黃得時、楊雲萍、劉枝萬、賴永祥等多位本省與外省籍臺灣史研究者共襄厥成，堪稱是集一時之選，由此也顯示出當時方豪本人在清代方志研究領域中的重要地位。他親自校訂第一冊高拱乾修《臺灣府志》、周元文修《臺灣府志》，第二冊周鍾瑄修《諸羅縣志》，第十冊沈茂蔭修《苗栗縣志》、屠繼善修《恆春縣志》，第十三冊《臺東州采訪冊》，並於前列各志書末附上其撰寫的校後記，呈現他多年來輯佚並校刊清代臺灣方志的成果。在該書的序言中，方豪概述清代官修臺灣府、縣、廳志迭有創修、重修或續修：清季臺灣建省以後，復有修纂通志的計畫，而采訪冊與若干新縣志亦陸續完成。割讓之後，志書文獻逐漸散佚。反觀日治時期學者鈴村讓雖遍求海內外各地典藏的臺灣方志，將其搜得的府志一、縣志四、廳志三輯爲《臺灣全誌》，以爲清代臺灣方志概盡於斯，「然自今視之，鈴村所得，不及三分之一」。戰後時期，臺灣銀行經濟研究室於1957發行《臺灣文獻叢刊》，陸續收入清代臺灣方志與采訪冊，如今再加上《臺灣方志彙編》的問世，「而斯學乃益光大」，爲清代臺灣方志的整理工作推向

38　關於這個部分，可參見《方豪六十自定稿》所收錄的相關論文及序跋。

一個嶄新的里程碑。[39]與此同時，也讓既往擅長於史料學派治史風格的方豪，擁有更多的發揮空間。

(二)考證與校勘

　　方豪既勤於清代臺灣方志的蒐集工作，又擅長於史料考證與文本校勘的歷史專題研究。在這個過程中，他透過一篇又一篇的方志學考據性論文，糾正了先前日治時期學界各種引用失當的錯誤，並扭轉了不少積非成是的說法或歪曲史實的見解，為當代臺灣史學界立下了史料學派的研究範例，甚至產生了方法學上的示範作用。在他之前，伊能嘉矩的《臺灣文化誌》堪稱是日治時期學界針對清代臺灣方志的修纂情形進行整體考察的代表性著作，該書中卷第八篇〈修志始末〉經常成為方豪的對話對象。例如，關於《臺東州采訪冊》的編修人，《臺灣文化誌》中卷第八篇第二章標明「未詳」，並揣測是光緒十九年（1893）自臺南移居卑南設塾教書的張之遠所修。1951年9月，方豪根據《臺灣通志》以及《臺灣日記》等原始資料，考證出該志書的作者為胡適之父胡傳（鐵花，1841～1895）。[40]

　　就方志本身及其版本的考訂而言，方豪除了為前述多部自海內外各處訪求而得的臺灣志書撰文說明之外，在1950年5月發表的〈《臺灣通史》藝文志訂誤述例〉一文中，他考訂連雅堂《臺灣通史》卷二十四〈藝文志〉表三中關於三部清代澎湖志書的誤載，包括江夏胡格撰《澎湖紀略》十二卷、三水蔣黃梅撰《澎湖紀略續編》二卷、安岳周于仁撰《澎湖紀略》一卷，此係連氏沿襲伊能嘉矩《臺灣志》中的錯誤，實際上應有四部關於澎湖的清代志書，按時間先後順序為：安岳周于仁撰《澎湖志略》一卷（已佚）、江夏胡格撰《澎湖志

---

[39] 方豪，〈《臺灣方志彙編》序〉，頁2313-2315。另參見高志彬，〈清修臺灣方志的蒐集與應用——以寺廟史料之應用為例〉，《中國現代史專題研究報告（二十一）》（臺北：中華民國史料研究中心，2000年），頁277-281。

[40] 方豪，〈胡鐵花先生與《臺東州采訪修志冊》〉，頁1073-1076。

略》不分卷、三水胡建偉撰《澎湖紀略》十二卷、黃梅蔣鏞撰《澎湖紀略續編》二卷。[41]1957年11月，方豪於美國加州大學東亞圖書館（East Asiatic Library）發現兩種不同的《臺灣外志》抄本，隨後撰寫〈《臺灣外志》兩抄本和《臺灣外紀》若干版本的研究〉一文，就這部研究南明史與明鄭時代臺灣史之重要專著的各種版本內容，進行校勘和比對，考證其完稿的年代以及作者、序者相關的事蹟，並隨機修正先前臺灣史學者楊雲萍、黃典權等人對於該書的某些見解。[42]從這些論文中，我們可以看出他如何不殫其煩地排比史料以呈現基本史實，特於細微之處透露其考據功力，充分展現出史料學派的治史風格。

方豪將史料學派的功力運用在史實的考證環節上，亦有諸多發微闡幽之處。如1952年6月，他在史料學派宗師傅斯年的紀念論文集中發表〈清初臺灣士人與地方志〉，似乎也宣告其將清代臺灣方志的研究納入史料學派所關注的焦點中。在此篇論文裡，他強調「清初臺灣修志事業幾乎網羅了臺灣所有學人」。然而，由於修志一事被地方官紳作為留名後世的工具，對修志工作毫無預聞或未親涉臺地的高級長官，竟能名列總裁、總理、總纂、總輯之類，而實際調查、採訪及執筆者反倒沒沒無聞。為此不公平的現象，他用心考證相關文獻的記載，撰文表彰當時協助康熙朝兩部《臺灣府志》、《諸羅縣志》、《鳳山縣志》、《臺灣縣志》以及乾隆朝重修《臺灣府志》等志書修纂的三十二名基層工作人員，讓這些「對臺灣鄉土史真正出力，真正有貢獻」的本地優秀人士能彰顯於世，以補充先前清代臺灣志書以及連雅堂《臺灣通史》、《臺灣詩乘》等著作中的失載。[43]

---

41 方豪，〈《臺灣通史》藝文志訂誤述例〉，原發表於《臺灣文化》，6卷2期，後收於《方豪六十自定稿》，頁523-526。
42 方豪，〈《臺灣外志》兩抄本和《臺灣外紀》若干版本的研究〉，原發表於《國立臺灣大學文史哲學報》，第8期，1958年7月，後收於《方豪六十自定稿》，頁881-952。
43 方豪，〈清初臺灣士人與地方志〉，《方豪六十自定稿》，頁621-646。

　　方豪實際從事臺灣方志的考證及校勘工作，也向當時臺灣史學界提示具體的研究方法。如1949年12月，他於〈臺灣文獻的散佚與今日的迫切工作〉的演說中，針對臺灣方志文獻的整理與研究工作，呼籲學界在先前日治時期的研究基礎上，可以採取「科學的歷史研究法」，其要義如下：

> 以原物原稿或原版書為第一手材料，現在見於重刻本的臺灣文獻，錯誤頗多，必須詳加校勘，以免將來重印時以誤傳誤。例如鈴村串宇編纂的《臺灣全誌》，最便翻檢，而偽誤獨多；但其所依據的原本，目前還都存在，似應有人為之全部校改一次。[44]

　　此外，在〈校勘《裨海紀遊》的旨趣與方法〉一文中，方豪提出校勘學的三條規律，第一是求古本，第二是求旁證，第三是求致誤之故。[45]顯而易見的，他將這項方法落實在清代臺灣方志的整理工作與相關的專題研究上，獲得了相當可觀的成就，此舉無異向學界展現出一種切實可行的研究取徑。

　　根據孔恩的論點，為特定學科的研究者提供問題解決的有效途徑及具體示範，以取代過去的操作法則或解題方法，並能超越前人的觀念架構或研究成果，進而拓展出新的研究領域，堪為「典範」形成的必要條件。[46]從方豪先後發表的多篇關於清代臺灣方志的專題研究論文或序跋中，可見其不時以連雅堂《臺灣通史》、伊能嘉矩《臺灣文化誌》以及其他日籍學者著作中的相關論述，作為其超越的對象、參照的客體或研究的起點。在挑戰過去學界的研究方法及各種學術見

---

[44] 方豪，〈臺灣文獻的散佚與今日的迫切工作〉，頁832。

[45] 方豪，〈校勘《裨海紀遊》的旨趣與方法〉，《方豪六十自定稿》，頁992-993。

[46] Thomas S. Kuhn, *The Structure of Scientific Revolutions,* pp. 52-91.

解的同時，他憑藉著史料學派以精密詳悉的考據工作為主體的治史風格，為清代臺灣方志的修纂成果勾勒出較為清楚準確的輪廓，提供後來研究者更為堅實的基礎，強化方志文獻史料的信度與效度，在史料學、編纂學或方法學的層面上立下了一種「典範」式的示範效果和指導作用，堪稱是「既開風氣又為先」。[47]如此一來，也奠定了他在當代臺灣方志學史上的重要地位。

四、文本評析與研究論點

　　方豪先生秉持史料學派的治史風格，對於清代臺灣方志的研究主要聚焦於相關史料的整理工作上，以建構出基本的歷史事實為研究重心。在史料的考證、版本的校勘與史實的建構之外，方豪也提出他個人看待清代臺灣方志之發展脈絡、體例類型或史料價值的態度；在歷史解釋的層面上，亦有其觀念的闡述或見解的創發。

　　方豪對於清代臺灣方志的整體評析及其研究論點，主要集中於〈關於若干臺灣方志的新認識〉、〈記新抄《苗栗縣志》兼論臺灣方志的形態〉、〈清初臺灣士人與地方志〉、〈臺灣的方志〉、〈修志專家與臺灣方志的纂修〉，以及他初步總結這項研究課題的〈清代前期臺灣方志的編纂工作〉、〈清代中期臺灣方志的編纂工作〉、〈清代後期臺灣方志的編纂工作〉等文。[48]筆者歸納其中的要點，主要包括：修志盛況的解析、方志提要與分期、體例類型的探討、方志史料的運用等四個層面。方豪的論點，如果參照當前臺灣方志研究的各種主流論述，我們可以看出其所擁有的先驅性與啟發性。

---

47 語出許雪姬，〈方杰人教授對臺灣史研究的貢獻〉，頁314。
48 關於〈清代前、中、後期臺灣方志的編纂工作〉作為方豪平生介紹臺灣方志之集大成之作的說法，據許雪姬，〈方杰人教授對臺灣史研究的貢獻〉，頁307。

(一)修志盛況的解析

　　十七世紀後期，孤懸大陸東南海隅的臺灣始被納入大清帝國版圖，成為被支配的地理空間。這處地理空間，也成為中國方志傳統所收編的對象。短期間內，臺灣方志的編刊工作盛極一時，且佳作迭出，素爲後世學界所稱羨。方豪於〈清初臺灣士人與地方志〉一文中統計自康熙中期高拱乾創修《府志》到乾隆初期劉良璧重修《府志》，期間四十七年內，參加修志工作的臺灣士人共有三十二人之多。針對清初臺灣修志的盛況，他有如下的解釋：

> 因為地方新入版圖，以往並無方志，所以修志便為當時地方官視為最迫切的工作。而清聖祖重視輿地，並於康熙五十三年派外國教士來臺測繪地圖，事先必有所準備，這恐怕也是促成臺灣清初修志發達原因之一。但在短時期內，府志三修，近於浪費，其原因半或由於地方官想借此為自己留名於後世，半或亦由於清初變亂頻仍，書板常被毀滅，乃不得不一修再修，清初臺灣士人亦因此而多獲參加修志工作的機會。[49]

　　這些因素簡要說來，主要爲：(1)因應統治措施的需要，(2)配合大清輿圖測繪的準備，(3)作為地方官員留名的工具，(4)彌補書板經常毀於變亂的問題。也因此，提供了臺灣士人一展才學的學術空間，再加上修志專家的努力，促成了清初的修志盛況。方豪認為，這段期間除了府志的多次重修，甚至連臺灣、鳳山兩縣志也一修再修，此種現象「在全國方志史中，亦爲僅見，以海外新收之地，文明初開，而對地方文獻，如此重視，雖多數在自我表現，但史事不至湮沒，成規賴以

---

[49] 方豪，〈清初臺灣士人與地方志〉，頁634。

可循，亦始非一盛事也」。[50]

　　方志編纂的主體是人，一部志書的成敗與否，端視修志人員的才學識德而定。相較於中國各地，清初臺灣方志的纂修成果斐然，與地方士人的積極投入且用心致力有密切的關聯。方豪肯定清初臺灣修志盛況的同時，也注意到清初臺灣本地人士貢獻於修志事業的背景因素：

> 由於當地人不能在當地作官的限制，再由於清初臺灣收於版圖不久，學校不很發達，不可能有科名較高的人，於是本地僅有的一些稍有功名的士人，也祇好在地方修志事業上，充當一些不受人重視的角色；可是因為他們或遷臺已久，或在臺出生，地方情形較為熟悉，所以最重要、最切實的工作，很自然地落在他們身上。[51]

　　而這項背景因素，無疑也是促成清初臺灣修志盛況的現實要件之一。

　　清代臺灣方志不僅量多而質優，體例完備且成就非凡，深獲當代臺灣史研究者的推崇。[52]方豪認為其間有多位「修志專家」能妥善地掌理編修事宜，當為成事的關鍵。所謂的「修志專家」係指曾纂修志書兩部以上者，包括陳夢林、高拱乾、王珍、陳文達、魯鼎梅、王必昌、范咸、李元春、蔣師轍、張聯元、周于仁等人，當他們在纂修第二部志書時，往往運用先前修志過程中所獲得的經驗，而能精益求

---

[50]　方豪，〈清代中期臺灣方志的編纂工作〉，《臺灣人文》，第3期，1978年4月，頁4。

[51]　方豪，〈清初臺灣士人與地方志〉，頁621-646。

[52]　陳捷先，《清代臺灣方志研究》（臺北：臺灣學生書局，1996年）；尹章義，〈清修臺灣方志與近卅年所修臺灣方志之比較研究〉，收於氏著，《臺灣開發史研究》（臺北：聯經出版公司，1989年），頁483-502；高志彬，〈清修臺灣方志的蒐集與應用——以寺廟史料之應用為例〉，頁245-251。

精，保證新修臺灣方志的品質。由於修纂者的素質不凡，使得清代臺灣方志不論是質或量皆有相當耀眼的表現。[53]

在清代臺灣的修志專家中，方豪最爲推崇康熙後期的陳夢林，他認爲陳夢林在來臺之前，曾先後修過《漳浦縣志》與《漳州府志》，過去的經驗能有效地運用在《諸羅縣志》的編修工作上，使得此書後來成爲「臺灣方志的標準本」。[54]

方豪對於清初臺灣修志盛況的解釋，或是關於「修志專家」的論點，影響所及，幾乎成爲後來臺灣方志學界的普遍共識，不斷地受到研究者的引用與重視。

(二)方志提要與分期

方豪自來臺之後開始從事臺灣方志的蒐集、考證及校勘工作，累積長年的研究經驗，逐漸形成他個人對於清代臺灣方志的整體認識。在1954年發表的〈臺灣的方志〉一文中，他除了開列歷來學界專論臺灣方志的研究成果，並表列簡介三十四種清代臺灣方志的年份、纂修人及收藏地點，傳達了當時他對於這些志書本身及其研究概況的初步掌握。[55]在1965年初次演說〈關於若干臺灣方志的新認識〉之際，方豪針對1958年元月由上海商務印書館出版的朱士嘉《中國地方志綜錄（增訂本）》中涉及清代臺灣方志的著錄內容進行考辨，向讀者展現清代前期五部《臺灣府志》與《臺灣縣志》、《鳳山縣志》以及清代後期《苗栗縣志》、《恆春縣志》等志書的主要纂修者、版本年代、海內外各收藏地點及其保存情形。[56]從各志書相關的

---

[53] 方豪，〈修志專家與臺灣方志的纂修〉，《方豪六十自定稿》，頁647-658。

[54] 方豪，〈記新抄《苗栗縣志》兼論臺灣方志的形態〉，《方豪六十自定稿》，頁1045。方豪於〈淺談臺灣史的研究〉中也提到：「在臺灣方志中最好的一部志書，就是諸羅縣志」（頁165）。

[55] 方豪，〈臺灣的方志〉，收於《臺灣文化論集（三）》（臺北：中華文化出版事業委員會，1954年），頁341-352。

[56] 方豪，〈關於若干臺灣方志的新認識〉，頁1030-1035。

人、事、時、地等要項加以提要說明，類似的做法，幾乎成爲他介
紹清代臺灣方志的通例。直到1978年《臺灣人文》連續三期刊出其
〈清代前、中、後期臺灣方志的編纂工作〉的專論，系統地總結他對
於清代臺灣方志的看法爲止。

　　大致說來，前舉這些論文透露出方豪主要是從編纂學的角度，來
建構清代臺灣方志學的發展史。以〈清代前、中、後期臺灣方志的編
纂工作〉爲例，他將清代臺灣方志的編纂工作分爲前期（康熙、雍正
及乾隆朝上半期）、中期（乾隆朝後半及嘉慶、道光、咸豐三朝）
與後期（同治、光緒二朝至日本侵占爲止），逐一介紹各志書的編纂
者、版本源流、體例傳承等著述情形及其收藏地點，概述不同時期
的編纂背景與各別特色。在字裡行間，我們可以看出他將多年來從事
方志整理工作以及歷史專題研究的結晶，擇要放入各志書的分說文字
中，以至於通篇洋溢著考據的氣息，堪爲史料學派的書寫範例。[57]

　　分期的本身，通常會規範讀者對於不同時期修志成果的視野或
角度。雖然方豪對於前、中、後分期的界定標準及其考量因素並未
明說，但我們仍可以從內文中感受到他較爲重視清代前期的修志成
果。在〈清初臺灣士人與地方志〉一文中，他將重點放在康熙年間至
乾隆初期的三部府志以及《諸羅縣志》、《鳳山縣志》、《臺灣縣
志》等志書的考察，其原因在於：

　　　　一因臺灣最早的幾部方志，都輯刊於清初，而早期的方
　　　　志保存開闢時的史料最多，最爲名貴；二因後出的方
　　　　志，往往因襲早期的方志，所以貢獻較少；三因清初臺
　　　　灣士人稀少，除修志外，沒有其他可以表現的機會，他

57　方豪，〈清代前期臺灣方志的編纂工作〉，《臺灣人文》，第2期，1978年元月，頁5-16；
　　〈清代中期臺灣方志的編纂工作〉，《臺灣人文》，第3期，1978年4月，頁4-16；〈清代後
　　期臺灣方志的編纂工作〉，《臺灣人文》，第4期，1978年7月，頁3-16。

們之沒有完全被埋沒，還靠著他們的功名和修志工作。[58]

　　這段解說，主要是就史料價值的觀點，來衡量清代前後期地方志書的重要程度。

　　方豪對於清代臺灣方志編纂工作及其發展脈絡的歷史建構，始終是奠基在史料學派基本的思維理路中。而其在〈清代前、中、後期臺灣方志的編纂工作〉所樹立的考據式書寫風格以及分期概念，也成為後來某些臺灣方志研究者依循的範式或慣用的框架。

(三)體例類型的探討

　　體例門類的安排為編修的地方志書的前提，也是一部史志裁定取捨與得失成效的先決條件，聯繫著纂修者匠心獨到的才識卓見和自成經緯的理論依據。[59]當代學者或以清代臺灣方志體例謹嚴、纂輯精審而能包羅萬象，故推崇其「為臺灣學術之最出色者」，甚至是「臺灣文化之具體表徵」。[60]體例設計所具舉足輕重的地位，由此可見一斑。

　　方豪於〈記新抄《苗栗縣志》兼論臺灣方志的型態〉一文中，除了從體例的仿照以及卷數相同、字句雷同且多相似、引註內容的承襲等層面，考證《苗栗縣志》因襲《淡水廳志》之處，並進一步根據各志書體例的因革損益，將清代臺灣方志區分為四種類型：

1.高志型：包括高拱乾《臺灣府志》，以及承襲自高志的周元文《臺灣府志》。

58　方豪，〈清初臺灣士人與地方志〉，頁622。

59　劉知幾撰，浦起龍釋，《史通通釋》（臺北：里仁書局，1980年），卷4，〈序例〉，頁87-89；章學誠，《文史通義·方志略例》（臺北：華世出版社，1980年），頁135-136、379-383、487-493、520-526。

60　高志彬，〈清康熙朝臺灣方志體例考述〉，收於國立中央大學共同學科主編，《明清之際中國文化的轉變與延續》（臺北：文史哲出版社，1991年），頁262。文中參考陳捷先、尹章義兩位學者的分析。

2. 諸羅志型：以《諸羅縣志》爲標準，包括在體例上大致仿照該志的范、余二府志，魯鼎梅、薛志亮兩部《臺灣縣志》，以及《鳳山縣志》、《彰化縣志》、《噶瑪蘭廳志》、《澎湖廳志》等。

3. 淡水志型：主要爲仿照正史體例的《淡水廳志》，以及在體例上承襲該志的《苗栗縣志》。

4. 采訪冊型：主要爲光緒十八年（1892）因應通志纂修之需所編輯的各縣廳采訪冊，以及屠繼善《恆春縣志》。

　　除了這四種類型之外，如果再加上仿照《福建通志》體例而「自成一型」的劉良璧《重修福建臺灣府志》，共計五種形態。[61]

　　在這些志書中，方豪認爲清代前期高志、周志爲「草創式」；劉良璧《重修福建臺灣府志》則係「完全仿照通志，最受人指責」；而修志專家陳夢林主事的《諸羅縣志》，堪爲有清一代「臺灣方志的標準本」。相形之下，清代後期《淡水廳志》的問世，使得清代臺灣方志傳統「出現了一種新的面目」。[62]

　　方豪針對清代臺灣方志體例類型的探討，以及他所根據的分類標準，其中有部分的論點，成爲後來研究者進一步探索的起點，在當代臺灣方志學史上不斷地激起學界的引述、討論或是提出修正的意見，呈現出一種「典範」式的導引作用。[63]

㈣方志史料的運用

　　方豪除了從事清代臺灣方志的專題研究，也將清代臺灣方志視爲各種臺灣史專題研究的重要史料。如其在1952年9月的〈臺灣方志的研究資料〉一文中開宗明義指出：

---

[61] 方豪，〈記新抄《苗栗縣志》兼論臺灣方志的型態〉，頁1036-1047。

[62] 方豪，〈記新抄《苗栗縣志》兼論臺灣方志的型態〉，頁1047。

[63] 相關的論述，可參見尹章義，〈清修臺灣方志與近卅年所修臺灣方志之比較研究〉，頁494-498；李秉乾，〈清代臺灣修纂方志概況〉，收於福建省炎黃文化研究會編，《閩臺文化研究》（福州：福建人民出版社，1997年），頁207-208；盧胡彬，〈方豪對臺灣方志研究的貢獻〉，頁42。

方志並不是研究地方史的上乘資料，卻是研究地方史所
不可少的資料。各地的方志創修有先後，一地的方志又
有重修很多次的，所以研究一般歷史，雖然都不能不重
視「史源學」，而研究地方史，更不能不認識清楚各志
纂修的先後，和續修的不同版本。否則，所用史料，必
不能得其「源」。[64]

　　就功能論的角度來看，他強調方志在地方史研究上的史料價值，
如果能正本清源且運用得法，將有助於學界建構鄉土史的軌跡與風
貌。在〈清初臺灣士人與地方志〉一文中，他亦如是認為：「很多地
方史蹟和文獻就靠方志而免於失傳，所以方志在中國史學上，尤其鄉
土史上，是有其貢獻的。」[65]

　　方豪重視臺灣方志史料運用於鄉土史研究的效度，這自然也是他
「近身之學」研究理念的實質發揮。在1949年12月19日於臺灣文化
協進會第七屆文化講座會上演講〈臺灣文獻的散佚與今日的迫切工
作〉之際，他以一名初蒞臺灣的「外省」籍學者身分，公開向當時的
學術界呼籲，千萬不要輕忽臺灣史的研究以及臺灣史料的運用云：

也許又有人認為臺灣地域小，歷史短，因此感覺到興趣
不大。但臺灣地域雖小，歷史縱短，……其內容實不貧
乏，況可供研究的史實甚多，待解決的問題尤不在少；
又正因其歷史短，地域小，所以也容易面面顧到，不致
有重大疏漏，可以從事於較縝密的研討，可以獲得較圓

---

[64] 方豪，〈臺灣方志的研究資料〉，《臺南文化》，2卷3期，1952年9月，頁47。筆者感謝
　　黃秀政教授提供此一資料。方豪的這段敘述，亦出現在後來的〈臺灣的方志〉一文（頁
　　341）。另可參見方豪，〈淺談臺灣史的研究〉，頁162-165。

[65] 方豪，〈清初臺灣士人與地方志〉，頁621。

滿的結論；具備這兩點，就是優良的歷史學成果。[66]

　　緊接著這段聲明之後，他以1949年初刊於《臺灣文化》五卷二期的〈臺灣方志中的利瑪竇〉爲例，宣稱「這樣的題目在別省任何一省也不容易做的，因爲它們的方志太多」。[67]此項例證雖不盡恰當，但也顯示出他重視臺灣史與臺灣方志的基本態度。在〈臺灣方志中的利瑪竇〉一文中，他針對清代臺灣方志中所謂利瑪竇臺灣星野之說的由來，以及《諸羅縣志》中關於利瑪竇的記載進行考察。文中指出，由於利瑪竇在晚明知識界擁有極高的知名度，被視爲當時西學東傳的首要人物，以至於產生「箭垛式」的效應。在此種學術氣氛的影響下，縱使清代臺灣方志的星野之說並不見於利瑪竇的著作，而係出自清朝欽天監歷年頒行的《時憲曆（書）》，但利瑪竇的名號卻在《諸羅縣志》等清代臺灣志書中與星野之說發生關係。[68]又如在〈康熙五十三年測繪臺灣地圖考〉中，方豪整理出康熙朝《諸羅縣志》、《臺灣縣志》、《鳳山縣志》以及乾隆朝《重修鳳山縣志》、《重修臺灣縣志》等志書中，關於康熙皇帝遣派西洋傳教士至臺灣從事經緯度測繪的文獻記載，並就其內容進行考證及校勘，以呈現這批入臺傳教士的歷史貢獻。[69]前舉兩篇論文考據翔實，論證精闢，成爲當代學界結合近代西學東漸史與臺灣方志學研究取向的先趨之作，具體示範了這類學術課題的可行性。

　　方豪來臺之後，不斷鼓吹臺灣史或地方史研究的重要性，並且以

[66] 方豪，〈臺灣文獻的散佚與今日的迫切工作〉，頁822。在1952年4月發表於《自由中國》6卷7期的〈臺灣的文獻〉一文中，方豪也提出類似的見解：「研究一個地方的情形，必須具備那個地方的材料。這些材料我們稱之為文獻。……別說臺灣地方小，臺灣歷史短，臺灣的文獻卻五花八門，種類繁多」。引見《方豪六十自定稿》，頁809。
[67] 方豪，〈臺灣文獻的散佚與今日的迫切工作〉，頁822。
[68] 方豪，〈臺灣方志中的利瑪竇〉，頁605-620。另參見《方豪六十自定稿》所收〈《諸羅縣志》傳入日本和列入禁書的經過〉、〈陳夢林與陳元麟事蹟彙輯〉，頁1004-1013。
[69] 方豪，〈康熙五十三年測繪臺灣地圖考〉，《方豪六十自定稿》，頁557-604。

身作則、率先模範，積極將臺灣方志史料運用於歷史專題研究上，
除了方志本身的相關課題之外，其他如臺灣早期人物研究、地名研
究、語言研究、宗教研究、郊行研究、地震研究以及各類政治社會
現象的研究等，[70]成果極為豐碩，對於後來臺灣史學界概具有一定程
度的影響力。再者，方豪亦將其多年來研治臺灣方志的學養投注在
《臺北市志稿》卷四《社會志·宗教篇》的內容撰寫上，[71]取得亮眼
的成績，並深獲學界的好評。在這些研究中，我們可以看出方豪如何
將清代臺灣史的研究奠基在堅實的方志史料基礎上。而當他進行知性
的史事考證與史實建構的同時，偶亦流露出一種感性的鄉土認同情
懷。

　　本文依序從修志盛況的解析、方志提要與分期、體例形態的探
討、方志史料的運用等四個層面，呈現方豪有關清代臺灣方志文本的
評析及其研究論點。這個部分，可視為其對於清代臺灣方志編纂成果
的基本認知，以及對於臺灣方志學發展脈絡的整體掌握。吾人檢視方
豪的相關論作，大多偏重在歷史編纂學的討論，重視清代臺灣方志
實際著述情形的考據或纂修方式的說明，比較缺乏體例的分析、內容
的解讀或是個別的評價，遑論史學理論、知識系統或歷史意識的反
省。然而，歷史的後見之明告訴我們，這些落實在史料學派治史風格
的文本評析或研究論點，對於後來的某些研究者，仍具有相當程度的
啟發、引導及示範作用。

五、結論

　　方豪於〈臺灣文獻的散佚與今日的迫切工作〉一文中，曾揭舉

70　李東華編著，《方豪先生年譜》，頁175-219。另參見方豪，〈中原文獻與臺灣研究〉，
　　《國立臺灣大學歷史學系學報》，第3期，1976年5月，頁255-266。
71　方豪，《臺北市志稿》卷四《社會志·宗教篇》（臺北：臺北市文獻委員會，1965年）。

「訪求與保存」、「整理與研究」為今後迫切的工作。[72]這兩項要點，也可視為其平生從事清代臺灣方志研究的最大貢獻，以至於「斯學乃益光大」，在這項學術課題上擁有承先啓後的歷史地位。臺灣方志學作為臺灣史學史的一項重要課題，也在他的學術經歷中獲得了極佳的詮釋。更難能可貴的是，方豪生前將其深刻的鄉土認同情感，不斷地貫注在臺灣史志的專題研究上。他嘗言：「余外省人也，熱愛本省文獻，不讓本省同胞；以所居時期短暫言，此為余第二故鄉，但以余在地方文獻上之效力言，此實為余第一故鄉。」[73]從方豪先生身上，我們可以體會到史學研究除了冷靜的考證、知性的建構與理性的批判之外，更是一種身心性命之學，需要生命熱情的投入。

在戰後時期學界關於清代臺灣方志的學術領域中，方豪堪稱是樹立了「史料學派」的研究典範。學者楊雲萍於〈方杰人先生安息〉中總評方豪平生「對於臺灣史史料的發見、研究和校刊，將與臺灣的河山同其不朽」。[74]學者陳捷先推崇方豪對於臺灣史料的蒐集以及相關研究的成果豐碩，「在人才培育、組織學術團體、協助編印叢書以及倡導學術活動等方面，亦皆貢獻良多，臺灣研究之有今日之普遍及高度水準，方氏之功不可沒也」。[75]學者李東華於〈史學與天主之間：方豪的志業與平生〉中，評論方豪一生對於臺灣史研究的卓越成就，有如下的一段扼要的說明：

> 他一方面深入發掘蒐集史料，開拓臺灣史研究的廣度與深度，一方面在水準參差不齊的臺灣史學界，以史料學

---

[72] 方豪，〈臺灣文獻的散佚與今日的迫切工作〉，頁829-832。
[73] 方豪，〈敬悼石陽睢先生〉，《方豪六十自定稿》，頁1146。
[74] 楊雲萍，〈方杰人先生安息〉，《臺灣風物》，31卷1期，1981年3月，頁4。
[75] 陳捷先，〈方豪〉，收於《中華民國名人傳》第3冊（臺北：近代中國出版社，1985年），頁8。

派的研究方法寫作「歷史專題研究」論文，給臺灣史學界提供了一些範例。[76]

　　從學術史的角度，如果「典範」意指一種能引導後來研究者的具體範例、操作技術、論述觀點和價值理念，足以開啓新的研究取徑與問題意識，並留下了某些有待進一步探討之課題的話，[77]那麼，方豪在當代臺灣方志學史上所開創的典範，主要表現在：

1. 研究方法的示範：亦即方法學的實踐，此係其長年投入清代臺灣方志之訪求、校勘與考證工作的具體成果，特別是涉及各志書修纂者（人）、編刊年代（時）、史實記載（事）、典藏處所（地）的考訂，以及版本內容校勘的方法，成爲後來某些臺灣方志研究者所取法的範例。

2. 研究論點的啓發：亦即知識學的建構，如其提出修志盛況的解釋，揭示修志專家的觀點，分期考究方志發展的架構，以及充分運用方志史料的作法，迄今仍受到某些學者的借鏡或援用。至於有關方志類型的分析或體例門類的討論，後來更成了臺灣方志研究者眾聲喧嘩的話題，形成了一股主流研究的學術風尚。[78]

3. 價值理念的影響：亦即世界觀的制約，此部分涉及意識形態的層面，如其透過清代臺灣方志研究的展現，來強調臺灣文化與中國文化之間的聯結性，反映出一種中國文化本位觀的思維模式，成爲民族主義史學觀的典型，也影響了當時臺灣史學界關於臺灣史

---

[76] 李東華編著，《方豪先生年譜》，代序，頁19。

[77] 此係根據前引孔恩所著《科學革命的結構》一書中的論點。

[78] 陳捷先，〈論清代臺灣地區方志的義例〉，《漢學研究》，3卷2期，1985年12月，頁157-232；尹章義，〈清修臺灣方志與近卅年所修臺灣方志之比較研究〉，頁477-526；高志彬，〈清康熙朝臺灣方志體例考述〉，頁259-322；高志彬，〈臺灣方志之纂修及其體例流變述略〉，《臺灣文獻》，49卷3期，1998年9月，頁187-205；柳浪，〈臺灣方志體例與編纂方法的演變比較研究〉，《中國地方志》，2003年第2期，頁57-63。

志發展的論述基調。

　　整體而言，方豪所開啓的臺灣方志研究典範，係以史料學爲中心，衍生出版本學、考據學與編纂學的課題，其論述多偏重於修志過程的考據、修志人員的考察、版本內容的校勘、資料取捨的評述以及編纂方式的介紹，充分展現出史料學派的治學風格。方豪將史料學派的功力展現在臺灣方志的專題研究上，獲得了相當可觀的成果，並奠定其在清代臺灣方志學上的發言權。再加上他獨到的研究論點與基本的價值理念，對於來者產生了示範和啓發作用，發揮出一種類似孔恩所謂「常態科學」（normal science）時期典範的指導功能，[79]並逐漸導引出更深入、更細緻甚至更廣闊的研究視野。

　　另一方面，方豪對於清代臺灣方志研究的部分論點，雖已陸續受到臺灣史學界的質疑、修正甚至是推翻，[80]但「先出未密，後出轉精」本爲學術發展的常態，更何況，這些批判或商榷大多還是承續著方豪當年的研究課題與實踐方式而進行，依循著他先前所提出的問題面向，包括清代臺灣方志的修纂者及其成書、刊行年代的考證，志書內容的傳承及其文本校勘的探究，或者是編纂體例與門類形態的討論等等。基本上，這還是一種近乎孔恩所謂常態科學式的解謎（puzzle-solving）工作，後來研究者並沒有完全動搖方豪在該研究領域中所樹立之史料學派的研究典範及其價值系統。

　　本文嘗試引述孔恩典範論的觀點作爲參照架構，以呈現方豪對於這項課題的研究成果所具有的學術史意涵，並彰顯其在當代臺灣方志學史上的重要地位。方豪先生的遺風所及，長期以來，臺灣史學界關於清代臺灣方志的研究主要表現在：

79　Thomas S. Kuhn, *The Structure of Scientific Revolutions,* pp. 10-42.

80　相關的舉證，可參見陳漢光編著，〈臺灣地方志展覽會特輯〉，《文獻專刊》，3卷2期，1952年10月，頁55-58；陳漢光，〈讀「臺灣地方志展覽會特輯摘評」後〉，《文獻專刊》，3卷3、4期，1952年12月，頁87-89；盧胡彬，〈方豪對臺灣方志的研究〉，頁411-418。

㈠編纂學的層面：如各種涉及志書編纂方式、體例門類、著述風格以
　及個別評價的討論。
㈡史料學的層面：著重於方志史料價值的分析，或是將焦點放在方志
　史料如何運用在各種專題研究上。[81]

　　相形之下，針對修志理論或史學觀念的分析則著墨不多，關於
方法論的反省、功能論的檢討或知識學的建構亦相對缺乏。回顧過
去、立足現在並展望未來，在我們追思方豪先生研治清代臺灣方志的
貢獻之際，也當效法他當年挑戰日籍學者之研究成果及其相關論點
的精神，期勉來者能立足在前人的學術基礎上致力於研究典範的創
新，以使這項研究課題脫胎換骨，並提供另外一種看待清代臺灣方志
的視界。

---

[81] 相關的研究成果，可參見許雪姬、林玉茹主編，《五十年來臺灣方志成果評估與未來發展學
　　術研討會論文集》（臺北：中央研究院臺灣史研究所籌備處，1999年）；國立中興大學歷史
　　學系主編，《海峽兩岸地方志地方博物館學術研討會論文集》（南投：臺灣省文獻委員
　　會，1999年）；國史館臺灣文獻館編輯組編輯，《方志學理論與戰後方志纂修實務國際學術
　　研討會論文集》（南投：國史館臺灣文獻館，2008年）。

徵引書目

一、傳統文獻

丁紹儀，《東瀛識略》，臺北：臺灣銀行，1957年。

不著撰人，《臺灣府輿圖纂要》，臺北：臺灣銀行，1963年。

六十七，《番社采風圖考》，臺北：臺灣銀行，1960年。

中華書局編輯部編，《宋元方志叢刊》，北京：中華書局，1990年。

王之春，《國朝柔遠記》，臺北：臺灣學生書局，1975年景印清光緒年間重刊本。

王士俊修，王霖纂，《清流縣志》，收於國家圖書館分館編，《清代孤本方志選（第二輯）》，北京：線裝書局，2001年據清康熙四十一年刻本影印。

王必昌等，《重修臺灣縣志》，臺北：臺灣銀行，1962年。

王必昌等，《重修臺灣縣志》，臺北：行政院文化建設委員會，2005年。

王玨修，葉先登等纂，《長泰縣志》，收於國家圖書館分館編，《清代孤本方志選（第一輯）》，北京：線裝書局，2001年據清康熙二十六年刻本影印。

王瑛曾等，《重修鳳山縣志》，臺北：臺灣銀行，1962年。

王瑛曾等，《重修鳳山縣志》，臺北：行政院文化建設委員會，2006年。

永瑢、紀昀等，《欽定四庫全書總目》，臺北：臺灣商務印書館，1986年。

朱仕玠，《小琉球漫誌》，臺北：臺灣銀行，1957年。

朱景英，《海東札記》，臺北：臺灣銀行，1958年。

伊能嘉矩，《臺灣文化誌》，東京：刀江書院，1928年。

李之藻編，《天學初函》，臺北：臺灣學生書局，1966年。

李元春，《臺灣志略》，臺北：臺灣銀行，1958年。

李傳甲修，郭文祥纂，《福清縣志》，收於國家圖書館分館編，《清代孤本方志選（第二輯）》，北京：線裝書局，2001年據清康熙十一年刻本影印。

何士麟修，李敏纂，《將樂縣志》，收於《天一閣藏明代方志選刊續編》，上海：上海書店，1990年據明弘治刊本影印。

沈茂蔭，《苗栗縣志》，臺北：臺灣銀行，1963年。

沈茂蔭，《苗栗縣志》，臺北：行政院文化建設委員會，2006年。

吳子光，《臺灣紀事》，臺北：臺灣銀行，1959年。

吳宗器纂修，楊鵠增修，《莘縣志》，收於《天一閣藏明代方志選刊》，臺

　　　北：新文豐出版公司，1985年據明正德原刻、嘉靖增刻本影印。

汪瑀修，林有年纂，《安溪縣志》，收於《天一閣藏明代方志選刊》，臺
　　　北：新文豐出版公司，1985年據明嘉靖刻本影印。

余文儀等，《續修臺灣府志》，臺北：臺灣銀行，1962年。

余文儀等，《續修臺灣府志》，臺北：行政院文化建設委員會，2007年。

林豪等，《金門志》，臺北：臺灣銀行，1960年。

林豪等，《澎湖廳志》，臺北：臺灣銀行，1963年。

林豪等，《澎湖廳志》，臺北：行政院文化建設委員會，2006年。

林豪著，林文龍點校，《澎湖廳志稿》，南投：臺灣省文獻委員會，1998
　　　年。

林百川、林學源，《樹杞林志》，臺北：臺灣銀行，1960年。

金鋐主修，鄭開極等纂，《康熙福建通志臺灣府》，臺北：成文出版社，
　　　1983年景印昭和五年影鈔康熙年間刊本。

金鋐、鄭開極等纂修，《福建通志》，北京：書目文獻出版社，1988年據
　　　清康熙刻本景印。

周于仁、胡格，《澎湖志略》，臺北：行政院文化建設委員會，2005年。

周元文等，《重修臺灣府志》，臺北：臺灣銀行，1960年。

周璽等，《彰化縣志》，臺北：臺灣銀行，1962年。

周璽等，《彰化縣志》，臺北：行政院文化建設委員會，2006年。

周凱等，《廈門志》，臺北：臺灣銀行，1961年。

邵有道修，何雲等編，《汀州府志》，收於《天一閣藏明代方志選刊續
　　　編》，上海：上海書店，1990年據明嘉靖刊本影印。

范咸等，《重修臺灣府志》，臺北：臺灣銀行，1961年。

范咸等，《重修臺灣府志》，臺北：成文出版社，1983年據清乾隆十二年
　　　刊本影印。

范咸等，《重修臺灣府志》，臺北：行政院文化建設委員會，2005年。

柯培元，《噶瑪蘭志略》，臺北：臺灣銀行，1962年。

胡建偉等，《澎湖紀略》，臺北：臺灣銀行，1961年。

胡建偉，《澎湖紀略》，臺北：行政院文化建設委員會，2004年。

胡傳等，《臺東州采訪冊》，臺北：臺灣銀行，1960年。

洪安全等編，《清宮月摺檔臺灣史料》，臺北：國立故宮博物院，1994-
　　　1995年。

洪安全等編，《清宮諭旨檔臺灣史料》，臺北：國立故宮博物院，1996-
　　　1997年。

洪安全等編，《清宮廷寄檔臺灣史料》，臺北：國立故宮博物院，1998
　　　年。

洪安全等編，《清宮洋務始末臺灣史料》，臺北：國立故宮博物院，1999
　　年。

洪安全等編，《清宮宮中檔奏摺臺灣史料》，臺北：國立故宮博物院，
　　2001-2005年。

郁永河，《裨海紀遊》，臺北：臺灣銀行，1960年。

倪贊元，《雲林縣采訪冊》，臺北：臺灣銀行，1959年。

班固等，《漢書》，北京：中華書局，1962年點校本。

高拱乾等，《臺灣府志》，臺北：臺灣銀行，1960年。

郝玉麟等，《福建通志》，臺北：國家圖書館臺灣分館藏清乾隆二年刊本。

夏獻綸，《臺灣輿圖》，臺北：臺灣銀行，1959年。

殷之輅、朱梅等纂修，《福寧州志》。北京：書目文獻出版社，1990年據
　　日本尊經閣文庫藏明萬曆四十四年刻本影印。

莫尚簡修，張岳纂，《惠安縣志》，收於《天一閣藏明代方志選刊》，臺
　　北：新文豐出版公司，1985年據明嘉靖刻本影印。

屠繼善等，《恆春縣志》，臺北：臺灣銀行，1960年。

屠繼善等，《恆春縣志》，臺北：行政院文化建設委員會，2007年。

連橫，《臺灣通史》，臺北：臺灣銀行，1962年。

崑岡等撰，《欽定大清會典·事例》，臺北：新文豐出版公司，1976年據
　　清光緒二十五年刻本影印。

國家圖書館分館編，《清代孤本方志選》，北京：線裝書局，2001年。

章學誠，《文史通義》，臺北：華世出版社，1980年。

章學誠撰，葉瑛注，《文史通義校注》，臺北：漢京文化事業公司，1986
　　年。

陳夢林等，《諸羅縣志》，臺北：臺灣銀行，1962年。

陳文達等，《臺灣縣志》，臺中：臺灣省文獻委員會，1958年。

陳文達等，《臺灣縣志》，臺北：行政院文化建設委員會，2005年。

陳文達等，《鳳山縣志》，臺北：臺灣銀行，1961年。

陳文達等，《鳳山縣志》，臺北：行政院文化建設委員會，2005年。

陳桂芳編，《清流縣志》，收於《天一閣藏明代方志選刊續編》，上海：上
　　海書店，1990年據明嘉靖刊本影印。

陳培桂等，《淡水廳志》，臺北：臺灣銀行，1963年。

陳培桂等著，詹雅能點校，《淡水廳志》，臺北：行政院文化建設委員會，
　　2006年。

陳淑均等，《噶瑪蘭廳志》，臺北：臺灣銀行，1963年。

陳淑均等，《噶瑪蘭廳志》，臺北：行政院文化建設委員會，2006年。

陳朝龍，《新竹縣采訪冊》，臺北：臺灣銀行，1962年。

陳朝龍等，《新竹縣采訪冊》，臺北：國立臺灣歷史博物館，2011年。

陳夢林等，《諸羅縣志》，臺北：臺灣銀行，1962年。

陳夢林等，《諸羅縣志》，臺北：行政院文化建設委員會，2005年。

陳壽祺等，《福建通志》，臺北：華文書局，1968年景印清同治十年重刊本。

陳應賓、閔文振纂修，《福寧州志》，收於《天一閣藏明代方志選刊續編》，上海：上海書店，1990年據明嘉靖刊本影印。

莊金德，《清代臺灣教育史料彙編》，臺中：臺灣省文獻委員會，1963年。

閔文振纂修，《寧德縣志》，收於《天一閣藏明代方志選刊續編》，上海：上海書店，1990年據明嘉靖刊本影印。

黃叔璥，《臺海使槎錄》，臺北：臺灣銀行，1958年。

曾汝檀修，朱召纂，《漳平縣志》，收於《天一閣藏明代方志選刊續編》，上海：上海書店，1990年據明嘉靖刊本影印。

葉振甲修，周世卜續修，《大田縣志》，收於國家圖書館分館編，《清代孤本方志選（第二輯）》，北京：線裝書局，2001年據清康熙三十二年增刻本影印。

董仲舒，《春秋繁露》，臺北：臺灣中華書局，1975年景印報經堂本。

臺灣銀行經濟研究室編，《臺灣地輿全圖》，臺北：臺灣銀行，1963年。

趙爾巽等，《清史稿》，北京：中華書局，1977年點校本。

劉良璧等，《重修福建臺灣府志》，臺北：臺灣銀行，1961年。

劉良璧等，《重修福建臺灣府志》，臺北：行政院文化建設委員會，2005年。

劉知幾撰，浦起龍釋，《史通通釋》，臺北：里仁書局，1980年。

劉宗樞修，劉鴻略纂，《尤溪縣志》，收於國家圖書館分館編，《清代孤本方志選（第二輯）》，北京：線裝書局，2001年據清康熙五十年刻本影印。

蔣師轍，《臺游日記》，臺北：臺灣銀行，1957年。

蔣師轍、薛紹元編纂，《臺灣通志》，臺北：臺灣銀行，1962年。

蔣毓英等，《臺灣府志》，收於《臺灣府志三種》，北京：中華書局，1985年。

蔣毓英等，《臺灣府志》，南投：臺灣省文獻委員會，1993年。

鄭功勳修，宋祖堭纂，《永春縣志》，收於國家圖書館分館編，《清代孤本方志選（第一輯）》，北京：線裝書局，2001年據清康熙二十三年刻本影印。

鄭用錫纂輯，林文龍點校，《淡水廳志稿》，南投：臺灣省文獻委員會，

1998年。

鄭若曾，《鄭開陽雜著》，收於《景印文淵閣四庫全書》第584冊，臺北：
　　臺灣商務印書館，1983年。

鄭慶雲、辛紹佐纂修，《延平府志》，收於《天一閣藏明代方志選刊》，臺
　　北：新文豐出版公司，1985年據明嘉靖刻本影印。

鄭鵬雲、曾逢辰，《新竹縣志初稿》，臺北：臺灣銀行，1959年。

盧德嘉，《鳳山縣采訪冊》，臺北：臺灣銀行，1960年。

盧德嘉，《鳳山縣采訪冊》，臺北：行政院文化建設委員會，2007年。

蔡振豐，《苑裡志》，臺北：臺灣銀行，1959年。

盧德嘉等，《鳳山縣采訪冊》，臺北：臺灣銀行，1960年。

謝金鑾等，《續修臺灣縣志》，臺北：臺灣銀行，1963年。

謝金鑾等，《續修臺灣縣志》，臺北：行政院文化建設委員會，2007年。

應劭撰，王利器校注，《風俗通義》，臺北：明文書局，1982年。

藍鼎元著，蔣炳釗、王鈿點校，《鹿洲全集》，廈門：廈門大學出版社，
　　1995年。

《清實錄》，北京：中華書局，1986-1987年。

二、近人論著

㈠專書

毛一波主編，《修志方法論集》，臺北：方志研究會，1954年。

毛一波，《方志新論》，臺北：正中書局，1974年。

方豪，《臺北市志稿》卷四《社會志‧宗教篇》，臺北：臺北市文獻委員
　　會，1965年。

方豪，《方豪六十自定稿》，臺北：臺灣學生書局，1969年。

方豪，《方豪六十自定稿補編》，臺北：臺灣學生書局，1969年。

方豪，《臺灣早期史綱》，臺北：臺灣學生書局，1994年。

方豪著，李東華主編，《方豪晚年論文輯》，臺北：輔仁大學出版社，
　　2010年。

天津市地方志辦公室編，《海峽兩岸地方史志比較研究文集》，天津：天津
　　社會科學院出版社，1998年。

尹章義，《臺灣開發史研究》，臺北：聯經出版公司，1989年。

王世慶，《臺灣史料論文集》，臺北：稻鄉出版社，2004年。

王志弘等譯，《地圖的力量》，北京：中國社會科學出版社，2000年。

王成祖，《中國地理學史（先秦至明代）》，北京：商務印書館，1988
　　年。

王良行，《鄉鎮志撰修實務手冊》，臺中：行政院文化建設委員會中部辦公室／國立中興大學，1999年。

王啟宗，《臺灣的書院》，臺中：臺灣省政府新聞處，1987年。

王晴佳，《臺灣史學五十年（1950-2000）》，臺北：麥田出版社，2002年。

王爾敏，《明清社會文化生態》，臺北：臺灣商務印書館，1997年。

王德恆著，《中國方志學》，鄭州：大象出版社，1997年。

王德毅主編，《中華民國臺灣地區公藏方志目錄》，臺北：漢學研究資料及服務中心，1985年。

皮慶生，《宋代民眾祠神信仰研究》，上海：上海古籍出版社，2008年。

江曉原，《星占學與傳統文化》，上海：上海古籍出版社，1992年。

艾瑞克・霍布斯邦著，黃煜文譯，《論歷史》，臺北：麥田出版公司，2002年。

杜石然、林慶元、郭金彬，《洋務運動與中國近代科技》，瀋陽：遼寧教育出版社，1991年。

李亦園，《臺灣土著民族的社會與文化》，臺北：聯經出版公司，1962年。

李旭旦譯，《地理學思想史》，北京：商務印書館，1989年2版。

李東華編著，《方豪先生年譜》，臺北：國史館，2001年。

呂理政，《天、人、社會：試論中國傳統的宇宙認知模型》，臺北：中央研究院民族學研究所，1990年。

呂理政、魏德文主編，《經緯福爾摩沙：16-19世紀西方人繪製臺灣相關地圖》，臺南：國立臺灣歷史博物館籌備處，2006年。

何丙郁、何冠彪，《中國科技史概論》，臺北：木鐸出版社，1983年。

何曉昕、羅雋，《風水史》，上海：上海文藝出版社，1995年。

宋天瀚，《論章學誠的方志理論與「方志學」》，臺北：花木蘭文化工作坊，2005年。

宋晞，《方志學研究論叢》，臺北：臺灣商務印書館，1990年。

吳宜蓉，《帝國制式的文化鏡映──清代臺灣方志的纂修視域及其〈風俗〉類中所再現的臺人之相》，臺北：花木蘭文化出版社，2013年。

吳密察等，《臺灣史料集成提要》，臺北：行政院文化建設委員會，2004年。

余定國著，姜道章譯，《中國地圖學史》，北京：北京大學出版社，2006年。

東吳大學歷史學系主編，《方志學與社區鄉土史學術研討會論文集》，臺北：臺灣學生書局，1998年。

來新夏，《中國地方志》，臺北：臺灣商務印書館，1995年。

來新夏、齊藤博主編，《中日地方史志比較研究》，天津：南開大學出版社，1996年。

林天蔚，《方志學與地方史研究》，臺北：南天書局，1995年。

林天蔚，《地方文獻研究與分論》，北京：北京圖書館出版社，2006年。

林正弘，《伽利略‧波柏‧科學說明》，臺北：東大圖書公司，1988年。

林衍經，《方志編纂系論》，合肥：安徽大學出版社，2001年。

林淑慧，《黃叔璥及其《臺海使槎錄》研究》，臺北：萬卷樓圖書公司，2004年。

林淑慧，《禮俗‧記憶與啟蒙：臺灣文獻的文化論述及數位典藏》，臺北：臺灣學生書局，2009年。

柯志明，《番頭家：清代臺灣族群政治與熟番地權》，臺北：中央研究院社會學研究所，2001年。

胡欣、江小群，《中國地理學史》，臺北：文津出版社，1995年。

洪健榮，《龍渡滄海：清代臺灣社會的風水習俗》，新北：花木蘭文化出版社，2015年。

祝瑞開主編，《宋明思想和中華文明》，上海：學林出版社，1995年。

施雅軒，《區域‧空間‧社會脈絡》，臺北：麗文文化事業公司，2007年。

姜道章，《歷史地理學》，臺北：三民書局，2004年。

高令印、陳其芳，《福建朱子學》，福州：福建人民出版社，1986年。

夏黎明，《清代臺灣地圖演變史——兼論一個繪圖典範的轉移歷程》，臺北：知書房出版社，1996年。

夏鑄九、王志弘編譯，《空間的文化形式與社會理論讀本》，臺北：明文書局，1993年。

倉修良，《倉修良探方志》，上海：華東師範大學出版社，2005年。

倉修良，《方志學通論（增訂本）》，上海：華東師範大學出版社，2013年。

梁啟超，《中國近三百年學術史》，臺北：華正書局，1989年重印。

郭鳳岐主編，《地方志基礎知識選編》，天津：天津社會科學院出版社，1994年。

郭雙林，《西潮激盪下的晚清地理學》，北京：北京大學出版社，2000年。

國立中央圖書館臺灣分館特藏資料編纂委員會編，《臺灣文獻書目解題‧第一種方志類》，臺北：國立中央圖書館臺灣分館，1987-1997年。

國立中央圖書館臺灣分館特藏資料編纂委員會編，《臺灣文獻書目解題‧第

二種地圖類》，臺北：國立中央圖書館臺灣分館，1992-1994年。

國立中興大學歷史學系主編，《海峽兩岸地方史志地方博物館學術研討會論
　　文集》，南投：臺灣省文獻委員會，1999年。

國史館臺灣文獻館編輯組編輯，《方志學理論與戰後方志纂修實務國際學術
　　研討會論文集》，南投：國史館臺灣文獻館，2008年。

國立臺灣師範大學歷史學系主編，《認識臺灣歷史論文集》，臺北：國立臺
　　灣師範大學歷史學系，1997年。

許雪姬，《滿大人最後的二十年——洋務運動與建省》，臺北：自立晚報社
　　文化出版部，1993年。

許雪姬、林玉茹主編，《五十年來臺灣方志成果評估與未來發展學術研討會
　　論文集》，臺北：中央研究院臺灣史研究所籌備處，1999年。

莊勝全，《萬丈遙寄海一方——清帝國對臺灣的書寫與認識》，臺北：稻鄉
　　出版社，2013年。

張家國，《神秘的占候——古代物候學研究》，南寧：廣西人民出版社，
　　1994年。

張維華，《明史佛郎機呂宋和蘭意大里亞四傳注釋》，臺北：臺灣學生書
　　局，1985年景印再版。

陳正祥，《中國文化地理》，臺北：木鐸出版社，1984年。

陳孔立，《清代臺灣移民社會研究》，廈門：廈門大學出版社，1990年。

陳名實，《閩臺儒學源流》，福州：福建人民出版社，2008年。

陳明仁，《東臺灣歷史再現中的族群與異己：以胡傳之《臺東州采訪冊》的
　　原住民書寫為例》，臺北：稻鄉出版社，2005年。

陳捷先，《清代臺灣方志研究》，臺北：臺灣學生書局，1996年。

陳逸君主編，《臺灣客家關係書目與摘要‧方志文獻卷》，南投：臺灣省文
　　獻委員會，2000年。

傅振倫，《中國方志學通論》，上海：商務印書館，1935年。

湖南省地方志編纂委員會編，《方志理論與修志實踐》，北京：中國文史出
　　版社，1991年。

黃秀政，《臺灣史研究》，臺北：臺灣學生書局，1995年增訂再版。

黃秀政，《臺灣史志論叢》，臺北：五南圖書公司，1999年。

黃秀政，《臺灣史志新論》，臺北：五南圖書公司，2007年。

黃進興，《優入聖域：權力、信仰與正當性》，臺北：允晨文化實業公司，
　　1994年。

黃瑞祺主編，《歐洲社會理論》，臺北：中央研究院歐美研究所，1996
　　年。

黃嘉謨，《甲午戰前之臺灣煤務》，臺北：中央研究院近代史研究所，

1961年。

曾鼎甲，《論《臺灣省通志稿》之纂修——以革命、學藝、人物三志為例》，臺北：花木蘭文化出版社，2007年。

詹京斯著（Keith Jenkins）著，賈士蘅譯，《歷史的再思考》，臺北：麥田出版公司，1996年。

葉高樹，《清朝前期的文化政策》，臺北：稻鄉出版社，2002年。

熊月之，《西學東漸與晚清社會》，上海：上海人民出版社，1994年。

潘是輝，《林豪的史學思想及其實踐》，金門：金門縣文化局，2010年。

潘桂成，《地圖學原理》，臺北：三民書局，2005年修訂版。

劉廷祥，《我國方志地圖研究：以明代方志地圖為例》，臺北：花木蘭文化工作坊，2005年。

劉翠溶、伊懋可主編，《積漸所至》，臺北：中央研究院經濟研究所，1995年。

廣州市地方志辦公室、廣州市地方志館編，《新方志理論與工作研究》，廣州：廣州出版社，2000年。

賴恆毅，《清代臺灣地理空間書寫之文化詮釋》，臺北：稻鄉出版社，2014年。

霍布斯邦（Eric Hobsbawm）著，黃煜文譯，《論歷史》，臺北：麥田出版公司，2002年。

謝浩，《科舉論叢》，南投：臺灣省文獻委員會，1995年。

蕭瓊瑞，《懷鄉與認同：臺灣方志八景圖研究》，臺北：典藏藝術家庭出版社，2007年。

瞿海源、章英華主編，《臺灣社會與文化變遷》，臺北：中央研究院民族學研究所，1986年。

魏若望編，《傳教士‧科學家‧工程師‧外交家南懷仁（1623-1688）——魯汶國際學術研討會論文集》，北京：社會科學文獻出版社，2001年。

小島毅，《中國近世における礼の言説》，東京：東京大學出版會，1996年。

曾景來，《臺灣宗教と迷信陋習》，臺北：臺灣宗教研究會，1939年。

澤田瑞穗，《中國の民間信仰》，東京：工作舍，1982年。

濱島敦俊，《總管信仰：近世江南農村社會と民間信仰》，東京：研文出版，2001年。

Anderson, Benedict. *Imagined Communities: Reflections on the Origin and Spread of Nationalism.* London/New York: Verso, 1991.

Feyerabend, Paul. *Against Method.* London: Verso, 1978.

Foucault, Michel. *Power/Knowledge: Selected Interviews and Other Writings 1972-1977*. Edited and translated by Colin Gordon. Brighton: The Harvester Press, 1980.

Gernet, Jacques. *China and the Christian Impact: A Conflict of Culture*. Translated by Janet Lloyd. Cambridge: Cambridge University Press, 1985.

Hansen, Valerie. *Changing Gods in Medieval China, 1127-1276*. Princeton: Princeton University Press, 1990.

Henderson, John B. *The Development and Decline of Chinese Cosmology*. New York: Columbia University Press, 1984.

Jenkins, Keith. *Re-thinking History*. London: Routledge, 1991.

Johnson, David, Andrew J. Nathan and Evelyn S. Rawski (eds.) *Popular Culture in Late Imperial China*. Berkeley: University of California Press, 1985.

Kuhn, Thomas S. *The Structure of Scientific Revolutions*. 2nd and enlarged ed. Chicago: The University of Chicago Press, 1970.

Laudan, Larry. *Progress and its Problems: Towards a Theory of Scientific Growth*. Berkeley/Los Angeles: University of California Press, 1977.

Lefebvre, Henri. *The Production of Space*. Oxford/Cambridge: Blackwell, 1991.

Lindberg, David C. *The Beginnings of Western Science*. Chicago/London: The University of Chicago Press, 1992.

Rubinstein, Murray A. ed. *Taiwan: A New History*. Armonk, N.Y.: M.E. Sharpe, 1999.

Shepherd, John Robert. *Statecraft and Political Economy on the Taiwan Frontier, 1600-1800*. Stanford: Stanford University Press, 1993.

Skinner, G. William, ed. *The City in Late Imperial China*. Stanford: Stanford University Press, 1977.

Smith, Richard J. *Fortune-tellers and Philosopher: Divination in Traditional Chinese Society*. Boulder: Westview Press, 1991.

Teng, Emma Jinhua. *Taiwan's Imagined Geography: Chinese Colonial Travel Writing and Pictures(1683-1895)*, Cambridge/Mass.: Harvard University Press, 2004.

Wood, Denis. *The Power of Maps*. New York/London: The Guilford Press, 1992.

(二)論文

方豪，〈臺灣方志的研究資料〉，《臺南文化》，2卷3期，1952年9月，頁47-53。

方豪，〈臺灣地方志展覽會特輯摘評〉，《文獻專刊》，3卷3、4期，1952年12月，頁79-85。

方豪，〈淺談臺灣史的研究〉，《國立編譯館館刊》，4卷1期，1975年6月，頁159-166。

方豪，〈中原文獻與臺灣研究〉，《國立臺灣大學歷史學系學報》，第3期，1976年5月，頁255-266。

方豪，〈清代前期臺灣方志的編纂工作〉，《臺灣人文》，第2期，1978年元月，頁5-16。

方豪，〈清代中期臺灣方志的編纂工作〉，《臺灣人文》，第3期，1978年4月，頁4-16。

方豪，〈清代後期臺灣方志的編纂工作〉，《臺灣人文》，第4期，1978年7月，頁3-16。

尹章義，〈方志體例的創新以及新史料的發掘與運用——以《新莊志》為例〉，《漢學研究通訊》，3卷3期，1984年7月，頁147-149。

尹章義，〈清修臺灣方志與近卅年所修臺灣方志之比較研究〉，《漢學研究》，3卷2期，1985年12月，頁233-265。

尹章義，〈地方志修纂的理論與實務——以新莊志、新店志、泰山志、五股志為例所作的說明〉，收於《中國現代史專題研究報告》第18輯，臺北：中華民國史料研究中心，1996年，頁140-205。

王世慶，〈日據時期臺灣官撰地方史志的探討〉，《漢學研究》，3卷2期，1985年12月，頁317-348。

王志宇，〈戰後臺灣方志「宗教篇」的編纂及其問題——以中、彰、投三縣鄉鎮志為例〉，《白沙歷史地理學報》，第5期，2008年4月，頁279-301。

王志宇，〈方志論述中的災祥觀：以林豪及其相關著述為例〉，《臺灣文獻》，61卷1期，2010年3月，頁5-28。

王明珂，〈民族史的邊緣研究：一個史學與人類學的中介點〉，《新史學》，4卷2期，1993年6月，頁95-120。

王幸華，〈「貞」、「烈」、「節」、「賢」——臺灣方志中列女形象之探討與再思〉，《中臺學報‧人文社會卷》，第14期，2003年5月，頁147-169。

王健文，〈整齊鄉俗與鬼神世界的統一：帝制中國初期的信仰秩序〉，《成

大歷史學報》，第39號，2010年12月，頁1-40。

王惠琛，〈清代臺灣科舉制度的研究〉，臺南：國立成功大學歷史語言研究
　　所碩士論文，1990年。

王爾敏，〈地方史乘之保存與纂輯〉，《臺灣文獻》，49卷3期，1998年9
　　月，頁171-186。

李文玉，〈戰後臺灣縣市志纂修之研究〉，桃園：國立中央大學歷史研究所
　　碩士論文，2002年。

李文良，〈清初臺灣方志的「客家」書寫與社會相〉，《臺大歷史學報》，
　　第31期，2003年6月，頁141-168。

李文良，〈清初臺灣方志的分野、山脈書寫與帝國意識形態〉，收於黃永
　　豪、蔡志祥、謝曉輝主編，《邊陲社會與國家建構》，臺北：稻鄉出版
　　社，2017年，頁361-391。

李亦園，〈從文獻資料看臺灣平埔族〉，收於氏著，《臺灣土著民族的社會
　　與文化》，臺北：聯經出版公司，1982年，頁49-76。

李孝悌，〈從中國傳統士庶文化的關係看二十世紀的新動向〉，《中央研究
　　院近代史研究所集刊》，第19期，1990年6月，頁299-339。

李孝悌，〈十七世紀以來的士大夫與民眾——研究回顧〉，《新史學》，4
　　卷4期，1993年12月，頁97-139。

李秉乾，〈清代臺灣修纂方志概況〉，收於福建省炎黃文化研究會編，《閩
　　臺文化研究》，福州：福建人民出版社，1997年，頁199-208。

李祖基，〈論尹士俍「臺灣志略」的史料價值——以社會經濟史為例〉，
　　《臺灣文獻》，54卷4期，2003年12月，頁1-30。

李國祁，〈清季臺灣的政治近代化——開山撫番與建省，1875-1894〉，
　　《中華文化復興月刊》，8卷12期，1975年12月，頁4-16。

李國祁，〈清代臺灣社會的轉型〉，《中華學報》，5卷2期，1978年7月，
　　頁131-159。

李朝凱，〈清代至日治時期臺灣文昌信仰與地方社會〉，臺中：私立逢甲大
　　學歷史與文物管理研究所碩士論文，2007年。

沈宗憲，〈國家祀典與左道妖異——宋代信仰與政治關係之研究〉，臺北：
　　國立臺灣師範大學歷史研究所博士論文，2000年。

宋晞，〈論地方志在史料學上的地位〉，《漢學研究》，3卷2期，1985年
　　12月，頁11-21。

吳密察，〈「歷史」的出現〉，收於黃富三、古偉瀛、蔡采秀主編，《臺
　　灣史研究一百年：回顧與研究》，臺北：中央研究院臺灣史研究所籌備
　　處，1997年，頁1-21。

汪前進，〈地圖在中國古籍中的分布及其社會功能〉，《中國科技史料》，

1998年第3期，頁1-20。

林士桓，〈臺灣清代方志研究──以府、廳、縣志為例〉，臺北：國立臺北
　　大學古典文獻學研究所碩士論文，2009年。

林天人，〈地圖──權力的視野、想像的空間〉，《故宮文物月刊》，第
　　304期，2008年7月，頁10-17。

林正慧，〈從客家族群之形塑看清代臺灣史志中之「客」──「客」之書寫
　　與「客家」關係之探究〉，《國史館學術集刊》，第10期，2006年12
　　月，頁1-61。

林玉茹，〈地方知識與社會變遷──戰後臺灣方志的發展〉，《臺灣文
　　獻》，50卷4期，1999年12月，頁235-289。

林玲君，〈由諸羅縣志風俗志看漢、番俗間的涵化關係〉，《臺灣風物》，
　　32卷3期，1982年9月，頁25-35。

林淑慧，〈臺灣方志所載禮儀與飲食文化的詮釋〉，《彰化師大國文學
　　誌》，第18期，2009年6月，頁67-101。

林開世，〈方志的呈現與再現──以《噶瑪蘭廳志》為例〉，《新史學》，
　　18卷2期，2007年6月，頁1-60。

林開世，〈方志的體例與章法的權力意義：傳統與現代間的斷裂〉，《國史
　　館館訊》，第2期，2009年6月，頁8-25。

林熊祥，〈臺灣修志的理論與實際〉，《臺灣文獻》，10卷4期，1959年12
　　月，頁1-10。

金相範，〈宋代祠廟政策的變化與地域社會──以福州地域為中心〉，《臺
　　灣師大歷史學報》，第46期，2011年12月，頁141-168。

周婉窈，〈山在瑤波碧浪中──總論明人的臺灣認識〉，《臺大歷史學
　　報》，第40期，2007年12月，頁93-148。

范德（Edward L. Farmer），〈圖繪明代中國：明代地方志插圖研究〉，
　　《中國社會歷史評論》第2卷，天津：天津古籍出版社，2000年，頁
　　1-12。

洪鈺彬，〈清治時期臺灣方志中玉山之研究〉，《臺灣史料研究》，第34
　　期，2009年12月，頁2-22。

洪健榮，〈清修臺灣方志「風俗」門類的理論基礎及論述取向〉，《中國歷
　　史學會史學集刊》，第32期，2000年7月，頁119-154。

洪健榮，〈當「礦脈」遇上「龍脈」：清季北臺雞籠煤務史上的風水論
　　述〉，《臺灣風物》，50卷3-4期，2000年9月、2001年1月，頁15-
　　68，155-188。

洪健榮，〈從歷史認知科學──科學哲學家Larry Laudan對於史學的反省與
　　實踐〉，《輔仁歷史學報》，第12期，2001年6月，頁153-184。

洪健榮，〈塑造境域「佳城」：清代臺灣設治築城的風水考量〉，《臺北文獻》，直字第155期，2006年3月，頁45-113。

洪健榮，〈海天新世界的整治藍圖：清修臺灣方志「風俗」門類的知識建構〉，收於劉德美主編，《史學與史識：王爾敏教授八秩嵩壽榮慶學術論文集》，臺北：廣文書局，2009年7月，頁339-362。

洪健榮，〈明末艾儒略《職方外紀》中的宣教論述〉，《輔仁歷史學報》，第24期，2009年12月，頁159-192。

洪健榮，〈《新屋鄉志》的編纂及其客家書寫〉，收於莊英章、羅烈師主編，《客家書寫：方志、展演與認同》，新竹：臺灣客家研究學會，2010年12月，頁195-214。

洪健榮，〈開啟「典範」的先驅：方豪對清代臺灣方志的研究〉，《輔仁歷史學報》，第26期，2011年3月，頁139-175。

洪健榮，〈清代臺灣方志中的「西學」論述〉，《臺灣文獻》，62卷2期，2011年6月，頁105-143。

洪健榮，〈國家教化理念的傳承及落實——清代臺灣方志「學校」門類的知識建構〉，《輔仁歷史學報》，第33期，2014年9月，頁83-140。

洪健榮，〈清代臺灣方志輿圖的政治文化意識〉，《輔仁歷史學報》，第35期，2015年9月，頁153-206。

洪健榮，〈大臺北地方學研究的回顧與展望——以地方志書與學位論文為中心〉，《輔仁歷史學報》，第36期，2016年3月，頁285-333。

洪健榮，〈被操弄的族群論述——二十世紀三峽方志書寫中的大豹社群〉，收於臺灣歷史學會編，《殖民‧再殖民‧獨立自主：臺灣歷史學會創立20週年研討會論文集》，臺北：吳三連臺灣史料基金會，2016年10月，頁1-32。

洪健榮，〈崇德報功與神道設教：清代臺灣方志祀典門類的知識建構〉，《臺灣文獻》，68卷2期，2017年6月，頁1-58。

胡巨川，〈《重修鳳山縣志》版本與校勘〉，《高市文獻》，18卷1期，2005年3月，頁40-66。

祝平一，〈跨文化知識傳播的個案研究——明末清初關於地圓說的爭議，1600-1800〉，《中央研究院歷史語言研究所集刊》，69本3分，1998年9月，頁589-670。

席澤宗，〈十七、十八世紀西方天文學對中國的影響〉，《自然科學史研究》，1988年第3期，頁237-241。

姜道章、劉廷祥，〈明代方志地圖的研究〉，《中國文化大學地學研究所研究報告》，第8期，1995年3月，頁167-197。

施添福，〈試釋土牛紅線〉，《臺灣風物》，39卷2期，1989年6月，頁95-

98。

施添福,〈紅線與藍線:清乾隆中葉臺灣番界圖〉,《中央研究院臺灣史田
野研究通訊》,第19期,1991年6月,頁46-50。

施懿琳,〈從「臺灣府志」「藝文志」看清領前期——臺灣散文正典的生
成〉,《臺灣文學學報》,第4期,2003年8月,頁1-36。

馬楚堅,〈略論明人之修志主張〉,收於國立中興大學歷史學系主編,
《第三屆史學史國際研討會論文集》,臺中:國立中興大學歷史學系,
1991年,頁421-447。

柳浪,〈臺灣方志體例與編纂方法的演變比較研究〉,《中國地方志》,
2003年第2期,頁57-63。

高志彬,〈淡水廳志纂修考——兼論「陳培桂竄改林豪底稿、修改楊浚草稿
說」〉,收於陳溪珍主編,《臺灣史研究學術研討會論文集》,臺北:
臺灣史蹟研究中心,1989年,頁1-34。

高志彬,〈臺灣方志纂修概況與內容特質〉,《臺灣史田野研究通訊》,第
15期,1990年6月,頁36-43。

高志彬,〈四十年來臺灣方志纂修成果評介〉,《臺灣史田野研究通訊》,
第20期,1991年9月,頁32-36。

高志彬,〈清康熙朝臺灣方志體例考述〉,收於國立中央大學共同學科
主編,《明清之際中國文化的轉變與延續》,臺北:文史哲出版社,
1991年,頁259-322。

高志彬,〈臺灣方志之纂修及其體例流變述略〉,《臺灣文獻》,49卷3
期,1998年9月,頁187-205。

高志彬,〈清修臺灣方志藝文篇述評〉,收於東海大學中國文學系編,《臺
灣古典文學與文獻》,臺北:文津出版社,1999年,頁54-85。

高志彬,〈清修臺灣方志的蒐集與應用——以寺廟史料之應用為例〉,收於
中華民國史料研究中心編,《中國現代史專題研究報告(二十一)》,
臺北:中華民國史料研究中心,2000年,頁245-319。

徐婉翌,〈臺南市文昌帝君信仰之研究〉,臺南:國立臺南大學臺灣文化研
究所碩士論文,2008年。

夏忠平,〈地圖的文化歷史地理學觀點——詮釋臺灣地圖史中地圖的文化意
涵〉,臺北:國立臺灣師範大學地理學系碩士論文,1996年6月。

夏黎明,〈國家統治與知識生產:清代臺灣地圖的繪製與區域發展〉,《興
大歷史學報》,第15期,2004年10月,頁39-59。

孫準植,〈清代臺灣之義學〉,《國史館館刊》,復刊第15期,1993年12
月,頁27-44。

翁同文,〈從社會文化史觀點論方志的發生與發展〉,《漢學研究》,3卷

2期，1985年12月，頁39-58。

郭永芳，〈西方地圓說在中國〉，收於《中國天文學史文集》第4集，北京：科學出版社，1986年，頁155-163。

郭佳玲，〈論戰後臺灣縣（市）志的纂修（1945-2008）〉，《臺灣文獻》，61卷1期，2010年3月，頁213-237。

許雪姬，〈方杰人教授對臺灣史研究的貢獻〉，收於李東華編著，《方豪先生年譜》，臺北：國史館，2001年，頁306-316。

許博凱，〈帝國文化邏輯的展演——清代臺灣方志之空間書寫與地理政治〉，新竹：國立清華大學臺灣文學研究所，2007年。

許毓良，〈雍正朝的臺灣——以尹士俍所著《臺灣志畧》為中心的討論〉，《臺灣文獻》，54卷4期，2003年12月，頁31-51。

張之傑，〈清代臺灣方志含羞草資料載錄〉，《中華科技史同好會會刊》，1卷2期，2000年7月，頁44-49。

張哲嘉，〈明代方志的地圖〉，收於《畫中有話：近代中國的視覺表述與文化構圖》，臺北：中央研究院近代史研究所，2003年，頁179-212。

張勝彥，〈臺灣清代地方志之研究——以康熙年間所編之臺灣府志為例〉，《人文及社會學科教學通訊》，10卷5期，2000年2月，頁15-34。

張鈺翎，〈清代臺灣方志中藝文志之研究〉，臺北：國立政治大學中國文學研究所碩士論文，2004年。

張勝彥，〈清代臺灣書院制度初探〉，《食貨月刊》，復刊6卷3-4期，1976年6-7月，頁95-107、144-154。

張勝彥，〈臺灣清代地方志之研究——以康熙年間所編之臺灣府志為例〉，《人文及社會學科教學通訊》，10卷5期，2000年2月，頁15-34。

張嘉鳳，〈中國傳統天文的興起及其歷史功能〉，新竹：國立清華大學歷史研究所碩士論文，1991年7月。

莊吉發，〈從現藏檔案資料看清代臺灣的文教措施〉，《臺灣文獻》，51卷4期，2000年12月，頁15-31。

莊雅仲，〈裨海紀遊：徘徊於自我與異己之間〉，《新史學》，4卷3期，1993年9月，頁59-79。

陳正祥，〈噶瑪蘭廳誌的地理學評價〉，《臺灣文獻》，11卷2期，1960年6月，頁1-16。

陳其南，〈土著化與內地化：論清代臺灣漢人社會的發展模式〉，收於中國海洋發展史論文集編輯委員會主編，《中國海洋發展史論文集》，臺北：中央研究院中山人文社會科學研究所，1984年，頁335-366。

陳捷先，〈論清代臺灣地區方志的義例〉，《漢學研究》，3卷2期，1985年12月，頁157-232。

陳捷先，〈方豪〉，收於《中華民國名人傳》第3冊，臺北：近代中國出版社，1985年，頁1-12。

陳捷先，〈從近世方志學的發展看世變與學術〉，《故宮學術季刊》，8卷1期，1990年秋季號，頁1-17。

陳捷先，〈章學誠與清末臺灣方志〉，收於中國第一歷史檔案館編，《明清檔案與歷史研究論文集》，北京：新華出版社，2008年，頁127-145。

陳愫汎，〈清代詩中「西嶼落霞」的書寫〉，《臺灣文獻》，60卷1期，2009年3月，頁47-88。

陳愫汎，〈清代方志對澎湖景觀的書寫──以傳統漢詩為研究對象〉，《硓𥑮石》，第55-57期，2009年6-12月，頁2-13，113-125，108-122。

陳漢光編著，〈臺灣地方志展覽會特輯〉，《文獻專刊》，3卷2期，1952年10月，頁1-78。

陳漢光，〈讀「臺灣地方志展覽會特輯摘評」後〉，《文獻專刊》，3卷3、4期，1952年12月，頁87-89。

陳漢光，〈光復前北臺官志纂修史〉，《北縣文獻》，第2期，1956年4月，頁423-436。

陳德勤，〈清代臺灣鯨目動物史料初探〉，《中華科技史學會學刊》，第15期，2010年12月，頁38-45。

彭美玲，〈傳統婚嫁活動中的婦女待遇──以近代方志風俗門述論為主〉，《臺大中文學報》，第26期，2007年6月，頁191-240。

黃一農，〈湯若望與清初西曆之正統化〉，收於《第二屆科學史研討會彙刊》，臺北：國際科學史與科學哲學聯合會科學史組中華民國委員會，1991年，頁161-175。

黃永宏，〈《臺灣省通志》與《重修臺灣省通志》「氏族篇」之比較〉，《臺灣文獻》，61卷1期，2010年3月，頁163-189。

黃兆強，〈章學誠研究述論──前人所撰有關章學誠對史學、方志學及目錄學之貢獻及影響述論〉，《東吳歷史學報》，第11期，2004年6月，頁303-327。

黃秀政，〈戰後臺灣方志的纂修，1945-2005〉，《臺灣文獻》，57卷3期，2006年9月，頁289-345。

黃純怡，〈國家政策與左道禁令──宋代政府對民間宗教的控制〉，《興大歷史學報》，第16期，2005年6月，頁171-198。

黃清良，〈方志凡例與綱目之研究〉，《高雄工專學報》，第21期，1991年12月，頁465-502。

黃進興，〈學術與信仰：論孔廟從祀制與儒家道統意識〉，《新史學》，5卷2期，1994年6月，頁1-82。

黃進興，"The Confucian Temple as a Ritual System: Manifestations of Power, Belief and Legitimacy in Traditional China"，《清華學報》，新25卷2期，1995年6月，頁115-136。

黃進興，〈象徵的擴張：孔廟祀典與帝國禮制〉，《中央研究院歷史語言研究所集刊》，86本3分，2015年9月，頁471-511。

程俊南，〈清代臺灣方志在社會人類學的材料——以《臺灣府志》與《諸羅縣志》有關1717年以前的平埔族風俗紀錄為例〉，《臺灣風物》，49卷2期，1999年6月，頁65-88。

曾鼎甲，〈戰後臺灣方志纂修的傳統：兼論省通志的綱目編體〉，《臺灣文獻》，61卷1期，2010年3月，頁63-127。

隋丕寧，〈論方豪對臺灣史的研究〉，《錦州師範學院學報》，25卷4期，2003年7月，頁34-36。

葛兆光，〈古地圖與思想史〉，《二十一世紀》，第61期，2000年10月，頁154-164。

詹素娟，〈族群研究的「常」與「變」——以平埔研究為中心〉，《新史學》，6卷4期，1995年12月，頁127-163。

楊文衡，〈試論中國古代地學與自然和社會環境的關係〉，《自然科學史研究》，1997年第1期，頁1-9。

楊永智，〈明清臺南刻書研究〉，臺中：私立東海大學中國文學系碩士論文，2002年。

楊永智，〈清代臺灣藏書考略〉，《東海中文學報》，第16期，2004年7月，頁297-324。

楊雲萍，〈方杰人先生安息〉，《臺灣風物》，31卷1期，1981年3月，頁3-4。

楊護源，〈清代方志有關臺中地區的史事及其問題——以周璽《彰化縣志》為中心〉，《興大人文學報》，第34期（下），2004年6月，頁817-846。

葉憲峻，〈清代臺灣儒學教育設施〉，《臺中師院學報》，第13期，1999年6月，頁187-203。

葉憲峻，〈清代臺灣的社學與義學〉，《臺中師院學報》，18卷2期，2004年12月，頁45-69。

葉憲峻，〈清代臺灣儒學與孔廟之設置〉，《社會科教育研究》，第13期，2008年12月，頁185-206。

葉曉青，〈論科學技術在中國傳統哲學中的地位〉，收於杜石然主編，《第三屆國際中國科學史討論會論文集》，北京：科學出版社，1990年，頁302-305。

趙俊祥，〈臺灣古蹟的歷史形成過程——以清代志書「古蹟」為探討〉，桃
園：國立中央大學歷史研究所碩士論文，2003年。

劉郡芷，〈清代臺灣方志中文化資產記載之研究〉，臺北：國立臺北藝術大
學建築與古蹟保存研究所，2010年。

劉振維，〈論清代臺灣書院學規的精神及其對現代教育的啓示〉，《哲學與
文化》，35卷9期，2008年9月，頁107-127。

劉翠溶，〈漢人拓墾與聚落之形成：臺灣環境變遷之起始〉，收於劉翠溶、
伊懋可主編，《積漸所至》，臺北：中央研究院經濟研究所，1995
年，頁295-347。

蔣竹山，〈從打擊異端到塑造正統——清代國家與江南祠神信仰〉，新竹：
國立清華大學歷史研究所碩士論文，1995年。

蔣竹山，〈宋至清代的國家與祠神信仰研究的回顧與討論〉，《新史學》，
8卷2期，1997年6月，頁187-220。

鄭喜夫，〈清代福建人士與臺灣方志〉，《臺灣風物》，20卷2期，1970年
5月，頁3-8。

鄭喜夫，〈謝浩「清初臺灣方志『明鄭故物』說」述評——兼述陳烗章《皇
清新修臺灣府志》引起的推想〉，《臺灣文獻》，58卷2期，2007年6
月，頁1-18。

蔡琳堂，〈章學誠「六經皆史」說之理論與實踐——以方志編纂為考察重
點〉，臺北：私立淡江大學中國文學系碩士論文，2002年。

蔡淵絜，〈清代臺灣的學術發展〉，收於許俊雅總編輯，《第一屆臺灣本
土文化學術研討會論文集》，臺北：國立臺灣師範大學文學院，1994
年，頁553-566。

謝浩，〈高志義例及史料運用價值的評鑑〉，《漢學研究》，3卷2期，
1985年12月，頁271-315。

賴仕堯，〈風水：由論述構造與空間實踐的角度研究清代臺灣城市空間〉，
臺北：國立臺灣大學建築與城鄉研究所碩士論文，1993年。

賴進貴、黃清琦、葉高華，〈古地圖的空間認知探索——以1878年《全臺
前後山輿圖》為例〉，《地理學報》，第42期，2005年12月，頁47-
68。

盧胡彬，〈清代臺灣方志之研究〉，臺北：中國文化大學歷史研究所碩士論
文，1985年。

盧胡彬，〈梁啓超的方志學〉，《中國歷史學會史學集刊》，第28期，
1996年9月，頁279-306。

盧胡彬，〈方豪對臺灣方志的研究〉，《白沙人文社會學報》，創刊號，
2002年10月，頁379-420。

盧胡彬，〈方豪對臺灣方志研究的貢獻〉，《臺灣文獻》，61卷1期，2010年3月，頁29-62。

蕭明治，〈論戰後臺灣方志的發展──以鄉鎮志為例〉，《臺灣文獻》，58卷2期，2007年6月，頁109-157。

蕭富隆，〈《臺灣省通志稿‧光復志》與《臺灣省通志‧光復志》比較研究：兼論志書體例、史筆及史料取材若干問題〉，《臺灣文獻》，61卷1期，2010年3月，頁129-162。

蕭瓊瑞，〈認同與懷鄉──臺灣方志八景圖中的文人意識（以大八景為例）〉，《臺灣美術》，第65期，2006年7月，頁4-15。

戴寶村，〈聖諭教條與清代社會〉，《國立臺灣師範大學歷史學報》，第13期，1985年6月，頁303-324。

羅文華，〈臺灣清代方志中有關原住民傳說之研究〉，《臺灣史料研究》，第25期，2005年7月，頁2-21。

小島毅，〈正祠と淫祠──福建の地方志における記述と論理〉，《東洋文化研究所紀要》，第114冊，1991年2月，頁87-213。

Chang, Lung-chih. "From Quarantine to Colonization: Qing Debates on Territorialization of Aboriginal Taiwan in the Nineteenth Century." 《臺灣史研究》，15卷4期，2008年12月，頁1-30。

Eskildsen, Robert. "Foreign Views of Difference and Engagement along Taiwan's Sino-Aboriginal Boundary in the 1870s." 收於《畫中有話：近代中國的視覺表述與文化構圖》，臺北：中央研究院近代史研究所，2003年，頁253-287。

後記

　　本書為筆者從國立臺灣師範大學歷史學系博士班開始，陸續發表清代臺灣方志學專題研究的論文結集，前後已近二十年的時間。本年度承蒙五南圖書出版公司出版，在此致上深摯的謝意。

　　筆者與臺灣方志結緣，開始於大學時代和碩士班階段先後參與輔仁大學歷史學系尹章義教授主持的《泰山志》、《五股志》編纂工作。參與地方志編纂的機緣，不僅打下了田野調查、資料運用與文字書寫的基礎能力，也推促了我日後投入臺灣風水文化史、臺灣方志學、臺灣區域史與臺灣族群史的研究領域。感謝尹老師當初引導學生一窺臺灣方志堂奧的啟蒙之恩，並要感謝老師慨允惠賜序言，為拙著更添光彩。

　　就讀國立清華大學歷史研究所碩士班期間，因同時撰寫《五股志》和修習黃一農老師、徐光台老師所開設的中西文化交流史專題、中國科學史研究專題、西洋科學史等課程的緣故，既是偶然又似乎是必然的情形之下，閱讀到《方豪六十自定稿》中〈臺灣方志中的利瑪竇〉一文，進而開啟了筆者從事清代臺灣方志學以及近代西學東漸史的研究視野，而有後來的〈清代臺灣方志中的「西學」論述〉、〈開啟「典範」的先驅：方豪對清代臺灣方志的研究〉兩篇論文的問世，謹以此二文感懷並紀念中西交通史與臺灣史研究的前輩大師方豪教授。

　　在清華學習階段的另一個思考啟發，來自於旁聽傅大為老師在教導《夢溪筆談》研究專題的時候，不時地刺激學生去思考該書的分類系統如何成立？沈括為何要採用那些門類？什麼樣的資料可以被放進去？而這段期間，我也反覆閱讀美國科學哲學家孔恩（Thomas S. Kuhn, 1922～1996）與法國思想家傅科（Michel Foucault, 1926～1984）的著作，逐漸熟悉科學典範論和知識／權力論的內涵，成為後續我以門類系統架構作為解析清代臺灣方志之知識建構的主要借鏡。

　　本書第五篇關於清代臺灣方志風俗門類的研究，為筆者就讀國立臺灣師範大學歷史學系博士班一、二年級擔任蔡淵絜老師的教學助理期間，因協助蔡老師蒐集清代臺灣方志中的風俗、民間信仰資料所觸發的靈感。博二修習朱鴻老師的「史學理論」課程，即以〈清修臺灣方志「風俗」門類的理論基礎及論述取向〉為題撰寫期末報告，在課堂討論上承蒙朱老師的指教以及同窗好友吳美鳳、賴淙誠、李鳳圭、歐素瑛、范純武、吳政憲所提供的修訂意見，讓筆者對於清代臺灣方志學的研究理念得以初步成型。循此知識學的思維架構，後來也陸續完成了學校門類、祀典門類以及方志輿圖等專題論文。在博士班的學習階段，最要感謝指導教授王爾敏老師，耐心地提點方志研究的觀念、要點與方向，鼓勵學生能用心致力於方志學的教學與研究，並持續至今不斷地關心學生的研究進展情況。謹以本書，敬謝師恩。

　　自2010年從國立故宮博物院圖書文獻處研究人員轉任國立臺北大學歷史學系教師以來，感謝院系所有前輩教師、同事們以及王美淑助教的協助與打氣，使得筆者能游移於教學工作、行政職務以及家庭事務之間，仍保有史學研究的熱忱，持續實現個人的學術夢想。

　　最後，感謝父母兄姊與岳父母多年來的照顧，以及多位學長姐和親朋好友的關懷，更要感謝內子芯汝的溫馨陪伴與貼心體諒，辛苦地安頓家務和照顧兩位小寶貝，讓我能後顧無憂地專注於學問的累積，並盡情於知識的追逐。而在經常繁忙的研究、教學和行政工作的空檔餘暇，能參與小女伊瑄（將滿五歲）、小犬宇澔（將滿三歲）的成長歷程，感受她（他）們的嬉鬧動作、童言童語和情緒表情，忍受（也只好接受）其平日不時地溜進書房亂開書桌抽屜和亂按電腦鍵盤，或是用小手抓著正在電腦前打字的我，配合著天真無邪的眼神表情，吵著要「爸爸陪我玩」，是為人父親的我在學術探索之外的人生至樂，也是最甜蜜的心靈慰藉。

—2019.3.18. 於新北泰山民權居初稿

—2019.7.10. 於新北泰山民權居定稿

Note

國家圖書館出版品預行編目資料

清代臺灣方志的知識學／洪健榮著. -- 初版.
-- 臺北市：五南圖書出版股份有限公司,
2020.02
面；　公分
ISBN 978-957-763-764-2（平裝）

1.方志學　2.臺灣史　3.清代

733.1　　　　　　　　　108019161

1WOM

清代臺灣方志的知識學

作　　　者 ― 洪健榮

編輯主編 ― 黃惠娟

責任編輯 ― 魯曉玟

封面設計 ― 王麗娟

校　　　對 ― 李鳳珠、盧妍蓁

出 版 者 ― 五南圖書出版股份有限公司

發 行 人 ― 楊榮川

總 經 理 ― 楊士清

總 編 輯 ― 楊秀麗

地　　　址：106台北市大安區和平東路二段339號4樓

電　　　話：(02)2705-5066　　傳　　　真：(02)2706-6100

網　　　址：https://www.wunan.com.tw

電子郵件：wunan@wunan.com.tw

劃撥帳號：01068953

戶　　　名：五南圖書出版股份有限公司

法律顧問　林勝安律師

出版日期　2020年 2 月初版一刷
　　　　　 2025年 3 月初版二刷

定　　　價　新臺幣480元

經典永恆・名著常在

五十週年的獻禮 ── 經典名著文庫

五南，五十年了，半個世紀，人生旅程的一大半，走過來了。

思索著，邁向百年的未來歷程，能為知識界、文化學術界作些什麼？

在速食文化的生態下，有什麼值得讓人雋永品味的？

歷代經典・當今名著，經過時間的洗禮，千錘百鍊，流傳至今，光芒耀人；

不僅使我們能領悟前人的智慧，同時也增深加廣我們思考的深度與視野。

我們決心投入巨資，有計畫的系統梳選，成立「經典名著文庫」，

希望收入古今中外思想性的、充滿睿智與獨見的經典、名著。

這是一項理想性的、永續性的巨大出版工程。

不在意讀者的眾寡，只考慮它的學術價值，力求完整展現先哲思想的軌跡；

為知識界開啟一片智慧之窗，營造一座百花綻放的世界文明公園，

任君遨遊、取菁吸蜜、嘉惠學子！